Ambivalenzen
erkennen, aushalten und gestalten

T0161682

T V Z

Walter Dietrich, Kurt Lüscher, Christoph Müller

Ambivalenzen
erkennen, aushalten und gestalten

Eine neue interdisziplinäre Perspektive
für theologisches und kirchliches Arbeiten

TVZ

Theologischer Verlag Zürich

Gedruckt mit Unterstützung
der Hochschulstiftung der Burgergemeinde Bern
und der Reformierten Kirchen Bern-Jura-Solothurn

Die Deutsche Bibliothek – Bibliographische Einheitsaufnahme
Die Deutsche Bibliothek verzeichnet diese Publikation in der Deutschen
Nationalbibliographie; detaillierte bibliographische Daten sind im Inter-
net über ‹http://dnb.ddb.de› abrufbar.

ISBN 978-3-290-17523-8

Umschlaggestaltung: Simone Ackermann, Zürich, unter Verwendung
eines Bildes von Karim Noureldin (*1967): EVO, 2007, Farbstift auf
Papier, 41,8 × 30,0 cm. – Das Bild wurde ausgewählt, weil ihm nach
Ansicht der Autoren in Darstellung und Technik eine Affinität zur Idee
der Ambivalenz zugeschrieben werden kann.
© 2009, ProLitteris, Zürich

Druck: ROSCH-BUCH, Scheßlitz

© 2009 Theologischer Verlag Zürich
www.tvz-verlag.ch

Inhalt

Einführung

Gefragt, wie ihr Verhältnis zur Kirche sei, würden vermutlich viele Menschen – Frauen und Männer, Alte und Junge – sagen, sie empfänden es als ambivalent. Einerseits gingen sie nicht jeden Sonntag zur Kirche, andererseits wollten sie aber doch zur Kirche gehören. In der Einschätzung der Bedeutung der Kirche schwankten sie zwischen positiven und skeptischen Urteilen. Biblische Texte seien ihnen oft gleichzeitig vertraut und unverständlich. Rituale wie Taufen und Trauungen gehörten für sie «dazu», andererseits möchten sie oft durchaus nicht einfach den kirchlichen Konventionen folgen. Bei Schicksalsschlägen sähen sie sich der Kirche nahe, im Alltag jedoch fern.

Dieses alltägliche Verständnis von Ambivalenz, das in einschlägigen Wörterbüchern als Zwiespältigkeit, Schwanken zwischen positiven und negativen Gefühlen, zwischen Können und Wollen umschrieben wird, war auch der Bezugspunkt, wie wir, die Autoren dieses Buches, anfänglich den Begriff verwendeten. Doch jeder von uns entdeckte weitere Facetten und gewann den Eindruck, dass in diesem ein reiches, noch wenig ausgeschöpftes Potential verborgen liegt.

Der *Soziologe* stiess zunächst darauf in der Analyse von Generationenbeziehungen, die in der Tat oft in Spannungsfeldern von Nähe und Ferne, Eigenständigkeit und Abhängigkeit, Liebe und Hass gelebt werden. Im Bemühen, die Bedeutung des Begriffs weiter zu erkunden, bot es sich ihm an, der Geschichte des Konzepts und seiner Übernahme in unterschiedlichen Disziplinen nachzugehen, also seine Tragweite auch unter Gesichtspunkten einer Soziologie des Wissens zu erkunden.

Der *Alttestamentler* entdeckte in seinen Texten allüberall Ambivalenzen: Erzählfiguren werden in ihren ambivalenten Erfahrungen und als ambivalente Charaktere geschildert. Für viele Sachverhalte gibt es unterschiedliche Erklärungen, für viele Probleme gegensätzliche Lösungen. Bis tief ins biblische Gottesbild reichen die Ambivalenzen: Es zeigt teils wohltuend freundliche und zugewandte, teils beunruhigend gleichgültige oder zornige Züge. Die biblischen Autoren malen nicht schwarz-weiss, sie gängeln die Leserschaft zumeist nicht durch eindeutige Meinungskundgaben und klare Anweisungen, sondern versetzen sie in freie Interpretationsräume, in denen eigene Erfahrung, eigene Einfühlung, eigenes Nachdenken und eigene Entscheidungen gefragt sind.

Der *Praktische Theologe* traf auf die Thematik insbesondere im Zusammenhang der so genannten Kasualien: Angehende Eheleute, junge Eltern, von Todesfällen betroffene Familien entwickeln ambivalente Gefühle (von Vertrauen und Angst, von Zärtlichkeit und Aggression, von Nähe und Distanz). Für Seelsorgerinnen und Seelsorger ist es wichtig, eigene Ambivalenzerfahrungen wahrnehmen und sinnvoll damit umgehen zu können (Wo muss ich Partei ergreifen, wo wäre dies unprofessionell? Wo lasse ich etwas geschehen, wo interveniere ich? Wo nehme ich Erwartungen auf, wo bringe ich neue Aspekte ins Spiel? Wo ermögliche ich Öffentlichkeit, wo schütze ich Intimität?). Auch das Gottesbild bzw. unterschiedliche Gottesbilder kommen neu in Sicht: Welche Gottesgeschichten, -erfahrungen und -konzepte verhindern die Wahrnehmung von Ambivalenzen – und welche eröffnen heilsame Räume für einen lebensfreundlichen Umgang mit ihnen?

Eine Reihe glücklicher Zufälle, ermöglicht durch die Überschaubarkeit des bernischen Universitätsbetriebes, führte dazu, dass wir unsere parallelen Interessen am Konzept der Ambivalenz entdeckten. Daraus ergab sich die Möglichkeit anregender Gespräche zu zweit und zu dritt. Daraus resultierten wiederum eine Sozietät der Theologischen Fakultät und ein interdisziplinäres Seminar. Dank der aktiven Beteiligung von Studierenden, auch solchen, die bereits Studienabschlüsse aufwiesen und solchen aus anderen Disziplinen, war es möglich, die Facetten des Konzepts unter mehreren Gesichtspunkten, insbesondere auch unter Einbezug alltäglicher Erfahrungen, auszuleuchten. Am Ende lag es dann nahe, die Zusammenarbeit weiterzuführen und ihr mit dem Projekt einer Buchpublikation ein konkretes Ziel zu setzen.

Herzstück des vorliegenden Buches sind drei aus fachwissenschaftlicher Sicht geschriebene Kapitel, in denen allerdings immer auch schon die interdisziplinären Verflechtungen im Blick sind. Ein viertes Kapitel dient der Diskussion über Konvergenzen und Divergenzen, Schnittflächen und Kreuzungspunkte in dem Bemühen um gemeinsamen Erkenntnisfortschritt.

Es mag hilfreich sein, hier die Hauptinhalte der vier Kapitel knapp zu-
sammenzufassen.

(1) *Der Soziologe* setzt mit der Begriffs- und Diskursgeschichte ein. Zwar
wurden Erfahrungen und Einsichten, die das Konzept der Ambivalenz
bezeichnet, bereits in der antiken Literatur und – eben auch – im Alten
Testament beschrieben. Doch der Begriff selbst wurde nach allem, was
wir bis jetzt wissen, erst 1910 formuliert, fand dann aber rasch und
zunehmend in unterschiedlichen wissenschaftlichen Disziplinen und Diskursen Eingang und wurde schliesslich in der vereinfachenden Bedeutung von Zwiespältigkeit in die gehobene Alltagssprache übernommen. Demgegenüber ergibt sich aus der Analyse der Rezeption in
Psychiatrie, Soziologie sowie in den Literatur- und Kulturwissenschaften
ein vielfältiges Bild. Dieses wiederum provoziert den Versuch einer
Definition, welche die konstitutiven Elemente benennt, nämlich Erfahrungen des Oszillierens oder eines dynamischen Hin und Her, die
innerhalb konkreter Handlungszusammenhänge bedeutsam für das
Selbstverständnis individueller und kollektiver Akteure und deren
Handeln sind. Als Beitrag zum interdisziplinären Diskurs wird ein Diagramm in Form eines «Moduls» präsentiert, das in der soziologischen
Arbeit über Generationenbeziehungen entwickelt worden ist – Beziehungen also, denen wegen ihrer konstitutiven Tragweite für das
menschliche Zusammenleben grosse Bedeutung zukommt. Die Meinung
besteht, dass das damit verbundene Verständnis von Ambivalenz, die
vorgeschlagene Dimensionierung und die daraus ableitbare Typologie
von Ambivalenzerfahrungen sowie die Umgangsweisen mit diesen, je
nach Thema und Fragestellung, präzisiert und abgewandelt werden
können (was in den beiden nachfolgenden theologischen Kapiteln auch
geschieht).

(2) *Der Alttestamentler* nimmt die Erzelternerzählungen der Genesis (Gen
12–36) in den Blick, in denen die Urväter und -mütter Israels die Haupt-
rollen spielen: Abraham und Sara, Isaak und Rebekka, Jakob und Rahel
bzw. Lea. Daneben aber kommen weitere Familienglieder vor, deren
Nachkommen nicht dem Volk Israel, sondern Nachbarvölkern zuge-
rechnet werden: Abrahams Neffe Lot, der Urahn der Moabiter und
Ammoniter; Isaaks Halbbruder Ismael, der Urahn der Araber; Jakobs
Onkel Laban, ein Aramäer, und sein Zwillingsbruder Esau, der Urahn

der Edomiter. So sind in den Stammbaum Israels die Beziehungen zu seinen Nachbarn eingeschrieben. Im Bild der Erzelternfamilie werden nicht nur die Konturen von Individuen sichtbar, sondern die Konflikte zwischen Kollektiven. Familiäre Ambivalenzen – ein Mann zwischen zwei Frauen, die Konkurrenz unter zwei Söhnen, die Entscheidung zwischen Erhalt oder Aufspaltung der Familie – spiegeln transfamiliäre, ethnische Ambivalenzen: Nähe oder Distanz zu Nachbarn, Kampf oder Versöhnung zwischen ihnen. Bei alledem spielen bestimmte Vorstellungen von Gott eine Rolle: Wie nimmt er Partei zwischen den menschlichen Protagonisten? Diese – weitgehend fiktiven – Geschichten werden mit der tatsächlichen Geschichte der durch sie repräsentierten Gruppen und Völker verglichen. Auch sie ist mit Ambivalenzen gespickt, doch im Unterschied zur Urfamilie kommt es in der Völkerfamilie immer wieder zu Gewaltausbrüchen; hier bestimmen weniger Ausgleich und Versöhnung das Bild als Misstrauen, Missgunst und Machtmissbrauch. Es ist, als wollten die ErzählerInnen der Erzelterngeschichten ihren Hörern und Leserinnen einen Spiegel vorhalten, an dem sich ablesen lässt, dass und wie Ambivalenzen nicht in Brüche und Katastrophen münden müssen, sondern Ausgangspunkt konstruktiver Lösungen und neuer Formen des Zusammenlebens werden können.

(3) Der *Praktische Theologe* setzt mit der Schilderung eines Trauerbesuchs und einer Bestattung ein. In der Interpretation der Fallgeschichte wird anschaulich und transparent gemacht, wie «Ambivalenz» von anderen Begriffen (und entsprechenden Phänomenen) unterschieden wird – wie Widerspruch, Dichotomie, Dilemma, Bruch, Mehrdeutigkeit, Eindeutigkeit. In einem zweiten Teil wird anhand von Interview-Ausschnitten (vor allem im Kontext der Taufe) die Wahrnehmung von Ambivalenzen in den Blick genommen: Menschen fühlen sich zwischen widerstreitenden Gefühlen und Wertungen hin- und hergerissen. Oder sie erfahren das Oszillieren zwischen gegensätzlichen Gefühlen und Wertungen. Das Ambivalenz-Konzept wird dann zum Ritual in Beziehung gesetzt. Das (nicht mehr in einer fixierten Weise vorgeschriebene) Ritual kommt als eine durch Spannungsfelder charakterisierte Handlungsform in Sicht, in welcher ein spezifisches Potential für die Wahrnehmung und Gestaltung von Ambivalenzen liegt. Der dritte Teil fokussiert unterschiedliche Umgangsweisen mit Ambivalenz. Ausgangspunkt ist der Sachverhalt, dass das Wahrnehmen von Ambivalenzen alles andere als selbstverständlich

ist. Ambivalenzen stellen eingespielte Beziehungsmuster in Frage und weisen auf Risse in den Welt- und Selbstbildern, die normal oder fraglos erschienen. Wie kann ein offener und kreativer Umgang mit Ambivalenzen ermöglicht werden, in dem Ambivalenzen nicht mehr verdeckt, ignoriert oder verleugnet werden müssen? Schliesslich wird versucht, dem Phänomen der *Abbrüche* von Ambivalenzen und den Transformationen von Dichotomien und Brüchen in Ambivalenzen auf die Spur zu kommen.

(4) In der abschliessenden *Diskussion* reagieren die drei Autoren auf die Beiträge der Kollegen: Welches sind wichtige, übergreifende Themen im Diskurs über Ambivalenz, worin treffen sich die Fachperspektiven, wo bleiben klärungsbedürftige Unterschiede, und wie kann die Arbeit mit und an dem Konzept der Ambivalenz weiter geführt werden? Das Gespräch kreist um folgende Einzelaspekte: Sensibilität für Ambivalenzen (als Grundlage alles Weiteren); formaltheoretische Strukturen (die Dualität als Grundzug von Ambivalenz); Generationenverhältnisse und -beziehungen (in ihrer besonderen Ambivalenzhaltigkeit materialer Nährboden aller drei Fachbeiträge); individuelle und kollektive Akteure (in ihren vielfältig-ambivalenten Interaktionen); Methodologie (als Vergewisserung und Vertiefung der gewählten Vorgehensweise); Anthropologie (die Folgen des Wahrnehmens und Zulassens von Ambivalenzen für das Menschen- und Gottesbild); Perspektiven weiterer Arbeit (in den drei hier bearbeiteten Wissenschaftsfeldern).

Das Inhaltsverzeichnis und ein Stichwortregister wollen den Zugang zu den unterschiedlichen Elementen und Facetten wie auch zu den durchgehenden Linien des von uns vorgelegten «Ambivalenz-Mosaiks» erleichtern. Die den einzelnen Beiträgen beigegebenen Fachbibliographien geben Hinweise zu vertiefter Auseinandersetzung in dieser oder jener Richtung.

Die gemeinsame Arbeit am Konzept der Ambivalenz ist ein Versuch, der immer weiter gehenden Zersplitterung und Spezialisierung der Wissenschaften an einer Stelle entgegenzuwirken. Es geht uns um Interdisziplinarität auf «mittlerer Ebene» der Abstraktion, offen einerseits für den Reichtum neuer Erfahrungen und andererseits für die Ansprüche vertiefter Theoriebildung. Wer so arbeitet, nutzt Konzepte, die als «sensibilisierend», als «*sensitizing concepts*» gekennzeichnet werden können. Noch zutreffender ist in unserem Fall die Bezeichnung «erschliessendes Konzept». Damit wird auf Erfahrungen verwiesen, also auf Empirie und auf die Tatsache unterschiedlicher Möglichkeiten der theoretischen Systematisierung. Deren logischer Status innerhalb der Wissenschaftstheorie ist umstritten und scheint deshalb bisweilen schillernd. Ihre Gefahr ist, wegen der Ubiquität der unter sie zu fassenden Sachverhalte, der Absturz ins Konfuse. Wer damit arbeitet, setzt sich leicht dem Vorwurf aus, Regeln der am Ideal der Eindeutigkeit ausgerichteten Methodologie zu missachten oder die Grenzen zur Kunst zu überschreiten. Auf der anderen Seite ist der Reichtum an Facetten und Perspektiven und damit an interdisziplinären Ansatzmöglichkeiten, den solche Konzepte in sich tragen, enorm reizvoll und anregend. Die Verheissung der Arbeit mit ihnen besteht darin, auf Neues zu stossen, sich Neues zu erschliessen.

In dieser Schrift berichten wir über die Ergebnisse der interdisziplinären Arbeit mit dem Konzept der Ambivalenz. Nicht zufällig sind Theologie und Soziologie daran beteiligt. Beide Disziplinen sind mit der Produktion von «Orientierungswissen» befasst. Im Rückblick auf die letzten zwei- bis dreihundert Jahre kann man mit guten Gründen geltend machen, dass Religion und Theologie wesentliche Anstösse für die Entwicklung der Soziologie gegeben haben. Blickt man weiter – viel weiter – zurück, wird man gewahr, dass die Religionen und ihre theologische Reflexion die sozialen Ordnungen beeinflussten, vielerorts sogar prägten – und umgekehrt: dass die sozialen Ordnungen die Religionen und ihre theologische Reflexion beeinflussten und prägten.

Beiden Disziplinen ist gemeinsam, dass sie mehrere etablierte Teildisziplinen umfassen. Das ist zum Teil durch ihre Nähe zur Lebenspraxis und ihre Tragweite für Professionen bedingt. Für diese sind bekanntlich die Spannungsfelder zwischen Nähe und Distanz, zwischen Tradition und Innovation kennzeichnend, mithin die Erfahrung von Ambivalenzen. Professionen sind in den Feldern der Religion und der Theologie stärker institutionalisiert als in der Soziologie. Doch diese bringt in den

14

interdisziplinären Dialog ihre Neugierde für eben diese Professionalisierung von Wissen ein, betrachtet sie doch Wissen als soziale Tatsache.

Als soziale Tatsache wird Wissen in seinen vielen Ausprägungen und Anwendungen von den sozialen Umständen beeinflusst. Umgekehrt wiederum beeinflusst dieses die sozialen Strukturen und Prozesse. Dabei sind Interessen, Macht, Herrschaft und deren Begründungen von Belang, für die wiederum oft auf Religion und Theologie rekurriert wird. Eine der Facetten des Konzepts der Ambivalenz besteht – wie wir zeigen werden – darin, dass es genutzt werden kann, um kritische Distanz zum solchermassen Etablierten zu gewinnen.

So zieht sich das Konzept der Ambivalenz als roter Faden durch die gesamte vorliegende Schrift. Im ersten Beitrag wird es entwickelt, in den beiden folgenden angewandt und im vierten noch einmal rückblickend und weiterführend diskutiert. Es erweist sich, so denken wir, als Zeit und Raum, Themen und Disziplinen übergreifend, als gewissermassen universell anwendbar. Allerdings meinen wir keineswegs, einen Generalschlüssel zum Verstehen und Beheben aller zwischenmenschlichen Probleme gefunden zu haben, sondern eher einen Deuteschlüssel zur sachgerechten Wahrnehmung und Interpretation von Phänomenen, die tief in die Geschichte und das Wesen der Menschheit eingeschrieben sind. Ambivalenz-Analysen werden sich gewiss noch in manchen anderen Wissenschaftsbereichen und Lebensfeldern nutzbringend einsetzen lassen und können noch manche komplexe Sachverhalte und widersprüchliche Erfahrungen begreifen und bewältigen helfen.

Ein Buch wie das hier vorgelegte bedarf nicht nur der Bereitschaft dreier Wissenschaftler zum interdisziplinären Gespräch. Es bedarf eines Verlages, dessen Horizont nicht auf eng fachspezifische Publikationen beschränkt ist; beim Theologischen Verlag Zürich und insbesondere bei seiner Leiterin, Marianne Stauffacher, sowie der Lektorin Corinne Auf der Maur haben wir solche Offenheit gefunden. Einige sachkundige und interessierte Vor-Leser – Pfarrer Klaus Bäumlin, Dr. med. Peter Clavadetscher (beide Bern), Dr. med. Hans-Jürgen Dallmeyer (Göttingen) und Pfarrer Thomas Grossenbacher (Zürich) – haben das Manuskript oder Teile daraus in einer Vor-Fassung gesehen und kluge Ratschläge erteilt. Die Reformierten Kirchen Bern-Jura-Solothurn und die Hochschulstiftung der Burgergemeinde Bern unterstützten das Projekt mit Druckkostenzuschüssen. Die studentische Mitarbeiterin Theres Erb tat sich bei der Vereinheitlichung der Manuskripte, beim Korrekturlesen und beim Erstellen des Registers hervor. Stefan Münger steuerte eine Landkarte bei. Allen Genannten, aber auch unseren künftigen Leserinnen und Lesern – insbesondere, wenn sie uns eine Rückmeldung geben wollen – sei hiermit herzlich gedankt.

Bern, am Jahreswechsel 2008/2009

Walter Dietrich   *Kurt Lüscher*   *Christoph Müller*

walter.dietrich@theol.unibe.ch   Kurt.Luescher@uni-konstanz.de   christoph.mueller@theol.unibe.ch

I Ambivalenz:
Eine soziologische Annäherung

Kurt Lüscher

1. Einleitung

Das Erleben von Ambivalenzen scheint eine Grunderfahrung menschlichen Lebens zu sein. Bereits in der antiken Literatur und – eben auch – im Alten Testament finden sich Schilderungen ambivalenter Erfahrungen und Verhaltensweisen. Vor diesem Hintergrund fasziniert der Umstand, dass der Begriff der Ambivalenz, nach allem was wir bis jetzt wissen, erst 1910 formuliert, dann aber rasch und zunehmend in unterschiedliche wissenschaftliche Diskurse eingebunden und schliesslich in die gehobene Alltagssprache übernommen wurde. Inwiefern ist es möglich, diesen Begriff für die wissenschaftliche Arbeit und den interdisziplinären Dialog zu nutzen?

Um seine Bedeutungen zu ergründen, nehme ich zunächst die Begriffs- und Diskursgeschichte in den Blick. Ich biete in diesem Kapitel eine Übersicht, in der ich jene Themen hervorhebe, die für den interdisziplinären Dialog mit der Theologie von Belang sind.[1] Anschliessend schlage ich eine differenzierte Definition vor und erläutere die einzelnen Elemente. Das ermöglicht, Typen von Ambivalenzerfahrungen zu unterscheiden. Dies lässt sich am Beispiel der Generationenbeziehungen besonders gut veranschaulichen. Sie waren der Anlass für meine eigenen Arbeiten mit dem Konzept[2], und sie boten sich auch als Ausgangspunkt des gemeinsamen Seminars an, aus dem unsere Publikation entstanden ist. Dass sich der Horizont dabei auf die Gestaltung sozialer Beziehungen in der kirchlichen Praxis und deren Darstellung in biblischen Texten ausgeweitet hat, verweist zum einen auf die fundamentale Bedeutung der

---

[1] Eine umfassende Darstellung steht noch aus. Eigene Vorarbeiten finden sich in Lüscher 2004 sowie Lüscher / Heuft 2007.

[2] Hierzu Lüscher / Pillemer 1998, Lüscher / Pajung-Bilger 1998, Lettke / Lüscher 2002.

Generationenbeziehungen für das menschliche Zusammenleben, zum andern auf die Potentiale des Konzepts.

2. Facetten der Begriffs- und Diskursgeschichte

2.1 Ambivalenzen in Psychiatrie und Psychoanalyse

2.1.1 Bleulers Ausgangspunkt

Als Schöpfer des Begriffs gilt der Psychiater Eugen Bleuler (1857–1939), von 1898–1927 Direktor der Klinik Burghölzli in Zürich[3]. Angesichts des Ziels dieses Beitrags gehe ich allerdings nicht ausführlich auf die ersten Texte ein, in denen der Begriff vorkommt. Es sind dies eine dreiteilige Abhandlung in der Psychiatrisch-Neurologischen Wochenschrift «Zur Theorie des schizophrenen Negativismus» (Bleuler 1910/11) sowie – prägnanter – die Mitteilungen über die «Ordentliche Winterversammlung des [in den Worten jener Zeit, KL] Vereins schweizerischer Irrenärzte in Bern, Sonntag den 27. November 1910», in denen ein Vortrag von Bleuler über Ambivalenz zusammengefasst wird (Riklin 1910/1911). Beachtung verdient, dass Bleuler von Anfang an drei Arten von Ambivalenz unterschied: solche des Fühlens, des Denkens und des Wollens (Riklin 1910/1911, 406)[4].

Besonders hilfreich für die interdisziplinäre Arbeit ist der rund drei Jahre später erschienene Aufsatz mit dem schlichten Titel «Die Ambivalenz» (Bleuler 1914). Bemerkenswert daran ist zunächst sein Erscheinungsort. Das Titelblatt lautet «Universität Zürich – Festgabe zur Einweihung der Neubauten 18. April 1914», ihm folgt ein Widmungsblatt «Dem Zürcher Volke gewidmet von der Dozentenschaft der Universität»[5]. Auch wenn offen bleiben muss, wie viele Bürger, die in drei Volks-

---

[3] Siehe: Scharfetter 2006 sowie Hell / Scharfetter / Möller 2001.

[4] Auf dieser Veranstaltung war auch C. G. Jung anwesend. Für das Verständnis von «Ambivalenz», das dieser in der Folge entwickelte, stand die Idee der Polarität im Vordergrund. Dies im Sinne von «stets gleich bleibenden Grundambivalenzen», wie es in der Rezeption durch Scharfenberg / Kämpfer 1980, 171 heisst. – Siehe hierzu auch Müller in diesem Band.

[5] Der Bau wurde notwendig, als der Kanton beschloss, den von ihm genutzten Flügel des Polytechnikums (ETH) dem Bund als Eigentum zu überlassen, und umfasste vor allem das prominente, noch heute als Hauptgebäude genutzte

abstimmungen dem dafür notwendigen Kredit im Gesamtbetrag von rund fünfeinhalb Millionen Franken zustimmten und wie viele der (damals noch nicht stimmberechtigten) Frauen diesen Text gelesen haben mochten, handelt es sich doch um die erste Vermittlung des Begriffs an eine breitere Öffentlichkeit, sozusagen um den ersten Schritt auf dem Weg in die Umgangssprache.

Bleuler eröffnet den Text mit zwei Beispielen aus seiner klinischen Praxis. Das erste berichtet von einer Frau, die aus der Anstalt, über die sie sich beklagt, austreten könnte, aber dies nicht zu tun vermag: «Sie betont die Idee der Entlassung mit zweierlei Gefühlen: einerseits möchte sie gern wieder ihr eigener Meister sein; andererseits weiss sie sich in der Anstalt vor allen Schwierigkeiten des Lebens geschützt. [...] Die gespaltene Psyche der Kranken führt Buch über Aktive und Passive, vermag aber die beiden Wertungsreihen nicht zu einer einheitlichen Bilanz zu verdichten» (Bleuler 1914, 95). – Aus heutiger Sicht kann man sagen: Es handelt sich um einen nicht bilanzierbaren Konflikt, ein Thema, das sehr viel später in der Rezeption des Konzepts durch den auch psychotherapeutisch ausgebildeten Soziologen Smelser (1998) in einem etwas anderen Kontext wieder angesprochen wird. Der Gesunde dagegen, schreibt Bleuler sinngemäss, wäre fähig, Vor- und Nachteile gegeneinander abzuwägen. Allerdings: Diese einfache Gegenüberstellung «krank-gesund» ist nicht das letzte Wort.

Das zweite Beispiel handelt von einer Mutter, die ihr Kind umgebracht hat und es beweint. «Sie liebt ihren Mann nicht, und das Kind dieses Manns ist ihr ein Greuel; deshalb hat sie es getötet und lacht darüber; es ist aber auch ihr Kind, und deshalb liebt sie es und weint über seinen Tod» (Bleuler 1914, 96). Bleuler fährt indessen fort: «Im gleichen Falle wie diese Kranke sind nun noch viele Frauen; bei der gesunden Mutter kommt dennoch ein Mord gar nicht in Betracht [...] Nur in Träumen, in unbewussten Handlungen und in gewissen Symptomen wie ganz sinnloser Ängstlichkeit um das Kind findet der eingehendere Beobachter Spuren der Ambivalenz» (Bleuler 1914, 96). Daraus folgert Bleuler nach einem kurzen Hinweis auf das «Spaltungsirresein» in den Schizophrenien: «Wir finden denn überall bei andern Kranken wie Gesunden solche am-

---

Kollegiengebäude der Universität. (Pers. Auskunft Staatsarchiv des Kantons Zürich)

bivalente Komplexe und können zugleich konstatieren, dass sie unsere Psyche ganz besonders beeinflussen» (Bleuler 1914, 96).

Wiederum *aus heutiger Sicht*: Ambivalenzen können durchaus zum Leben eines jeden gehören. Sie können auf unterschiedliche Weise erlebt werden. Krankmachend ist die Unfähigkeit, sich Ambivalenzen einzugestehen und damit umzugehen. Die Erfahrung und der Umgang mit Ambivalenzen können sozial produktiv sein. Mit einer bemerkenswerten Ähnlichkeit zu den frühen Gedanken Bleulers und ohne diese zu zitieren, entfaltet Jahrzehnte später die Psychoanalytikerin Roszalie Parker (1995) diese These in einer Darstellung von Mutterschaft, auf die ich im Abschnitt 2.1.4 eingehe. Wie ein vorweggenommener Kommentar zu ihrem Buch, das den Titel «Mother love, mother hate» trägt, liest sich Bleulers Satz «Hass und Liebe können in der nämlichen Brust wohnen, nicht aber zusammen mit Gleichgültigkeit» (Bleuler 1914, 99). Mit einem für ihn kennzeichnenden Gedankensprung heisst es einige Zeilen weiter (was wiederum im Kontext unserer interdisziplinären Arbeit Beachtung verdient): «Je fanatischer ein Atheist ist, um so mehr Gottesglauben hat er noch in sich selbst zu bekämpfen. Zwischen Saulus und Paulus steht ebenso wenig ein psychologischer Unterschied wie zwischen einem zu Tränen gerührten und einem fröhlichen Sanguiniker» (Bleuler 1914, 99)[6].

2.1.2 Geschlechterbeziehungen und Sexualität

Im Bleuler'schen Text finden sich des Weiteren Überlegungen zur Beziehung zwischen Mann und Frau, zugespitzt auf die Differenz «in den eigentlich sexuell anregenden Eigenschaften einerseits, und denen, die Achtung und Zärtlichkeit hervorrufen andererseits». Damit wird «Differenz» als ein wichtiges analytisches Moment angesprochen, ein Sachverhalt wiederum, der heutzutage von Belang ist, wenn das Konzept im Zusammenhang mit dem Postmodernismus genutzt wird. Im Anschluss an vorausgehende Überlegungen lautet Bleulers Folgerung: «Bei

---

[6] Hierzu auch die Stelle bei Bowlby, «dass die Menschheit, von einem ganz nackten und einfachen Konflikt tyrannisiert wird: auf die am meisten geliebte Person zornig zu werden und sie verletzen zu wollen. […] eine Disposition des Menschen, die zu allen Zeiten eine zentrale Stelle in der christlichen Theologie eingenommen hat» (Bowlby 1982, 17).

20

diesen Dingen allerhöchster Dignität kann auch der Gesunde nur selten das Fazit aus positiv und negativ ziehen» (Bleuler 1914, 97).

Das wird weiter hinten im Text im Hinblick auf die Sexualität abgewandelt. Bemerkenswert – wiederum aus heutiger Sicht – ist, dass er hier bestimmte komplexe Erfahrungsweisen, Haltungen und Handlungszusammenhänge als ambivalenzträchtig umschreibt: Angst, Scham, Masochismus und Sadismus. Sie bieten Anlass zu einer historischen Verallgemeinerung in sozusagen Freud'scher Manier und Perspektive: «Die Ambivalenz der Sexualität ist aber eine kulturgeschichtlich wichtige Erscheinung und zugleich einer der Gründe, warum viele Nerven- und Geisteskrankheiten so eng mit der Sexualität zusammenhängen» (Bleuler 1914, 101).

Im Zusammenhang mit der «kulturwissenschaftlichen Einbettung» des Konzepts sind zwei Aspekte hervorzuheben. Bleuler vertritt erstens die Ansicht: «Die Ambivalenz ist eine der wichtigsten Triebfedern der Dichtung und weist zugleich ihren gestaltenden Kräften den Weg. Der wahre Dichter schafft aus den ihn bewegenden Komplexen heraus, und diese sind ihrer Natur nach wohl immer ambivalent, da abgeschlossene Ideen uns kaum mehr lebhaft bewegen können» (Bleuler 1914, 102). Besonders der letzte Halbsatz ist bemerkenswert, wird doch darin ein Zusammenhang zwischen Ambivalenzerfahrungen und Kreativität angedeutet.

Mit Traum und Dichtung sind, zweitens, «Mythologie, Sagenbildung und Volksgebräuche innig verwandt» (Bleuler 1914, 102). Das gilt auch für ihre religiösen Inhalte. Bleuler glaubt feststellen zu können: «Der Eine Allmächtige, der die guten und die bösen Schicksale in der Hand hält, zerfällt immer wieder in Gott und den Teufel» (Bleuler 1914, 102). Ebenso interessant ist, «wie sich der im höchsten Grade ambivalente Vaterkomplex in den Mythologien auslebt» (Bleuler 1914, 103). Damit wird eine Thematik angesprochen, die insbesondere bei Freud eine wichtige Rolle spielt. Man kann sie aber auch herunterbrechen auf die in der neueren soziologischen Forschung verbreitete Analyse von Ambivalenzen in Generationenbeziehungen (siehe in diesem Kapitel 4.1 sowie in Kap. IV 4.3).

Bleulers Text trägt – dem Anlass der Publikation entsprechend – Züge eines Essays und ist darum nicht streng strukturiert (wie beispielsweise seine Abhandlung über den Negativismus). Das zeigt sich in den definitorischen Passagen. Zwar setzt Bleuler immer wieder zu einer Umschreibung an und fasst zusammen: «Ambivalenz [bezeichne] zunächst eine doppelte Wertung, die naturgemäss eine gegensätzliche ist. Die Wertung kann eine affektive oder intellektuelle sein, d. h. kann mit positiven und negativen Gefühlen betont oder sie kann positiv oder negativ gedacht sein» (Bleuler 1914, 105). Durchgängig orientiert sich Bleuler an der bereits erwähnten Dreiteilung von affektiver, intellektueller Ambivalenz und einer solchen «auf dem Gebiete des Strebens und Wollens», die er auch «Ambitendenz» nennt (Bleuler 1914, 100). Doch hinsichtlich der analytischen Unterscheidung und folglich der inhaltlichen Umschreibung bleibt einiges in der Schwebe.[7]

Einer der Gründe dürfte darin liegen, dass Bleuler immer wieder auf den Gegensatz «krank-gesund» rekurriert. Die darin zum Ausdruck kommende «Zwiespältigkeit» der Argumentation, die in einer gewissen Korrespondenz zu einem zentralen Aspekt des Konzepts der Ambivalenz steht, kann man mit seinem Pendeln zwischen Psychiatrie und Psychoanalyse bzw. seiner Haltung gegenüber letzterer in Zusammenhang bringen. So stellt Knellessen (1978, 271, 273) in einer kenntnisreichen Dissertation über den psychoanalytischen Ambivalenzbegriff gegen Bleuler kritisch fest, dessen Arbeiten seien gekennzeichnet durch «Unentschiedenheit und Schwanken zwischen Psychoanalyse und naturwissenschaftlicher Medizin» sowie – sinngemäss auf Personen bezogen – zwischen Freud und Kraepelin. Diesen Vorwurf hat gemäss der gleichen Quelle auch Freud erhoben, nicht ohne beizufügen, es komme wohl nicht von ungefähr, das man Bleuler den Begriff zu verdanken habe.

Allerdings ist auch eine andere Lesart des Gegensatzes «krank-gesund» möglich. Sie hebt hervor, dass Bleulers Beschäftigung mit der «gespaltenen Psyche der Kranken» (Bleuler 1914, 95), den Schizophrenien[8], dem «Spaltungsirresein» (Bleuler 1914, 96) das Verständnis der Person-

---

[7] Das betrifft auch die wissenschaftstheoretische Orientierung. Neben positivistischen und essentialistischen Aussagen, wie die eingefügten Zitate belegen, kommt der folgende Satz vor, der sich wie eine Vorwegnahme einer konstruktivistischen Orientierung liest: «Widersprüche in den Dingen an sich gibt es nicht, sondern nur unsere Auffassungen» (Bleuler 1914, 157; hierzu auch Scharfetter 2006, 157).

[8] Siehe dazu ausführlich auch seine Darlegungen in Bleuler (1911) und in seinem «Lehrbuch der Psychiatrie» (Bleuler 1916).

haftigkeit betrifft. Dies verweist auf die enge Verknüpfung mit den sich im Laufe des 20. Jahrhunderts immer stärker akzentuierenden Theorien des «Selbst» bzw. «persönlicher Identität». Das scheint so selbstverständlich, dass dieser Aspekt in den Definitionen von Ambivalenz kaum genannt wird. Wie ich zeigen werde, liegt aber gerade darin ein wichtiges Potential für die empirisch und theoretisch fruchtbare Nutzung des Konzepts.

Ungeachtet oder gerade wegen seiner Offenheit bietet sich Bleulers Aufsatz von 1914 als wichtiger Ausgangspunkt an, um die Tragweite des Konzepts zu erkunden. Es lassen sich darin – wie gezeigt – viele Stellen finden, die beinahe visionär als eine Art Vorwegnahme der wichtigsten Topoi gelesen werden können. So gesehen erstaunt es auch nicht, dass das Konzept schliesslich gleichsam einen Siegeszug angetreten hat. Zunächst erfolgte allerdings die Rezeption – von Ausnahmen abgesehen – vor allem in Kreisen der Psychoanalyse, der Psychotherapie und der Psychiatrie. Ein eigentlicher Durchbruch erfolgte erst in der zweiten Hälfte des 20. Jahrhunderts und – so bin ich zu sagen versucht – im Horizont von Diskursen, die man als «postmodern» charakterisieren kann.

2.1.3 Freuds Faszination und weitere psychoanalytische Beiträge

Auf eine grosse Affinität von Freud zu Ambivalenzen kann man daraus schliessen, dass er dort, wo er den Begriff zum ersten Mal verwendet, im Aufsatz «Zur Dynamik der Übertragung», von einem «glücklichen, von Bleuler eingeführten Namen» (1912/1975, 373) spricht. 1925 ist in seiner Selbstdarstellung von einem wertvollen Begriff in unserer Wissenschaft und in «Totem und Tabu» von einem «trefflichen Ausdruck» (1913/ 1975, Fussnote S. 51) die Rede. Beachtenswert in dem hier interessierenden Zusammenhang ist Freuds Aufsatz über den «Gegensinn der Urworte», auf den Bleuler, wie vorne erwähnt, hinweist und der ein Thema betrifft, das anscheinend auch Jung beschäftigt, der mit ihm in jener Zeit zusammenarbeitete. Aus heutiger Sicht kann man hier eine Sensibilität für die Rolle der Sprache erkennen, was später in Verbindung mit der Theorie des «double-bind» herausgearbeitet wird[9], ferner in der Analyse ambivalenter Strukturen von Texten (siehe hierzu 2.3).

---

[9] Das ist ein wichtiges Thema der Arbeit von Knellessen (1978).

Nach Auffassung von Interpreten wie Knellessen und Bourdin hat Freud die mit «Ambivalenz» gemeinten Sachverhalte schon in der «Traumdeutung» (1900), in den drei Abhandlungen zur Sexualtheorie (1905), und in den «Bemerkungen über einen Fall von Zwangsneurose» (1909) beschrieben. Dass Freud vom Begriff fasziniert war, zeigt sich auch darin, dass er ihn bei der Überarbeitung bzw. erneuten Herausgabe von Texten, die vor 1910 geschrieben worden waren, nachträglich übernimmt. So wird in den bereits erwähnten «Bemerkungen über einen Fall von Zwangsneurose» (1909) der Gegensatz von Liebe und Hass in späteren Auflagen in einer Fussnote eindeutig als Ambivalenz qualifiziert.

In diesem Zusammenhang ist auch die Einschätzung von Bowlby (1982) bemerkenswert: «Keines der zahllosen Themen, die sein Werk durchziehen, wird öfter und ausführlicher behandelt als dieses [...]» – Insgesamt stellt Bourdin (2005) fest, die Bedeutung, die Freud dem Konzept einräume, sei extrem gross – weniger allerdings bezüglich seiner Komplexität als seiner Universalität. In der Tat lassen sich unterschiedliche Phasen bzw. Rubriken der Rezeption unterscheiden[10]. Der eben erwähnte Bourdin (2005, 18) macht das in folgender Weise (hier in deutscher Übersetzung):

- Übernahme des Konzepts von Bleuler und Verwendung für die «Übertragung» und die klinische Arbeit mit Neurosen
- Phylogenetische Entfaltung (Totem und Tabu)
- Metapsychologische Entfaltung (Trieb und Triebkonflikt)
- Vertiefung der klinischen Arbeit mit dem Konzept
- Anwendung der Ambivalenz-Perspektive auf die Probleme von Kultur und Religion.

Daraus lässt sich unschwer erkennen, dass Freuds Werk die Ubiquität des Konzepts bekräftigt. Ebenso wichtig ist im hier interessierenden Zusammenhang die Auffassung, wonach Ambivalenz als ein fundamentaler, letztlich die Grundstruktur menschlicher Erfahrung betreffender, dynamischer, eben von der Opposition zwischen Lebens- und Todestrieb geleiteter Gegensatz verstanden werden kann, der als solcher auch nicht aufhebbar ist. Das verweist auf menschenbildliche Vorstellungen.

---

[10] Hierzu: Otscheret 1988; Laplanche / Pontalis 1994 sowie Athanassiou-Popesco 2005.

Freud ist allerdings mit dieser Art des Theoretisierens noch ganz seiner Zeit verhaftet. Im Gegensatz zu neuzeitlichen, vom Pragmatismus und Konstruktivismus beeinflussten Auffassungen gilt sein Interesse ontologischen Grundlagen von Ambivalenz. Damit geht die Neigung einher, phänomenologische Beobachtungen und introspektive Einsichten zu verallgemeinern. Die Überwindung dieser Sichtweisen trägt meiner Meinung nach massgeblich dazu bei, Ambivalenz im Sinne der einleitend vorgenommenen Umschreibung als «sensibilisierendes Konzept» interdisziplinär zu nutzen. Angesichts dieses unseres Interesses sehe ich davon ab, ausführlich auf die an sich sehr wohl faszinierende Rezeption des Konzepts im psychoanalytischen und psychiatrischen Schrifttum in den Jahrzehnten nach seiner Einführung einzugehen; stattdessen konzentriere ich mich auf Facetten des für uns wichtigen Bereichs der Sozialisation.

2.1.4. Ambivalenz und Mutterschaft

Zentral ist – wie bereits erwähnt – der Zusammenhang von Ambivalenzerfahrungen und Identitätsentwicklung. Ein früher Brückenschlag ergibt sich aus der psychoanalytischen Objekttheorie. Damit hat sich insbesondere Melanie Klein (1960) beschäftigt. Um es in der gebotenen Kürze mit einer Veranschaulichung zu sagen: Aus der von Klein dem Kind zugeschriebenen Fähigkeit der Unterscheidung zwischen der «guten und der schlechten Mutterbrust» lässt sich theoretisch verallgemeinernd ableiten, dass mit Ambivalenz auch die Erfahrung eines Zusammenhangs zwischen diesen Empfindungen einhergeht. In der modernen Rezeption ist dieser Gedanke auf innovative Weise, mit Rekurs auf Berichte aus der therapeutischen Praxis unter aktuellen Lebensverhältnissen, durch Roszika Parker (1995) auf die Erfahrung von Müttern und das Verständnis von Mutterschaft ausgedehnt worden. Ihr Argument lautet: «Klein war der Ansicht, Ambivalenz komme eine positive Funktion im psychischen Erleben zu, nämlich als ‹Schutz vor Hass›. Ich möchte einen Schritt weiter gehen und für mütterliche Ambivalenz, insofern sie bewältigt wird, eine spezifisch kreative Kraft beanspruchen» (Parker 1995, 6). Dies erinnert an Bleulers oben referiertes Beispiel von der Schizophrenen, die ihr Kind getötet hatte.

Wenn sich nämlich Mütter Schuld oder Scham angesichts ambivalenter Gefühle gegenüber den Kindern eingestehen (können), lässt sich auch beobachten, dass neue Formen des Umgangs mit dem Kind entwickelt werden. Allgemeiner formuliert: Die Akzeptanz der Tatsache, dass Mütter gegenüber ihren Kindern auch Gefühle der Ablehnung und sogar des Hasses haben können, diese indessen in einem Spannungsfeld gleichzeitiger Zuneigung und Liebe stehen, lässt Mütter sozial verträgliche, kreative Verhaltensweisen finden, oder sie können über Beratung und Therapie dazu ermutigt werden.

Für die weiteren Themen unserer interdisziplinären Arbeit ist von Belang, dass die Prämisse der Ambivalenz das Verständnis der Mutterschaft von traditionellen Idealisierungen befreit, die angesichts ihres moralischen Impetus immer auf eine Instrumentalisierung der Mutter als Person hinauslaufen. Insofern Ambivalenzen in Sprache gefasst werden, ergibt sich die Chance der Hinterfragung von Ideologien der ein für allemal feststehenden, eindeutigen «Natur» der Frau. Stattdessen wird die Gestaltung der Rolle der Mutter in der Beziehung zum Vater, zum sozialen Umfeld und im Dialog mit dem Kind bzw. den Kindern als soziale und kulturelle Leistung erkennbar, die sich eben nicht von selbst versteht.

Hier zeigt sich – um dies nochmals zu betonen – dass Ambivalenzerfahrungen unter näher zu bestimmenden Umständen Anlass für zugleich verlässliche und innovative Verhaltensweisen sein können. Diese Sichtweise trägt dazu bei, die Spezifik von Mutterschaft zu erkennen, ohne die Frau einzig auf die Rolle der Mutter zu fixieren. Die im traditionellen Verständnis der Geschlechter verkannten sozial kreativen und zivilisatorischen Leistungen der Mütter werden deutlich erkennbar.

2.1.5 Bindung und Sozialisation

Eine weitere wichtige Ausweitung der Sichtweise erfolgt mit der in der Bindungstheorie angelegten Zuwendung zur Dynamik der Familienbeziehungen über die frühen Mutter-Kind-Dyaden hinaus. Bei einem der führenden Autoren in diesem familientherapeutischen Kontext, Stierlin (1980), finden sich zwei wichtige Einsichten. Die eine besagt: Die Ambivalenzerfahrungen der Eltern können solche im Kind auslösen. Allgemeiner gesprochen: Ambivalenzerfahrungen können ihrerseits Ambiva-

26

lenzerfahrungen generieren. Daraus ergibt sich eine Annäherung an die soziologischen, aber auch die kulturwissenschaftlichen Diskurse. Die zweite Einsicht, die sich auch bei früheren Autoren und in gewisser Weise auch schon bei Freud findet, bezieht sich darauf, dass individuelle Ambivalenzerfahrungen durch die soziale Umwelt, die gesellschaftlichen und die kulturellen Strukturen gefördert werden können.

Diese erweiterten Sichtweisen eröffnen die Möglichkeit, das Konzept der Ambivalenz sowohl für die innerpsychische als auch die interaktive Dynamik zu nutzen, also – bildlich gesprochen – sowohl für den «inneren Dialog» des Subjekts mit sich selbst (wobei hier eine Anschlussfähigkeit an das Konzept des Unbewussten besteht) als auch für den Dialog des Subjekts mit anderen. Beide Prozesse verdeutlichen den engen Zusammenhang mit Vorstellungen der Identität – solchen psychoanalytischer[11] und solchen sozialwissenschaftlicher Provenienz.

2.1.6 Zweifel und Kritik am Konzept

Bevor ich mich diesen Vorstellungen zuwende, möchte ich als Kontrapunkt kurz erwähnen, dass es innerhalb des psychoanalytisch-psychiatrischen Lagers auch radikale Zweifler und Kritiker gab und sicher auch noch gibt. So schliesst ein bereits 1926 in der von Alfred Adler herausgegebenen «Internationalen Zeitschrift für Individualpsychologie» veröffentlichter Aufsatz mit den Worten: «Die Ambivalenz [...] ist weiter nichts als ein Umweg der Seele und noch nicht einmal ein geschickter», heisst es da (Künkel 1925, 79).

Rund ein Jahrzehnt später ergänzte Roenau in einem Artikel «Zum 25-jährigen Bestand des Terminus» in der «Zeitschrift für die gesamte Neurologie und Psychiatrie» dazu am Schluss einer überwiegend polemischen Kritik: «Es gibt natürliche Polaritäten [...] es gibt Gegenüberstellungen [...] es gibt Widersprüche zwischen den Menschen, entsprechend den gegeneinander wirkenden Kräften in der Natur – wovon aber weder im Sein noch im Denken je eine Spur gefunden werden kann, das ist die ‹Ambivalenz›» (Roenau 1937, 165). – Wiederum nach einer längeren Zeitspanne, nämlich 1968, bezieht sich in der «Psyche» der Wiener Psychiater Strotzka darauf und hält demgegenüber fest: «in der

---

[11] Siehe hierzu Bohleber 1999.

Psychopathologie ist der Begriff unentbehrlich» (Strotzka 1968, 287). – Und er ist nicht nur dort nützlich und fruchtbar.

2.2 Ambivalenzen: Die soziologische Rezeption

2.2.1 Die strukturelle Einbettung von Ambivalenzerfahrungen

Annähernd sechzig Jahre nachdem der Begriff der Ambivalenz formuliert worden war, kam es zu einer markanten Rezeption in der Soziologie. Eine führende Rolle spielte dabei Robert K. Merton. Das ist nicht zufällig. Kennzeichnend für seine Art des Arbeitens ist das Bemühen um «Theorien der mittleren Reichweite»[12]. Die Aufmerksamkeit gilt jenen sozialen Sachverhalten und (alltagssprachlichen) Begriffen, in denen die Einbettung der persönlichen Erfahrungen der Menschen in übergreifende gesellschaftliche Strukturen nachvollziehbar ist, also beispielsweise in sozialen Beziehungen und sozialen Rollen.

Hier setzt Mertons Rezeption des Konzepts der Ambivalenz in dem gemeinsam mit Elionor Barber verfassten Aufsatz «Sociological Ambivalence» an. Darin wird vorgeschlagen, komplementär zum bis anhin vorherrschenden psychologischen ein soziologisches Verständnis zu entwickeln. Der Bezugspunkt ist wiederum Bleuler, genauer das Protokoll seines Berner Vortrags (vgl. 2.1.1). Gleichzeitig stellen sie fest: «Long before the term was coined, man's experience of ambivalence – of being pulled in psychologically opposed directions – had of course been endlessly noted [...]. It could scarcely be otherwise. No observer of the human condition could long fail to note the gross facts of mingled feelings, mingled beliefs, and mingled actions. He had only to look inward at his own psyche or outward at the behavior of others»[13]. Dazu verweisen sie auf die Schriften von Montaigne, La Rochefoucauld, La Bruyère und Pascal.

---

[12] Merton 1964, 9
[13] Merton / Barber 1963, 3

2.1.2 Ambivalenzen in sozialen Rollen

Merton / Barber kennzeichnen ihre Sichtweise wie folgt: «Unlike the psychological orientation, the sociological one focuses on the ways in which ambivalence comes to be built into the structure of social statuses and roles» (Merton / Barber 1963, 5). Daraus folgt, was auch und gerade für die interdisziplinäre Arbeit fruchtbar ist: «It directs us to examine the processes in the social structure that affect the probability of ambivalence turning up in particular kinds of role-relations. And finally, it directs us to the social consequences of ambivalence for the working of social structures» (Merton / Barber 1963, 5). Damit wird Ambivalenz – besser: werden Ambivalenzen – als empirische Sachverhalte gekennzeichnet, die mehr oder weniger häufig (oder überhaupt nicht) in bestimmten sozialen Strukturen und unter bestimmten Bedingungen vorkommen.[14] Überdies wird die Fragestellung ausgeweitet: Nicht nur der Nachweis von Ambivalenzen interessiert, sondern auch ihre sozialen Konsequenzen.

In einem weiteren Schritt legen Merton / Barber dar, dass ihrer Ansicht nach die strukturelle Gebundenheit von Ambivalenz im Normengefüge zu lokalisieren ist: «In it's most extended sense, sociological ambivalence refers to incompatible normative expectations of attitudes, beliefs, and behavior assigned to a social status (i. e., a social position) or to a set of statuses in a society» (Merton / Barber 1963, 6). Das ist ein Gedanke, der jedenfalls gerade auch für den theologisch-soziologischen Dialog anregend ist, sind doch kirchliche Berufsrollen und ihre Träger oft markanten divergierenden Erwartungen ausgesetzt[15]. Wie wir in den folgenden Kapiteln zeigen, dient die Idee der Ambivalenz dazu, bestimmte Formen des Umgangs mit diesen Spannungsfeldern zu erhellen.

Innerhalb der Analyse sozialer Rollen, die sich in den 1960er Jahren grosser Beliebtheit erfreute, bildeten die Professionen (wie Rechtsanwalt und Arzt) ein wichtiges Thema. Dies ergibt sich aus ihrer herausgehobenen gesellschaftlichen Wertschätzung. Gleichzeitig kündigten sich in den 1960er Jahren Tendenzen der Professionalisierung in verwandten Berufen an, so etwa in den Pflegeberufen. Das wiederum hing mit dem ver-

---

[14] Siehe hierzu auch die Ausführungen zum Definieren in diesem Kapitel 3.1.
[15] Siehe hierzu beispielsweise die Fallgeschichte 1 bei Müller in diesem Band.

mehrten Einzug der Frauen in die Sphären der gesellschaftlichen Öffentlichkeit und dem Wandel der Geschlechterrollen zusammen. Es lag nahe, aus soziologischer Sichtweise zu ermitteln, wie die Studierenden in die Gestaltung der für diese Berufe kennzeichnenden sozialen Beziehungen und die dabei auftretenden Spannungsfelder eingeführt werden. Um dies zu leisten, schlugen Merton / Barber vor, soziale Rollen nicht nur in Bezug auf ihre dominanten Eigenschaften zu untersuchen, sondern als eine dynamische Organisation von dominanten Normen und Gegennormen. Ein Arzt soll gleichzeitig sowohl fachlich kompetent und distanziert als auch mitfühlend und sorgend im Umgang mit seinen Patienten sein. Zu erwerben ist also die Fähigkeit zur «subjektiven» Empathie und die Verpflichtung auf «objektive» Sachkunde. Beides ist in der Berufskultur – mithin strukturell – angelegt und dem Einzelnen vorgegeben.

Vor diesem Hintergrund versuchen Merton / Barber die Voraussetzungen herauszuarbeiten, die das Entstehen von Ambivalenzen in professionellen Beziehungen begünstigen. Dabei beziehen sie die Sichtweise der Klienten mit ein. Wichtige strukturelle Bedingungen sind:

- Die grundsätzlich offene Dauer, die mit einer mehr oder weniger festen Bindung zusammen geht, was es wieder schwierig macht, die Beziehung aufzulösen. Auf diese Weise kann es zur Kumulation von Ambivalenzerfahrungen kommen.
- Der Anspruch auf Autorität, der von der professionellen Tätigkeit ausgeht. Daraus leitet sich u. a. der Anspruch an die Klienten ab, Informationen über sich selbst preiszugeben.[16]
- Die Möglichkeit, dass der oder die in der Profession Tätige eigene Interessen durchsetzen kann und so der Klient bzw. die Klientin sich benachteiligt fühlt.
- Die Schwierigkeiten, die professionellen Leistungen zu beurteilen.

Diese Systematik ist von Belang für den interdisziplinären Austausch mit der «Praktischen Theologie». Zu bedenken ist, in welcher Hinsicht die kirchlichen Berufe als Professionen verstanden werden können. Allerdings ist auch in Betracht zu ziehen, dass die Schilderungen von

---

[16] Damit ist die Frage von Macht und Ambivalenz angelegt. Siehe hierzu zum Beispiel Heuer 2006.

Merton / Barber historisch geprägt sind, indem zu ihrer Zeit in den Professionen vor allem Männer tätig waren und Autoritätsansprüche heute nicht mehr in gleichem Ausmass akzeptiert werden. Ohne an dieser Stelle in die Details zu gehen, wird man sagen können, dass insgesamt das Bild der Professionen (im kirchlichen Bereich ebenso wie in andern Berufsfeldern) heute diffuser und komplexer ist. Dadurch erhöht sich die Dichte möglicher Ambivalenzerfahrungen.

Zu ähnlichen heuristischen Überlegungen regt eine Anfang der 1970er Jahre entstandene Studie von Becker et al. an, in der gezeigt wird, wie Studierende der Medizin (damals – wie der Titel «Boys in white» signalisiert – Männer) in den Umgang mit einander widersprechenden Erwartungen eingeführt werden und wie sie damit umgehen.[17] Zwar stehen in dieser Arbeit die Sachverhalte und nicht das Konzept der Ambivalenz im Vordergrund. Man kann daraus jedoch die wichtige Einsicht ableiten, dass die Vermittlung der Fähigkeit, mit ambivalenten Spannungsfeldern umzugehen, ein massgebliches, wenn auch nicht immer als solches deutlich ausgesprochenes Anliegen der professionellen Ausbildung ist, namentlich in so genannten Praktika wie beispielsweise auch dem Vikariat. Erwähnenswert ist in diesem Zusammenhang eine Arbeit von Rose Laub Coser, die aufgrund minutiöser teilnehmender Beobachtungen eine weitere lebensnahe Einsicht beisteuert, dass nämlich «Humor» eine Form des Umgangs mit Ambivalenzerfahrungen in der Kollegenschaft ist (Coser 1960). Dies ist aus heutiger Sicht anschlussfähig an literatur- und kulturwissenschaftliche Analysen über das Komische und Ironie als Ausdruck von Ambivalenzen.

In späteren Beiträgen schlägt Rose Laub Coser (1974) vor, das Konzept der Ambivalenz für die Analyse der Spannungsfelder heranzuziehen, in denen sich typischerweise Frauen befinden, die in ausserhäuslichen Berufsfeldern tätig sind. Kritisch ist allerdings anzumerken, dass darin das systematische Verhältnis von Ambivalenzerfahrungen und weiblichen Rollenkonflikten nicht erörtert wird. Dies geschieht erst in späteren Analysen. In der Tat ist offensichtlich, dass sich das Konzept eignet, um die Spezifik der Erfahrungen von Frauen in den Prozessen

---

[17] Becker / Geer / Blanche / Hughes / Strauss 1961.

der Entscheidung zur Mutterschaft[18] als Mütter zwischen Erwerbstätigkeit und Familientätigkeit[19] oder in den Pflegebeziehungen zwischen erwachsenen Töchtern und ihren Müttern[20].

Einen weiteren Akzent setzte Lewis Coser, indem er unter Bezug auf Goffman auf die vom Einzelnen vorzunehmende Interpretation und die daraus resultierende Rollendistanz hinwies. Diese Idee ist wichtig, weil sie den Umgang mit Ambivalenzen mit der Vorstellung persönlicher Identität in Zusammenhang bringt. Goffman selbst veranschaulicht dies anhand von Untersuchungen über die Erfahrung von und den Umgang mit dem Phänomen des Stigmas (Goffman 1963/1975). Er unterscheidet unterschiedliche Strategien dieses Umgangs, die mit jenen des Umgangs mit Ambivalenzen vergleichbar sind[21]. Bei der kritischen Analyse des Identitätsmodells von Goffman betonte Krappmann (1970) die Tragweite von Ambiguitätstoleranz. Sie ist inhaltlich der Ambivalenztoleranz sehr nahe.[22] Immer geht es dabei um das Aushalten von Spannungsfeldern und – in der hier vertretenen Perspektive – um den sozial-kreativen Umgang damit.

2.2.3 Ambivalenzen in sozialen Beziehungen

Ende der 1990er Jahre kam es zu einer erneuten intensiven soziologischen Rezeption des Konzepts der Ambivalenz im Rahmen von Analysen der Generationenbeziehungen, die nicht zuletzt angesichts des demographischen Wandels, namentlich der erweiterten gemeinsamen Lebensspanne von Alt und Jung und der sich daraus ergebenden Beziehungspotentiale vermehrte Aufmerksamkeit fanden. In gewisser Weise wird hier eine Thematik aktualisiert, die bereits von Bleuler und in den psychiatrisch-psychoanalytischen Diskursen sowie von Merton /

---

[18] So die Genfer Studie von Le Goff / Sauvain-Dugerdil / Rossier / Coenen-Huther 2005.

[19] Z. B. Becker-Schmidt 1980, Becker-Schmidt / Brandes-Erlhoff / Karrer / Knapp / Rumpf / Schmidt 1982.

[20] Z. B. Lorenz-Meyer 2004.

[21] Goffmans Analyse sind insbesondere für die praktisch-theologische Arbeit anregend, bringt diese doch mit sich, dass Gespräche mit Menschen geführt werden, die mit körperlicher oder psychischer Stigmatisierung umgehen müssen.

[22] Diese steht im Zentrum der späteren Rezeption und systematischen Darstellung von Ambivalenz durch Jekeli (2002)

Barber angesprochen worden ist. Den unmittelbaren Anlass bot allerdings die Beobachtung, dass in der Forschung das Ideal der «Generationensolidarität» wegleitend war. Diese wurde sozusagen als selbstverständlich, wenn nicht sogar als «natürlich», angenommen. Dabei blieb ausser Acht, dass in Generationenbeziehungen, namentlich auch in späteren Lebensphasen, also z. B. in der Pflege alter Menschen, gleichermassen Ablehnung, Vernachlässigung und sogar Misshandlung vorkommen können.

Um die beiden getrennten Forschungsstränge gleichzeitig in Blick zu nehmen, bot sich die allgemeine Idee der Ambivalenz an. Sie ermöglichte es, auf der wissenssoziologischen Ebene das Spannungsfeld der einander entgegengesetzten Befunde zu thematisieren, auf der strukturellen Ebene der Generationenverhältnisse die Gleichzeitigkeit von Solidarität und Konflikt anzusprechen und auf der Ebene der Erfahrungen auf das Hin und Her zwischen Nähe und Ferne, zwischen Eigenständigkeit und Abhängigkeit sowie unter Umständen zwischen Liebe und Hass hinzuweisen. Diese Sichtweise regte sowohl eine wissenschaftliche Debatte[23] als auch eine erste Übersicht über die Forschung[24] an.

Vertieft man diese Überlegungen theoretisch, dann führen sie u. a. zur Frage, ob die Erfahrung von Ambivalenzen auf eine Spezifik bestimmter sozialer Beziehungen hinweist, mithin auch auf besondere Formen der Beziehungslogik.[25] Dies ist ein Thema, dem sich Smelser an prominenter Stelle, nämlich seiner Präsidialadresse vor der «American Sociological Association» (1998) unter dem programmatischen Titel «The rational and the ambivalent in the social sciences» zuwandte. Er rezipiert darin die vorausgehende psychoanalytische und soziologische Literatur und leitet daraus eine übergreifende These ab. Sie lautet in ihrer Quintessenz: Die Idee der Ambivalenz verweist auf eine Logik sozialer Beziehungen, die als komplementäres Gegenstück zur Rationalität der «Nutzenmaximierung» verstanden werden kann: «If we move toward the broader implications of the place of the rational and the ambivalent in the social sciences, it becomes clear that we are dealing with a fundamental existential dilemma in the human condition. It is communicated

---

[23] Im «Journal of Marriage and the Family» 2002.
[24] Im Sammelband von Pillemer / Lüscher 2004.
[25] Zu diesem Begriff siehe Lüscher / Liegle 2003 Kap. 7.3.

in various dichotomies – freedom versus constraint, independence versus dependence, autonomy versus dependence, maturity versus infancy, and more – but whatever the dichotomy, the dilemma appears insoluble» (Smelser 1998, 13).

Im Kern argumentiert Smelser also, dass es um unterschiedliche Dimensionen des Verständnisses der menschlichen Existenz und ihrer sozialen Einbettung geht. Rationalität (im Sinne von «rational choice») verweist auf Freiheit (der Entscheidung, der Wahl), diese wiederum auf die Gebundenheit in Gruppen, also auf Abhängigkeit. Doch eigentlich – so die explizite Feststellung von Smelser – sind beides einander polar gegenüberstehende Bedingungen menschlicher Existenz. Daraus kann man schliessen, dass die implizite Botschaft von Smelsers Artikel lautet, das eigentlich grundlegende Charakteristikum menschlicher Existenz sei ihre Widersprüchlichkeit in dem Sinne, wie das Konzept der Ambivalenz sie deutet. Damit werden unter Bezugnahme auf die Rezeption in unterschiedlichen Disziplinen, die allgemeinen menschen- und gesellschaftsbildlichen Implikationen des Konzepts hervorgehoben. Smelsers Ausgangspunkt ist – angesichts seines Interesses an der Beziehungslogik – die Analyse der mikrosozialen Gegebenheit, die er dann allerdings makrosozial einbettet. Darin besteht eine Verwandtschaft zu einem Klassiker der Soziologie, Georg Simmel.

2.2.4 Ambivalenzen und die Bedingungen (postmoderner) Gesellschaftlichkeit

Simmels Arbeiten, veröffentlicht in den ersten beiden Jahrzehnten des 20. Jahrhunderts, lassen sich u. a. als die Entfaltung der Idee der Konflikthaftigkeit menschlicher Sozialität lesen. Darunter fallen auch Formen und Prozesse, die unter Ambivalenz subsumiert werden können. Allerdings kannte Simmel den Begriff (erstaunlicherweise) anscheinend nicht, jedenfalls benutzte er ihn nicht. Unter den gesellschaftstheoretisch orientierten Beiträgen zur Rezeption dieses Konzepts finden sich solche, in denen Simmel als ein, wenn nicht sogar der wichtigste Ahn einer soziologischen Ambivalenztheorie angesehen wird.[26]

Die Beiträge in Luthe / Wiedenmann entfalten philosophische, historische und kulturwissenschaftliche Grundlagen. Sie bekräftigen überdies die hier vertretene Sichtweise, «Ambivalenz als heuristisches Konzept zur Analyse empirisch auffindbarer sozialer Interaktionsprozesse» zu verstehen[27]. Luthe argumentiert, dass auch die Prozesse des Aufbaus von Ambivalenz «als Momente der Kontrolle und Bewältigung von Sicherheiten» ihren Ausdruck finden (Luthe 1997, 226). Damit verweist er auf die kritischen Potentiale des Konzepts. Diese wiederum könnte man mit Überlegungen in Verbindung bringen, wonach die gewollte «Konstruktion» von Ambivalenzerfahrungen als ein Mittel zur sozial kreativen Gestaltung des Zusammenlebens genutzt werden kann.

Ein weiterer Autor, Stichweh, hebt die Ambivalenzpotentiale in der Figur des Fremden hervor und veranschaulicht dies mit der Art und Weise, wie diese im Alten Testament dargestellt werden, und versucht dann einen Bogenschlag von der theologischen zu einer soziologischen Interpretation: «Der Gott des alten Israel scheint seinerseits die Ambivalenz gegenüber dem Fremden zu teilen, oder, wie man diese Deutung reformulieren könnte, wenn man ‹Gott› durch den Terminus ‹Gesellschaft› übersetzt: die Gesellschaft selbst selegiert die Störungen, die sie mit Hilfe des Fremden in sich einführt, und sie benötigt dafür, wenn dies ein flexibles Instrument sein soll, vielfältige Figuren der Ambivalenz.»[28] Man mag diese Argumentation teilen oder nicht – jedenfalls ist sie ebenfalls ein Versuch, das Konzept der Ambivalenz für den interdisziplinären Dialog zu nutzen.

Für Junge ist «Zwiespältigkeit» das zentrale Thema von Modernisierung. Er geht diesem in vier prominenten Theorien nach, die zum Teil über den Bereich der Soziologie hinaus Beachtung gefunden haben: Die kommunitarische Sozialtheorie, die voluntaristische Handlungstheorie von Münch, die Theorie der reflexiven Modernisierung von Beck und die Soziologie der Postmoderne von Bauman. Von besonderem Interes-

---

[26] Das trifft für eine Reihe von Aufsätzen in einem von Luthe / Wiedenmann (1997) herausgegebenen Sammelband sowie für Junges Abhandlung über «Ambivalente Gesellschaftlichkeit» (2000) zu.

[27] Nedelmann 1997, 151.

[28] Stichweh 1997, 169–170.

se in unserem Kontext ist Baumans Verständnis von Ambivalenz als der «Möglichkeit, einen Gegenstand oder ein Ereignis mehr als nur einer Kategorie zuzuordnen». Das ist für ihn «eine sprachspezifische Unordnung: ein Versagen der Nenn-(Trenn-)Funktion, die Sprache doch eigentlich erfüllen soll». Daran schliesst sich unmittelbar eine handlungstheoretische Folgerung an, denn ein «Hauptsymptom der Unordnung ist ein heftiges Unbehagen, das wir empfinden, wenn wir ausserstande sind, die Situation richtig zu lesen und zwischen alternativen Handlungen zu wählen». Daraus folgt: «Die Situation wird ambivalent, wenn die sprachlichen Werkzeuge der Strukturierung sich als inadäquat erweisen [...]. Es könnte sich erweisen, dass keines der erlernten Muster in einer ambivalenten Situation richtig ist – oder mehr als eines der erlernten Muster angewendet werden kann; was immer der Fall ist, das Ergebnis ist das Gefühl der Unentschiedenheit, Unentscheidbarkeit und infolgedessen des Verlustes an Kontrolle.»[29]

Indem Ambivalenz die Klassifikation erschwert und letztlich gar verunmöglicht, gefährdet sie potentiell und aktuell Ordnung[30]. Diese Einsicht gilt für Bauman auch hinsichtlich der gesellschaftlichen Organisation des Zusammenlebens. Nun ist für ihn, wie er mit guten Gründen darlegt, «Ordnung als Aufgabe» ein herausragendes Kennzeichen der Moderne, ein Begriff, den er durchaus als Kennzeichnung einer Epoche versteht.[31] Sie ist für ihn denkbar als eine Zeit, «da Ordnung – der Welt, des menschlichen Ursprungs, des menschlichen Selbst und der Verbindung aller drei – reflektiert wird»[32]. Umso bestürzender ist die Einsicht, die sich in der Postmoderne artikuliert, dass Ambivalenz anscheinend nie völlig vermieden, überwunden und verbannt werden kann.

Dieses gesellschaftstheoretische Verständnis von Ambivalenz zeichnet Reckwitz (2007) anhand der für die Modernisierung kennzeichnenden Herausbildung des kreativen Subjekts nach. Angesichts der Vielfalt, der Spannungsfelder und der Widersprüche der gesellschaftlichen Entwicklungen und ihres Verständnisses, die sich seit Beginn des 20. Jahrhunderts abbildet, ist der Mensch gefordert, mit Ambivalenz umzugehen.

---

[29] Alle Zitate in Bauman 1996, 13–14.
[30] Siehe hierzu die parallelen Überlegungen von Müller in diesem Band, Kap. III.
[31] Bauman 1996, 347–348
[32] Bauman 1996, 17.

Das ist allerdings eine Aufgabe, die ihrerseits im Spannungsfeld von gesellschaftlicher Überbestimmtheit (und sozialer Kontrolle) und dem Bemühen nach Authentizität, den Zwängen des Markts und der Suche nach sich selbst zu lösen ist. Damit kommen wieder Menschen- und Gesellschaftsbilder ins Spiel.

2.3 Die Rezeption in den Literatur- bzw. Kulturwissenschaften

2.3.1 Allgemeine Stossrichtung

In den 1960er Jahren fand das Konzept der Ambivalenz auch in den Literaturwissenschaften Eingang. Bald darauf folgten die Kunst-, Musik- und Medienwissenschaften. Daraus ergab sich allmählich eine kulturwissenschaftliche Rezeption, zu der auch Arbeiten aus den Bereichen der Geschichte, der Kulturanthropologie und der kulturalistisch orientierten Soziologie gezählt werden können. Angesichts der Weite dieser Felder ist es schwierig, die Abfolge zu rekonstruieren. Ich beschränke mich im Wesentlichen auf einige Aspekte, die für unser interdisziplinäres Anliegen bedeutsam sind. Sie betreffen die gewollte Konstruktion von Ambivalenzen und deren Bedeutung für die Rezeption.

Seidler (1969) wendet sich in seinen Überlegungen zur Tragweite des Ambivalenzbegriffs in der Literaturwissenschaft – was durchaus auf der Linie der hier vertretenen Auffassung liegt – gegen eine von vorneherein negative Bewertung des Ambivalenten (Seidler 1969, 38) und unterscheidet zwei Verständnisse, ein psychologisches, das sich auf Gefühlsreaktionen bezieht und ein geisteswissenschaftliches, das die «Wertstrukturen von Phänomenen als Gegenständen der Geisteswissenschaften» im Blick hat (Seidler 1969, 40–41).

Für beide Begriffsschattierungen gilt, dass sich das Wort Ambivalenz als ergiebig erweist. Namentlich wird dadurch (was in diesem begriffsgeschichtlichen Zusammenhang besonders hervorzuheben ist) «ein vertiefter Blick auf unsere Epoche und den Charakter ihrer Literatur möglich [...], denn [...] dieser Epoche ist die Bedeutung der Ambivalenzen bewusst geworden und so sind sie ins wissenschaftliche Denken zu integrieren» (Seidler 1969, 54). Es liegt nahe, darin eine Bekräftigung für unser interdisziplinäres Anliegen zu sehen. Ich veranschauliche dies mit zwei Beispielen aus den Literaturwissenschaften und einem aus der Musikwissenschaft.

2.3.2 Musil als Beispiel

Texte können darauf hin gesichtet werden, ob in ihnen Sachverhalte zur Sprache kommen (oder im Fall von Bildern oder Musikstücken darge-stellt werden), die sich unter Ambivalenz subsumieren lassen. Ein Sonderfall ist diesbezüglich eine Passage in Musils «Mann ohne Eigen-schaften», weil darin sogar der Begriff vorkommt. Von der Hauptfigur Ulrich heisst es in Kapitel 61, 265: «In diesem wenig glücklichen Augen-blick, wo sich die sonderbare kleine Gefühlswelle, die ihn für eine Sekunde gefasst hatte, wieder auflöste, wäre er bereit gewesen, zuzu-geben, dass er nichts besitze als eine Fähigkeit, an jeder Sache zwei Seiten zu entdecken, jene moralische Ambivalenz, die fast alle seine Zeit-genossen auszeichnete und die Anlage einer Generation bildete oder auch deren Schicksal.» Einige Zeilen weiter legt der Autor Ulrich folgende Worte in den Mund: «Es ist eine komische Sache. Ein merk-würdiger Unterschied: Der zurechnungsfähige Mensch kann immer auch anders, der unzurechnungsfähige nie.» Darauf folgt zu Ulrichs Gegen-über folgende Beobachtung: «Bonedea erwiderte etwas sehr Be-deutendes. ‹Ach du!› erwiderte sie. Das war die einzige Unterbrechung, und das Schweigen schloss sich wieder.»[33]

Vergegenwärtigen wir uns Folgendes, ohne ins Detail zu gehen: Die Handlung spielt 1913, also im Österreich des zweiten Jahrzehnts des 20. Jahrhunderts. Ende 1930 lag die erste Fassung vor. Musil legt den Begriff also seinem Protagonisten in jener Zeit in den Mund, in der er im österreichischen und internationalen psychoanalytischen Schrifttum zu-nehmend rezipiert wurde. Er benutzt ihn, um eine Generation zu cha-rakterisieren. Zugleich fügt er die Gegenüberstellung zurechnungsfä-hig/unzurechnungsfähig an, die dem Thema krank-gesund verwandt ist. Und Bonedea werden (hier kommt Ironie ins Spiel!) «Ach du!» als be-deutungsvolle Worte in den Mund gelegt.

Man findet auf dieser knappen halben Seite somit wesentliche Merk-male des Konzepts und dies hinsichtlich der Charakterisierung einer

---

[33] Musil 1930 / 1932 / 1978, 265.

Generation (Makrostruktur), dem Erleben einer Person (Mesostruktur) und in einem einzelnen Satz (Mikrostruktur). Eben dieser Brückenschlag wird von Theoretikern, so von Zima (2002), als besondere Möglichkeit bzw. Qualität der literaturwissenschaftlichen Arbeit mit dem Konzept gesehen.[34] – Michel stellt in diesem Zusammenhang fest: «Fast jeder Satz Musils impliziert die Möglichkeit seiner Umkehrung, das heisst, er integriert die Ambivalenz der in ihm enthaltenen Aussage» (Michel 1954, 25). Gleichzeitig ist das übergreifende Thema des Romans, die Parallelaktion, in sich widersprüchlich und in einem historischen Umbruch angesetzt. Es würde den Rahmen dieser begriffsgeschichtlichen Skizze sprengen, im Einzelnen aufzuzeigen, wie das Konzept in den Literaturwissenschaften verwendet wird. In jedem Fall ist jedoch die Möglichkeit der Parallelität zwischen den unterschiedlichen Ebenen des Erzählens hervorzuheben (siehe hierzu auch Kap. IV 4.1 und 4.4).

Auf einen weiteren Sachverhalt weist – ebenfalls unter Bezugnahme auf Musil – Böschenstein hin: «Was der Autor durch den Romanhelden dargestellt hat, soll nach ihm auch der Leser durchmachen» (Böschenstein 1983, 186). Diese Einsicht oder These lässt sich verallgemeinern: Literatur ist, weil sie Ambivalenzen in Inhalt und sprachlicher Form darzustellen vermag, geeignet, Ambivalenzerfahrungen anzuregen, auszulösen und als eigene zu deuten. Das impliziert, was in anderen Analysen über Ambivalenz eher selten angesprochen wird: Ambivalenzen können bewusst gestaltet, Ambivalenzerfahrungen können angestrebt werden. Diese Einsicht ist nicht zuletzt für die Analyse biblischer Texte, genauer: für die Entstehungsgeschichte alttestamentlicher Erzählungen von Belang[35]. Dabei verdient – um Böschenstein verallgemeinernd zu zitieren – die Schilderung von Übergängen besondere Aufmerksamkeit: «Der Leser nun, dem sich dergestalt eine aktualisierte Struktur der Ambivalenz darstellt, befindet sich gleichfalls im Begriff, die Geschichte in der Weise des Übergänglichen zu denken, wenn er seinerseits bisherige Werte verabschiedet und ein Fenster in die Zukunft aufstösst» (Böschenstein 1983, 186)[36]. Das ist im Blick auf unseren interdisziplinären

---

[34] Siehe zu diesem Zusammenhang in diesem Band Kap. II sowie Kap. IV 4.1.

[35] Hierzu Dietrich in diesem Band.

[36] Bemerkenswerterweise erfahren auch in der soziologischen Nutzung des Konzepts biographische und gesellschaftliche Übergänge grosse Aufmerksamkeit. Siehe den vorausgehenden Abschnitt.

Dialog namentlich hinsichtlich der prophetischen Schriften eine beachtenswerte These.

Im Weiteren gilt auch, was ein wichtiges Anliegen von Zimas Arbeit über die romaneske Ambivalenz («ambivalence romanesque») ist: Er betont, dass diese vom Schriftsteller und – sollte man beifügen – von seinem Interpreten als ein Mittel der radikalen Infragestellung kausalen Denkens und Handelns, seiner Folgerichtigkeit, seiner Instrumentalisierung im wirtschaftlichen Handeln und der daraus abgeleiteten ideologischen Gewissheiten genutzt werden kann.[37]

Von einer anderen Seite betrachtet: Ambivalenz kann dazu dienen, das eigene Tun – im Fall des Schriftstellers ist es das Schreiben – konsequent zu problematisieren – und dies mittels eben dieses Schreibens. So jedenfalls lautet eine Folgerung, die man aus Zimas (1985) Analyse der Sprachkritik von Musil ziehen kann, der seinen eigenen Worten gemäss einen Roman geschrieben hat, «den man nicht schreiben kann», wie eine der bekanntesten Bemerkungen aus seinem Nachlass lautet (zit. bei Zima 1985, 198). Hier wiederum ist man dem in der psychiatrisch-psychoanalytischen Forschung benannten Zusammenhang von Ambivalenzerfahrungen und Handlungsunfähigkeit nahe.

2.3.3 Kafka als Beispiel

Die Einsichten, welche die genannten Autoren durch ihre doppelte Aufmerksamkeit auf Ambivalenz, nämlich deren Darstellung des Konzepts der Ambivalenz zur Interpretation und seine Konsequenzen, erhalten haben, finden sich auch in Interpretationen der Werke von Kafka. Von ihm stammt ein Aphorismus, enthalten in der Sammlung «Er», der an das Vorhergehende unmittelbar anknüpft: «Er hat Durst und ist von der Quelle nur durch ein Gebüsch getrennt. Er ist aber zweigeteilt, ein Teil übersieht das Ganze, sieht, dass er hier steht und die Quelle daneben ist, ein zweiter Teil merkt aber nichts, hat höchstens eine Ahnung dessen, dass der erste Teil alles sieht. Da er aber nichts merkt, kann er nicht trinken.» Bemerkenswert und weiterführend ist hier eine Bemerkung von Heller, wonach zum Ausdruck kommt: «der Intellekt, der seinen Traum

---

[37] Hier wiederum zeigt sich eine gewisse Verwandtschaft zu Smelsers Vergleich zwischen dem Rationalen und dem Ambivalenten.

40

von absoluter Freiheit träumt, und die Seele, die von ihrer furchtbaren Knechtschaft weiss» – eine Interpretation, die an den Ambivalenzerfahrungen konstituierenden Gegensatz zwischen dem Subjektiven und dem Institutionellen, an das Wechselspiel von «I» und «Me» (Mead) gemahnt.[38]

Kafkas Aphorismus bietet sich aus einem weiteren Grund an, um ihn in der Perspektive der darin zum Ausdruck kommenden Ambivalenzen zu interpretieren, nämlich hinsichtlich seiner Verwobenheit mit seiner Biographie. In einschlägigen Werken wird auf die Spannungsfelder zwischen seiner beruflichen Tätigkeit als Arbeitsinspektor und Schriftsteller und auf die Zerrissenheit der Beziehung zu seiner Braut hingewiesen. Hinzu kommt die Zwiespältigkeit in der Erfahrung seines Judentums, die eng verwoben ist mit der Beziehung zu seinem Vater. Dies zeigt sich im «Brief an den Vater». Dazu äussert sich in dem hier ebenfalls interessierenden Kontext einer pädagogischen bzw. sozialisatorischen Sichtweise Oelkers (1998) wie folgt: Kafka lehne sich in diesem Brief letztlich gegen den Eigennutz der Eltern auf, die sich in «ihren» Kindern verwirklichen wollen oder müssen. «Vater und Mutter handeln also zwanghaft, sie versuchen, das Kind zu dem zu ‹erziehen›, was *sie nicht* oder *zu sehr* sind, nämlich bei sich hassen oder lieben» (Oelkers 1998, 550). Damit ergibt sich wiederum eine Nähe zu den uns besonders interessierenden Generationenbeziehungen.

2.3.4 Exkurs: Robert Schumann

Die Parallelität zwischen eigenem Ambivalenzerleben und künstlerischem Werk wird auch in einer differenzierten Studie «Leben und Werk von Robert Schumann» von Dagmar Hoffmann-Axthelms (1994) behandelt. Ambivalenzerfahrungen waren bereits in Schumanns Kindheit angelegt. Seinen Vater erlebte er als geistig zugewandten Helfer einerseits und als Menschen mit viel Schwächen und Abwesenheit andererseits. Darin lässt sich ein Vaterverlust sehen, der sich in der extremen Heftigkeit des Zweikampfes mit Friedrich Wieck fortsetzte, dem späteren Schwiegervater.

---

[38] Beide Zitate finden sich bei Dettmering 1979, 621.

Das Verhältnis zur Mutter war durch Strenge und eine frühe Trennung geprägt. Die Pendelschläge zwischen Angst, Sehnsucht, Trennungsstrebungen und Glück sind auch von Schumann selbst bezeugt. Sie wiederholten sich in der Beziehung zur «geliebten Frau» (Hoffmann-Axthelm 1994, 41). – Als ein Schlüsselwerk der frühen, gelungenen Verarbeitung dieser vielschichtigen Thematik interpretiert die Musikwissenschaftlerin Opus 2 («Papillon») sowie später den «Carnaval» (Hoffmann-Axthelm 1994, 46). Als ein weiteres Werk auf dem Höhepunkt von Schumanns Schaffen sieht sie die Vertonung von Eichendorffs Lied «Zwielicht» (Hoffmann-Axthelm 1994, 132ff.).

Der Ehe mit Clara Wieck ging bekanntlich eine lange Bekanntschaft voraus, gezeichnet von Trennungen und von der Feindseligkeit ihres Vaters. Dies alles verstärkte die gegenseitigen Erwartungen, nämlich «die Vereinigung würde alle Probleme lösen». Hier liegt gemäss der vorliegenden Interpretation «der Angelpunkt ihrer Ambivalenz» (Hoffmann-Axthelm 1994, 81). Wesentlich ist ferner, dass Schumanns Ambivalenzen mit jenen von Clara korrespondierten. Das Paar erlebte gewissermassen eine Verdoppelung von Ambivalenzen in der Gegenseitigkeit. Daraus ergibt sich eine Dichte der Ambivalenzerfahrungen.[39]

Abhängigkeit und Zerrissenheit bestimmten im Laufe der Zeit zunehmend Schumanns Lebensgefühl. Nach Ansicht der Autorin war sich Clara zusehends der Ansteckungsgefahr bewusst. Hier zeigt sich, was auch als These im Blick auf die Forschung formuliert werden kann: Ambivalenz schafft Ambivalenz. In der letzten Schaffensperiode polarisierte sich das Divergierende, insbesondere auch in der Beziehung des Paares, ebenso wie wegen anderer äusserer Lebensumstände. Schumann erlitt 1844 einen psychischen Zusammenbruch. Auch wenn die Erkrankung von Schumann noch andere, nämlich organische Gründe gehabt haben kann, ist die Einsicht wichtig, dass es zu einer zunehmenden Unfähigkeit des Umganges mit den starken, in der Eltern-Kind-Beziehung und der Partner-Beziehung angelegten, Ambivalenzen gekommen ist. Im Rückblick zeigt sich, dass Ambivalenzen in den verschiedenen Lebensphasen unterschiedlich gestaltet worden sind.

---

[39] Siehe hierzu 4.1.

3. Ambivalenzen definiert

3.1 Vorbemerkung: Was heisst definieren?

«Definitionen» sind für das wissenschaftliche Arbeiten unerlässlich, und das gilt in erhöhtem Masse für den interdisziplinären Dialog. Eine kurze Vorbemerkung meiner Sichtweise scheint mir darum angemessen. Die Begriffs- und Diskursgeschichte lässt zwei Grundformen des Umgangs mit dem Begriff der Ambivalenz erkennen, nämlich als Deutungsmuster sowie als Forschungs- bzw. Analyse-Konstrukt.[40] Im *ersten* Fall wird in der Regel die Definition als mehr oder weniger bekannt vorausgesetzt, wobei Mehrdeutigkeit in Kauf genommen wird oder sogar beabsichtigt ist. Die beobachteten Sachverhalte werden interpretativ (deutend oder verstehend) einer impliziten Definition und allgemeinen Hypothesen zugeordnet. – Im *zweiten* Fall wird von einer expliziten, spezifizierten (eingeengten) Definition ausgegangen, und die Elemente werden einzeln oder zusammengefasst so umschrieben, dass daraus Anleitungen für die psychotherapeutische Arbeit, die Beobachtung und Messung konkreter Sachverhalte gewonnen werden können, welche der Überprüfung («Messung») spezifischer Hypothesen dienen.

Im Bemühen um eine explizite Definition stösst man in der Begriffsgeschichte auf unterschiedliche Elemente, die konstitutiv für Ambivalenz gelten. Bisweilen wird nur ein einzelnes genannt, bisweilen sind es mehrere. Man kann von einem mehr oder weniger dichten Umgang mit dem Konzept, also von einem mehr oder weniger elaborierten Verständnis von Ambivalenz sprechen. In der hier eingenommenen soziologischen Perspektive liegt es nahe, eine pragmatische Definition vorzuschlagen, also eine solche, in der jene Elemente benannt werden, die als Sachverhalte direkt oder indirekt *der Fall sein müssen*, die also empirisch vorkommen müssen, wenn das Konzept stimmt. Gemäss diesem Verständnis haben Definitionen also den Charakter generalisierter Hypothesen: Es werden Sachverhalte postuliert, die, falls sie beobachtet werden können, die Arbeit mit dem Konzept rechtfertigen. Dazu gehört dann selbstverständlich auch die theoretische Einbettung. Geht man so vor, kann man beispielsweise sagen, Generationenbeziehungen begünstigen

---

[40] Die zusätzliche Bezeichnung als *Analyse*-Konstrukt schlage ich im Blick auf die Anwendungen in der Psychotherapie vor.

Ambivalenzerfahrungen, doch Generationenbeziehungen «sind» nicht per se ambivalent; ebenso wenig wird behauptet, in *allen* Eltern-Kind-Beziehungen kämen Ambivalenzen vor. Die Tür ist offen für differenzierte empirische Beobachtungen.

Diese Vorgehensweise ist ein Mittel, um der Gefahr der Verdinglichung zu entgehen, die angesichts der weiten Verbreitung des Konzeptes bzw. der damit gemeinten Sachverhalte besteht. Um es nochmals mit anderen Worten zu sagen und von der anderen Seite her zu betrachten: Inwieweit bestimmte Äusserungen und Verhaltensweisen als Ausdruck von Ambivalenzerfahrungen verstanden werden können, ist durch systematische analytische Arbeit unter Bezugnahme auf die postulierten Elemente der Definition und deren Konkretisierungen zu ermitteln. Dafür die Instrumente zur Verfügung zu stellen, ist Aufgabe der methodischen Operationalisierung des Konzepts. Indem dabei mehrere Elemente genannt werden, ist ein mehr oder weniger elaborierter Gebrauch des Konzeptes möglich. Dies hängt auch von den Umständen ab, unter denen Beobachtungen gemacht werden können (beispielsweise angesichts der Respektierung der Privatsphäre) oder welcher Art die zu interpretierenden Texte sind (z. B. je nach Quellenlage).

3.2 Vorschlag und Erläuterung einer elaborierten Umschreibung

3.2.1 Definition

Nach dieser etwas weiter ausholenden Vorbemerkung, die mir indessen angebracht scheint, um im interdisziplinären Dialog Missverständnisse zu vermeiden, wende ich mich den Inhalten zu und schlage vor dem Hintergrund der begriffsgeschichtlichen Analyse, der dort erwähnten Beispiele und der bisherigen Forschungspraxis folgende Definition vor:

Das Konzept der Ambivalenz dient dazu, Erfahrungen eines zeitweiligen oder dauernden Oszillierens zwischen polaren Gegensätzen zu umschreiben, denen Bedeutung für die Identität und dementsprechend für die Handlungsbefähigung, die sozialen Beziehungen sowie die Gesellschaftlichkeit individueller und kollektiver Akteure zugeschrieben werden kann.

3.2.2 Erfahrungen

Ich postuliere also, Ambivalenzen als *Erfahrungen* zu verstehen.[41] Ich verwende diesen Begriff in einem alltagssprachlichen Sinne, der zwei Sachverhalte umfasst. Gemeint ist erstens die Wahrnehmung, das Erleben von Sachverhalten und Ereignissen oder die diesen zugeschriebene Bedeutung. Zweitens beinhalten Erfahrungen die Erinnerung daran. Erfahrungen können zur Sprache gebracht, unter Umständen auch in nichtverbalen Formen der Kommunikation ausgedrückt werden, sowohl durch die Handelnden selbst als auch durch Dritte. Erfahrungen können *individuell* oder – wenn sie mit andern geteilt werden – *kollektiv* sein. Letzteres miteinzubeziehen ist wichtig, weil damit die Möglichkeit besteht, das kulturwissenschaftliche und historische Verständnis von Erfahrungen zu berücksichtigen. Das wiederum ist erwünscht, um den Begriff der Ambivalenz auch sozio-strukturell auf kollektive Akteure anzuwenden. Allerdings ist es dabei wichtig, die Gefahren des reifizierenden Redens zu bedenken, also von Gruppen oder Organisationen so zu sprechen als seien sie Individuen. Stets zu bedenken ist, dass das Handeln kollektiver Akteure aus Prozessen der Institutionalisierung besteht, die wiederum Kommunikation und aufeinander abgestimmtes Handeln erfordern.

Umgekehrt wiederum ist der Nutzen dieser Sichtweise zu bedenken. Die Darstellung der Ambivalenzpotentiale von Prozessen der Institutionalisierung kann nützlich sein, um Epochen zu charakterisieren, mithin ihre Eigenheit zu umschreiben. Das geschieht, wie im vorausgehenden Abschnitt erwähnt, in kulturwissenschaftlichen Analysen der Modernisie-

---

[41] Der Begriff der Erfahrung ist vieldeutig und bedürfte einer ausführlichen Erläuterung. Hier steht er für jedes Vorfinden, Erleben von Inhalten irgendwelcher Art, jedes Aufnehmen eines Inhalts, jedes Perzipieren einer Bestimmtheit von Objekten oder des Subjektes. In diesem Sinne ist Erfahrung einerseits ein Erlebnis im Sinne eines wahrgenommenen Ereignisses und andererseits die Gesamtheit aller aus Wahrnehmungen, Sinneseindrücken und kognitiven Prozessen der Auseinandersetzung mit der Umwelt und sich selbst erworbenen Kenntnissen, Fähigkeiten und Fertigkeiten, also das, was in unserem Gedächtnis haften bleibt, abrufbar ist und schliesslich angewendet werden kann. – Zu bedenken ist dabei auch der Sachverhalt, dass Erfahrungen auch indirekt zur Sprache gebracht bzw. erschlossen werden können, also unter Mitwirkung Dritter, beispielsweise therapeutisch Tätiger. – Eine indirekte Form stellt auch die Erschliessung von Erfahrungen in Textanalysen dar.

rung anfangs des 20. Jahrhunderts und – ausgeprägter noch – in Annäherungen an «das» Postmoderne aktueller Prozesse der gesellschaftlichen Entwicklung.

Verbindet sich damit die Annahme einer Homologie zwischen der Darstellung persönlicher Beziehungen, namentlich solcher repräsentativer Menschen und der Beziehungen zwischen den Gemeinschaften, denen sie angehören, erhöht dies die «Dichte» der Beschreibung und der Analysen. Sie lässt sich noch verstärken, indem Begründungen für ihre wechselseitige Korrespondenz gegeben werden. Auf diese Weise gewinnen die Interpretation und die Analyse an Stringenz und erlauben, den Anspruch auf ihre Tragweite bzw. Gültigkeit zu verstärken. Dies trifft für Dietrichs Darstellung von Ambivalenz als Grundkategorie der biblischen Erzelternerzählungen und ihre Verknüpfung mit den Berichten über die Erfahrungen Israels mit seinen Nachbarn zu (siehe Kap. II).

3.2.3 Polaritäten

Ambivalenzen beruhen auf der Erfahrung von Polaritäten, also von Gegensätzen, Gegenüberstellungen oder Differenzen. Sie schliessen sich gegenseitig aus, stehen jedoch insofern in einem Zusammenhang, als sie sich auf ein Gemeinsames beziehen. Es geht zum Beispiel um gegensätzliche Gefühle gegenüber einer Person, um konträre Urteile über sie, um Aussagen über grundsätzliche Differenzen zwischen den Geschlechtern oder einander entgegengesetzte Einschätzungen gesellschaftlicher Entwicklungen. Diese Erfahrungen sind uns über verbale und unter Umständen nicht verbale Äusserungen zugänglich. Ein wichtiger Aspekt der Arbeit mit dem Konzept besteht darin, sie mittels Interpretation und Analyse zu erfassen. Dabei ist zu bedenken, dass die Fokussierung auf Polaritäten sich aus dem Sachverhalt als solchem ergeben kann, aber auch das Ergebnis einer Reduktion mehrerer Eindrücke zu einer Gegensätzlichkeit führt. Das ist wichtig im Hinblick auf die noch ausführlicher zu erläuternde Abgrenzung zum Begriff der Ambiguität, insofern darunter, wie das meistens der Fall ist, Mehrdeutigkeit verstanden wird.

Erfahrungen werden in Kontexten gemacht, sind also sozial-zeitlich und sozial-räumlich «eingebettet». Die elaborierten Verständnisse von Ambivalenz beinhalten nun, dass es dabei um eine – wie man sagen könnte – spezifisch aktive, mithin dynamische Erfahrung von Polaritäten, Gegensätzen und Differenzen geht. Diese lässt sich mit dem neutralen Begriff des Oszillierens umschreiben. Im Alltag, in der Ambivalenzen häufig zunächst negativ konnotiert sind, wird eher von einem Hin' und Her gesprochen, unter Umständen sogar von einem Hin- und Hergerissensein. Doch dies ist eine, jedoch nicht die einzige Sichtweise, und betrifft lediglich die belastenden, «negativen» Aspekte.

3.2.4 Oszillieren

Die Annahme zeitweiligen oder dauernden Oszillierens postuliert eine «Gleichzeitigkeit» der Wahrnehmung und Erfahrung von Gegensätzen. Damit kommt die schwierige Frage der Zeittheorie ins Spiel, ob und ggf. in welcher Weise es möglich ist, gleichzeitig gegensätzliche Antriebe, Motivationen oder Orientierungen zu erfahren. Die gewählte Umschreibung – eben eines zeitweiligen oder dauernden Oszillierens – beinhaltet eine relativierende Annahme: Gleichzeitigkeit ist nur innerhalb eines Zeitrahmens möglich, der eine gewisse Dauer hat. Das trifft insbesondere unter handlungstheoretischen Prämissen zu, denn diese postulieren zusätzlich Momente der Reflexion. Gerade darum ist es im Blick auf Forschung und Analyse notwendig, stets den zeitlichen Rahmen bzw. Kontext der Erfahrungen zu bestimmen. Dieser kann relativ kurz sein, beispielsweise im Hinblick auf ein Gespräch oder bei einem Abschiednehmen, oder länger, z. B. als Phase des biographischen Übergangs wie etwa der Auszug aus dem Elternhaus. Er kann sich auf die ganze Dauer einer therapeutischen oder einer anderen sozialen Beziehung erstrecken, im Fall der Eltern-Kind-Beziehung über ein ganzes Leben. Analog können sich im gesellschaftlichen Rahmen die Zuschreibungen von Ambivalenzen auf ein kritisches Ereignis, einen historischen Übergang oder eine ganze Epoche beziehen.

Innerhalb der jeweiligen – psychisch, sozial oder historisch festgelegten – Zeitspanne hält, gemäss den definitorischen Annahmen, der Prozess des Oszillierens an, und dementsprechend kann man vereinfachend auch sagen, Ambivalenzen seien während eines kürzeren oder längeren Zeitraumes «unauflösbar», so lange nämlich, bis sich das mit den Handlungen verbundene Problem oder der Handlungskontext auflösen. Um ein alltägliches Beispiel zu nennen: Die Frage einer Elternschaft kann während längerer Zeit überaus ambivalent sein, so lange nämlich, bis ein

Kind geboren ist oder ein definitiver Verzicht erfolgt. Oder: Kollektive Traumata können so lange ambivalente Erfahrungen generieren, wie an sie institutionell erinnert wird. Denkmäler tun dies auf unbeschränkte Zeit.

3.2.5 Identität

Die Relevanz der Erfahrungen lässt sich an der sozialen Bedeutung festmachen, welche sie für die Akteure hat, um die es in der Schilderung der Sachverhalte geht, denen also die Aufmerksamkeit gilt – sei es im Rahmen alltäglicher Beobachtungen, wissenschaftlicher Untersuchungen, therapeutischer sowie seelsorgerlicher Zuwendung und Analyse.

In der Definition wird vorgeschlagen, diese Bedeutung mit der Vorstellung der Identität zu verknüpfen. Im Falle individueller Akteure kann damit auch das Selbst gemeint sein; bei «abstrakten» Akteuren wie Generationen oder Gesellschaften bietet sich die Kennzeichnung «kollektive Identität» an. Damit wird wiederum, wie bei Erfahrung, ein Konzept herangezogen, für das es zahlreiche wissenschaftliche und nichtwissenschaftliche Umschreibungen und Analysen gibt. Das lässt sich nicht vermeiden, wenn eine zugleich allgemeine als auch prägnante begriffliche Umschreibung angestrebt wird. Es ist selbstverständlich unerlässlich, in der weiteren Arbeit den Begriff zu präzisieren. An dieser Stelle sei zunächst festgehalten, dass damit die Vorstellung einer «Instanz» gemeint ist, auf die sich der Einzelne und Kollektiva beziehen, wenn sie gegenüber sich selbst und im Verhältnis zu andern ihr Handeln planen und begründen, aus der also auf die Befähigung zum Handeln, mithin die Gestaltung sozialer Beziehungen geschlossen werden kann. Sie drückt sich indessen auch in der «Gesellschaftlichkeit» aus. Dieser wenig gebräuchliche Begriff, eine Verdeutschung von «Sozialität», dient als eine allgemeine Umschreibung der Organisation des Zusammenlebens. Sie wird durch soziale Institutionen aller Art und die damit einhergehenden Regulationen von Macht, Herrschaft und gemeinschaftlicher Willensbildung repräsentiert. Sie umfasst insbesondere auch die Ordnung der Beziehungen zwischen den Geschlechtern und den Generationen.

Der explizite Vorschlag, die Relevanz von Ambivalenzerfahrungen an die Konstitution von Identität anzubinden, findet sich – wie erwähnt –

in der Literatur selten.[42] Insofern liegt hier eine Spezifik des vorgeschlagenen Verständnisses vor. Es hängt überdies mit einem praktischen Zweck zusammen, nämlich der Abgrenzung zu trivialen Unschlüssigkeiten. Veranschaulicht an einem Beispiel: Wenn jemand bei einem abendlichen Umtrunk unter Freunden hin- und herschwankt, ob es Süssmost oder Wein sein soll, dürfte es übertrieben sein, von Ambivalenzerfahrungen zu sprechen – selbst in einem alltäglichen Sinne des Wortes «ambivalent». Anders liegen die Dinge jedoch, wenn im Freundeskreis jemand, der abstinent ist, aufgefordert wird, ebenfalls ein Glas mitzutrinken, um ganz dazuzugehören.

Die Verwendung eines derartigen allgemeinen Konzepts wie hier eben «Identität» bietet überdies die Chance, das Konzept der Ambivalenz, das vorne als ein «sensibilisierendes» charakterisiert worden ist, mit unterschiedlichen theoretischen Orientierungen innerhalb einzelner Disziplinen, vor allem aber auch im Vergleich der Disziplinen zu verknüpfen. So geht der mehr oder weniger ausdrückliche Rekurs auf Identitäten mit menschenbildlichen Vorstellungen einher, die vielen humanwissenschaftlichen und – selbstverständlich – auch theologischen Ansätzen zugrunde liegen.

3.3 Verhältnis zu anderen Begriffen

Definitionen, in denen die konstitutiven Elemente möglichst prägnant umschrieben werden, erleichtern die Abgrenzung zu anderen Begriffen. Allerdings bleibt vorbehalten, dass diese oft in anderer Weise umschrieben werden und dann – jedenfalls in der Wahl der Wörter und dem ihnen zugrunde liegenden anderen Verständnis – Überschneidungen vorkommen. Im Rahmen dieses Texts ist es nicht angebracht, dies ausführlich darzulegen. Ich begnüge mich zum besseren Verständnis des hier Gemeinten mit einigen kurzen Erläuterungen sowie mit Literaturangaben und verweise überdies auf das Kapitel von Christoph Müller in diesem Band.

Zunächst und um das Offensichtliche zu unterstreichen: Ambivalenz im umschriebenen Sinne meint selbstverständlich nicht Mehrdeutigkeit.

---

[42] Für eine Ausnahme, allerdings ohne vertiefte Darstellung, siehe Scharfenberg 1974, zit. bei Müller in diesem Band.

Dafür stehen mit Polyvalenz und Ambiguität eigene Begriffe zur Verfügung. In Bezug auf letztere besteht der Unterschied in der Fokussierung auf einen «zweiwertigen» Gegensatz, der überdies dynamisch betrachtet wird. Unvermeidlich ist allerdings, dass die Abgrenzung dieser Begriffe an kulturelle Kontexte und Autoren gebunden bleibt.

Die Charakterisierung der grundlegenden Polarisierung als dynamisch und die innerhalb eines Handlungskontextes kürzere oder längere, unter Umständen lebenslange oder unbeschränkte Dauer sollte deutlich machen, dass Ambivalenz im hier vorgeschlagenen Sinne nicht gleichbedeutend mit Dialektik ist. Das trifft bestimmt zu, wenn diese verstanden wird als schlichte Gegenüberstellung von These und Antithese, die in einer Synthese aufgehoben werden.[43]

Die Annahme der zeitweiligen oder dauernden Unauflösbarkeit von Ambivalenzen bietet sich an, um das Verhältnis zu «Konflikt» zu bestimmen. Sieht man von vielen offenen Fragen ab, die sich mit dem Verständnis dieses sehr stark umgangssprachlich geprägten Begriffes verbinden, kann man – wiederum in der angesprochenen vereinfachenden Weise – sagen, Konflikte oder konflikthafte Erfahrungen seien oft eine Vorbedingung oder eine Begleiterscheinung von Ambivalenzen. Den entscheidenden Unterschied kann man darin sehen, dass Konflikte bilanzierbar sind, insofern durch Abwägen von Vor- und Nachteilen, Kosten und Nutzen grundsätzlich lösbar. Trifft dies allerdings nicht zu, mag es angemessen sein, von ambivalenten Konflikten zu sprechen. Auch hier sind indessen, je nach Fragestellungen, differenzierte Klärungen angebracht.

Hinsichtlich des Verhältnisses zu «Widerspruch» und «Paradox» begnüge ich mich unter Bezugnahme auf Ciompi (1982) mit Folgendem: Ein Widerspruch liegt vor, wo «zwei Sätze, die sich zueinander wie Behauptung und Verneinung verhalten, [...] mit dem Anspruch auf Wahrheit auftreten»[44]. Daran anknüpfend kann man sagen, Widersprüche

---

[43] Siehe jedoch die differenzierteren Verständnisse von Dialektik, die auf Hegel zurückgreifen. Als ein Beispiel im Rahmen von Untersuchungen zu Ambivalenz: Daser 1997. – Wir belassen es bei dieser knappen Bemerkung und verzichten hier auf eine umfassende Diskussion zu «Dialektik», auch zu deren Verständnis in der Theologie, denn dies erfordert umfangreiche Ausführungen, die den vorgegebenen Rahmen dieser Publikation sprengen.

[44] Zitat nach dem Handbuch philosophischer Grundbegriffe in Ciompi 1982, 187.

können eine Bedingung für Ambivalenzerfahrungen sein, insoweit ein Abwägen der Wahrheitsansprüche einsetzt und – weiter im Sinne meiner Definition – es um Sachverhalte geht, die identitätsrelevant sind.[45]

Stärker noch ist die Affinität zum Paradox, jedenfalls dann, wenn angenommen wird, dass in einem Paradox gegensätzliche Wahrheiten angesprochen werden, die «notwendig zugleich richtig und falsch» sind bzw. – so möchte ich es formulieren – als zugleich richtig und falsch angesehen oder erfahren werden. Dann kann der Umgang mit Paradoxien des Urteils von Personen und Beziehungen ähnliche Strategien erfordern wie der Umgang mit Ambivalenzen. Allerdings: Diese zielen letztlich immer auf die Prozesse des Oszillierens, des mehr oder weniger ausgeprägten Erkennens, Erfahrens und Benennens der Spannungsfelder, die sich aus der Konfrontation mit (identitätsrelevanten) Paradoxien ergeben. Das gilt auch und in besonderem Masse für den von Bateson u. a. identifizierten «double-bind»[46].

Nebst dem Bild des Oszillierens für diesen Prozess gibt es andere Bilder, beispielsweise Tauziehen oder Hin- und Hergerissensein. Sie haben den Nachteil einer negativen Färbung. Nun trifft es allerdings zu, dass im Alltag die Vorstellung von Ambivalenzen oft mit jener der Belastung einhergeht. Sie werden als unangenehm betrachtet. Doch das ist ein Verständnis, das mögliche Ergebnisse gründlicher Abklärungen vorweg nimmt. Indessen ist an dieser Stelle daran zu erinnern, dass der Umgang mit Ambivalenzen (als «Ambivalenz-Toleranz») ein Ziel psychotherapeutischer Arbeit sein kann. Auf diese Weise können sich schöpferische Impulse ergeben. Darum scheint es – wie bereits erwähnt – fruchtbar den Begriff nicht von vorneherein mit negativen Bildern zu belasten, sondern eine neutrale Konnotation anzustreben.

Es gibt Ambivalenzerfahrungen, die eng mit Entscheidungen zusammenhängen. Es ist jedoch nicht zweckmässig, Ambivalenzen ledig-

---

[45] Ein Stück weit vereinbar damit ist Ciompis Einschätzung «Formal gesprochen kann ein Widerspruch als eine lokalisierte Unstetigkeit in einem im übrigen äquilibrierten Gefüge von Relationen oder Bezügen (= einem Bezugssystem) definiert werden» (Ciompi 1982, 189). Allerdings beinhaltet Ambivalenz keine Vorstellung von Gleichgewicht. – Dennoch gibt es weitere Ähnlichkeiten, so wenn Ciompi (1982, 194) feststellt, dass Widersprüche neben störenden und destruktiven Aspekten auch ein schöpferisches Potential enthalten können.
[46] Hierzu u. a. Ciompi 1982, 205 sowie Knellesson 1978.

lich als ein Moment der Entscheidungsfindung zu analysieren. Viele Entscheidungen lassen sich auf Grund einfacher Bilanzierung von Vor- und Nachteilen, von Gewinn und Verlust treffen. Ambivalenzen sind indessen vor allem auch dort zu erwarten, wo dies nicht möglich ist oder scheint. In jedem Fall ermöglicht die Idee der Ambivalenz, Prozesse der Entscheidungsfindung zu erhellen, die schwierig sind, nicht zuletzt darum, weil sie, wie die Definition ebenfalls postuliert, mit der Konstitution und Entwicklung von Identitäten zusammenhängen.

Es kommt mir also darauf an, die Erfahrung von Ambivalenzen als eingebettet in die Dynamik menschlichen Handelns und sozialer Entwicklungen zu betrachten. Nun gibt es allerdings einen Wortgebrauch, der Ambivalenz als eine quasi statische Gegebenheit betrachtet als eine Qualität von Sachverhalten. Diese Auffassung kann auch mit triebtheoretischen Begründungen einhergehen. Indessen ist zu bedenken, dass Triebe als Kräfte verstanden werden können, die auf Erfüllung drängen. Ferner kann man fragen, ob die in der psychiatrischen Literatur abgehandelte Unfähigkeit, die einander entgegengesetzten Gefühle und Absichten zu ertragen, unter umgekehrten Vorzeichen nicht ebenfalls auf eine – allerdings unterdrückte – Dynamik hinweisen. Das Konzept macht möglich, heuristisch die Dynamik einander entgegengesetzter Kräfte zu erfassen. Ebenso kann, wie die kulturwissenschaftlichen Diskurse darlegen, aber auch schon Bleuler ansatzweise gesehen hat, die Erfahrung von Ambivalenzen Ausgangspunkt kreativer Leistungen und innovativer Gestaltung sozialer Beziehungen sein.

4.   Ambivalenzen erkunden, analysieren und operationalisieren

4.1   Generationenbeziehungen als Ausgangspunkt

Als «sensibilisierendes Konzept» kann Ambivalenz in der wissenschaftlichen Arbeit auf unterschiedliche Weise verwendet werden. Dabei lassen sich – wie bereits erwähnt – zwei Grundformen unterscheiden, die Nutzung als Deutungsmuster und als Forschungs- bzw. Analyse-Konstrukt. Im Folgenden stelle ich ein Beispiel der Nutzung als Forschungskonstrukt vor. Es ist im Rahmen der Konstanzer Untersuchungen über Generationenbeziehungen unter Erwachsenen entstanden.[47] Es betrifft also eine Thematik, die in der jüngeren Rezeption des Konzepts vergleichsweise intensiv bearbeitet worden ist. Da man annehmen kann, dass die Gestaltung der Generationenbeziehungen von grundlegender Bedeutung für die Entwicklung des Einzelnen und der Gesellschaft ist, bietet sich das Beispiel auch als Brückenschlag zu anderen Nutzungen des Konzepts an.

Ausgangspunkt ist das Verständnis sozialer Beziehungen. Sie werden als «rekursive Interaktionen» verstanden, d. h. es wird angenommen, dass die Akteure in ihrem gegenseitigen Verhalten auf bisherige Verhaltensweisen rekurrieren, was beinhaltet, dass sie in ein «System» eingebettet sind. Dementsprechend können bei der Analyse sozialer Beziehungen zwei Dimensionen unterschieden werden: die personal-subjektive und die strukturell-institutionale. Diese beiden Dimensionen verweisen letztlich auf das Spannungsfeld von «Individualität» (bzw. Subjekthaftigkeit) und Sozialität («Gesellschaftlichkeit»). Diese Sichtweise ist anschlussfähig an das von G. H. Mead entwickelte Verständnis des Selbst bzw. der Identität, das in der pragmatisch-interaktionistischen Soziologie weitgehende Anerkennung gefunden hat. Identitäten konstituieren sich demnach in einem (imaginären) Fadenkreuz der beiden Dimensionen Subjektivität und Institutionalisierung.[48] Die beiden Dimensionen lassen sich als Kräfte auffassen, die in einem Spannungsverhältnis zueinander stehen, das sich nicht vollständig auflösen lässt, sondern als solches die Voraussetzung für die dynamische Entwicklung des «Selbst» bildet.

---

[47]   Siehe hierzu auch Lüscher / Pajung-Bilger 1998; Lettke / Lüscher 2002.

[48]   Die Einsicht, dass es fruchtbar ist, die Personhaftigkeit des Menschen als das Zusammenspiel der Erfahrung seiner biologisch vorgegebenen, körperlichen Subjektivität und seiner verbindlichen sozialen Zugehörigkeit zu verstehen, gehört selbstverständlich zum allgemeinen Bestand einer anthropologischen Grundlegung soziologischer Menschen- und Gesellschaftsbilder. Sie hat in den Schriften von Mead einen allgemein anerkannten, differenzierten Ausdruck gefunden. Im vorliegenden Kontext sind vor allem die beiden Abhandlungen «Die soziale Identität» (1913/1980a) sowie «Genesis der Identität und die soziale Kontrolle» (1925/1980b) bedeutsam. Darin wird die Prozesshaftigkeit des «inneren Dialogs» herausgearbeitet, der mit der Konstitution von Identität einhergeht und es wird der sozialen Einbettung dieser Erfahrungen ausdrücklich Rechnung getragen.

Diese Dualität ist gewissermassen eine auf empirische Beobachtbarkeit angelegte Umschreibung der gesellschaftstheoretischen Dichotomie von Individualität und Gesellschaftlichkeit, wie sie beispielsweise auch Simmel in seinem Exkurs über die Frage «Wie ist Gesellschaft möglich?» umschrieben hat (siehe Simmel 1908). Darin ein Potential für Ambivalenzerfahrungen zu sehen ist somit mit den genannten und weiteren gesellschafts- und menschenbildlichen Entwürfen vereinbar, jedoch im Blick auf die Operationalisierung, die Anwendung des Konzeptes in konkreten Analysen nicht eigentlich neu bzw. weiterführend.

Ein Schritt in diese Richtung lässt sich indessen tun, indem postuliert wird, dass sich in vielen Fällen für beide dieser Dimensionen gleichzeitig sowie auf gleicher Ebene, also im gleichen Kontext sozialer Beziehungen und sozialen Handelns, polare Gegensätze umschreiben und ausmachen lassen.

4.2 Vorschlag für ein Analyse-Modul

Zur besseren Veranschaulichung der damit angestrebten Heuristik wird die Darstellungsform des Diagramms gewählt. Ein solches kann, wie Bogen / Thürlemann (2003) in einer ausführlicher Darstellung darlegen, semiotisch als Text-Bild-Verbindung kreativitätsfördernd sein. Sie stützen sich u. a. auf Peirce, der darlegt, dass das Auslassen von Details das Erkennen wichtiger Eigenschaften begünstigt, zum Fragen anregt, Zweifel weckt und Diskurse in Gang bringt. Ein Diagramm ist gewissermassen ein «kommentiertes Bild». Oft wird dafür die Bezeichnung «Modell» gewählt. Ich ziehe hier «Modul» vor, um zu unterstreichen, dass es sich um ein heuristisches Instrument handelt.

In diesem Modul der «Generationenambivalenz» wird postuliert, die subjektive Dimension zu verstehen als geprägt durch ein Spannungsfeld, dessen Pole Vertrautheit und (dynamisch) Annäherung («Konvergenz») vs. Fremdheit und (dynamisch) Distanzierung («Divergenz») genannt werden können. Die institutionale Dimension ist charakterisierbar als Spannungsfeld zwischen Beharren und Bewahren («Reproduktion») vs. Verändern und Erneuern («Innovation»). Auf diese Weise wird (nach der Dichotomie von subjektiv vs. institutional) eine zweite Ebene von Bedingungen für das Entstehen von Ambivalenzerfahrungen umschrieben.

Dieses Modul beinhaltet somit als zusätzliche theoretische Annahme, dass jede dieser Dimensionen – die subjektiv-personale und die institutionale – ihrerseits auf (die Möglichkeit von) Ambivalenzen verweist. In diesem Sinn kann man von einer doppelt ambivalenten Identitätskonstitution bzw. Prävalenz sprechen, die empirisch auf eine Akzentuierung der Ambivalenzerfahrungen verweist. Dabei steht das Spannungsfeld zwischen der personalen und der institutionalen Dimension für die «anthropologische» Ebene; auf einer zweiten Ebene stehen die für diese Dimensionen angenommenen Polaritäten für den Versuch einer biographisch-personellen bzw. historisch-institutionellen Einbettung bzw. Aktualisierung.

Will man sich der Alltagserfahrung annähern, kann man diese Zweiseitigkeit von Differenz im Bereich subjektiver Erfahrungen auch als Gegensatz innerer Nähe vs. Distanz, im Sinne von Vertrautheit oder Fremdheit ansehen. Dynamisch betrachtet, lässt sich von Annähern und Entfernen sprechen. Ambivalenzerleben kann auch aus dem inneren Dialog erwachsen, wenn sich der Einzelne als jemand sieht, der er nicht sein will. In alltäglichen Interaktionen zeigt sich diese Polarität u. a., wenn Eltern und erwachsene Kinder zwischen einem expressiven und einem instrumentellen gegenseitigen Umgang hin- und herpendeln. So können Eltern ihre finanzielle Unterstützung davon abhängig machen, dass die Kinder eine traditionelle Familienform wählen, beispielsweise heiraten, statt unverheiratet zusammenzuleben. Analog besteht bezüglich der Sozialität der Vorschlag einer Gegenüberstellung von «Reproduktion» vs. «Innovation». Hier geht es um Veränderung und Wandel unter den Vorstellungen von Bestehendem und Neuem. Jeder der beiden Pole ist im Kontext von Geschichte, die konstitutiv für die Vorstellung von Gesellschaft ist, ohne den anderen nicht denkbar. Die Organisation des Zusammenlebens kann primär darauf ausgerichtet sein, näherungsweise auf dem Bestehenden zu beharren oder aber das radikal Neue zu suchen, was immer auf den Ausgangspunkt des Bestehenden bezogen bleibt.

Diese Vorgehensweise bereitet eine typologische Differenzierung von Ambivalenzerfahrungen (und Strategien des Umgangs damit) vor, was im Hinblick auf die differenzierte Arbeit mit dem Konzept ermöglicht wird. Das Modul hat überdies den Vorzug, theoretisch begründbar zu sein. Dabei sind im Zug seiner Anwendung begriffliche Anpassungen notwendig und möglich. Die Charakterisierung der Typen ist somit nicht definitiv. Sie ergibt sich im Wechselspiel von konzeptueller und empirischer Arbeit[49]. Wird diesbezüglich auf die Ergebnisse bisheriger Untersuchungen über «Generationenambivalenzen» sowie auf Einsichten der Sozialisationsforschung zurückgegriffen, ergibt sich folgendes Bild:

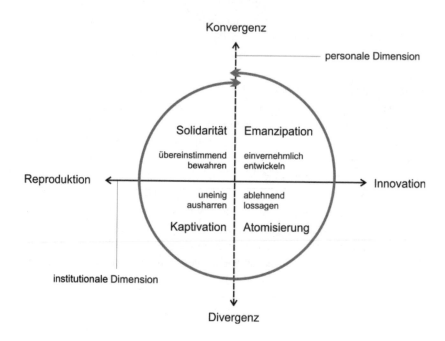

---

[49] Für die Erhebung von Daten über Ambivalenzerfahrungen sind folgende Verfahren verwendet worden (siehe hierzu auch Lettke / Klein 2004, Lüscher / Lettke 2004):
- Direkte Befragung, auch mit umgangssprachlichen Umschreibungen (direkte Ermittlung «expliziter» Ambivalenzen).
- Ermittlung über die Analyse gegensätzlicher (widersprüchlicher) Aussagen zur Attribuierung von Beziehungen (indirekte Ermittlung «impliziter» Ambivalenzen).
- Umgang mit Ambivalenzen. Strukturierte oder offene Stellungnahme zu ambivalenzträchtigen Situationen und Handlungen (Technik: Vignetten).
- Erschliessung von expliziten oder impliziten Aussagen über Ambivalenzen in Texten.

56

Modus 1 (Vorschlag zur typologischen Kennzeichnung: ‹Solidarität› m. a. W. traditionelle Gemeinschaftlichkeit – Handlungsmaxime: Übereinstimmend bewahren):

- Die übergreifende Orientierung fusst auf Vorstellungen einer fest gefügten Gemeinschaftlichkeit, in der alle lebenslang ihren Platz haben. Das trifft auch hinsichtlich der Geschlechterunterschiede zu. Kontingenzen im Sinne von ‹Zufälligkeiten› werden nach Möglichkeit antizipiert bzw. vermieden.
- Söhne und Töchter bleiben zeitlebens Kinder, Väter und Mütter bleiben Eltern. ‹Caring› wird im Sinne einer umfassenden Fürsorge verstanden, die primär die Eltern den Kindern angedeihen lassen, später diese indessen ihren Eltern schulden. In den Worten der Bindungstheorie bemühen sich die Eltern, den Kindern zu bieten, was als ‹secure base› umschrieben wird und den ‹sicheren› Bindungstyp garantiert. Diesem Erziehungsstil entspricht ein Rollenverständnis der Eltern (und Grosseltern) als ‹Autoritätspersonen› – im ganzen Spektrum dieser Charakterisierung. Sinngemäss dasselbe gilt auch für Lehrpersonen-Schüler-Beziehungen. Im alltäglichen Handeln sind Ordnung, Routine und Rituale wichtig.
- In der Kinder- und Familienpolitik steht der Gedanke der ‹Fürsorge› im Vordergrund, mit einer starken Betonung der rechtlich-institutionellen Verankerung von Familie und Ehe.
- In dem Masse, in dem die allgemeine Orientierung an ‹Gemeinschaftlichkeit› dominiert, kommen Ambivalenzen kaum zur Sprache. Sie sind latent, doch sie können manifest werden, wenn beispielsweise ein Kind (auch im Vergleich mit Geschwistern) zu sehr ‹anders› ist, wenn die Anforderungen zur ‹Pflege› ein hohes Ausmass erreichen oder wenn die alltäglichen Routinen durchbrochen werden.

Modus 2 (‹Emanzipation›, m. a. W. gemeinsame Persönlichkeitsentfaltung. Handlungsmaxime: einvernehmlich bzw. wechselseitig entwickeln)

- Die übergreifende Orientierung ergibt sich aus der Überzeugung, dass alle Angehörigen einer Familie (sinngemäss auch einer Schulklasse oder eines anderen Sozialisationsverbands) sich eigenständig als Persönlichkeit entfalten sollen, unabhängig vom Geschlecht. Kontingenzen im Sinne von Wechselfällen des Lebens gelten als Herausforderung.

- Bei ‹Caring› steht die Bedeutung des sich gegenseitigen ‹Kümmerns› im Vordergrund, das auch die Delegation von konkreten Aufgaben der ‹Fürsorge› und des ‹Pflegens› einschliesst. Der Verschiedenheit in den Lebensverhältnissen – namentlich in späteren Lebensphasen – wird Rechnung getragen. Die Zuordnung zu den typologischen Umschreibungen in der Bindungstheorie ist nicht eindeutig; die Verhaltensweise des ‹sicheren› Bindungstyps ist – ebenfalls – grundsätzlich mit dieser übergreifenden Orientierung vereinbar. Für Eltern (auch Grosseltern) und Lehrpersonen steht ein Rollenverständnis als ‹Gefährte/Gefährtin› im Vordergrund.
- Die Kinderpolitik orientiert sich an der Vorstellung der ‹Entfaltung›; dem entspricht sinngemäss ein Verständnis von Familienpolitik, für das die Anerkennung familialer Leistungen und Leistungspotentiale ungeachtet der institutionellen Form im Vordergrund steht.
- Ambivalenzen können in diesem Kontext offen zur Sprache kommen und als Herausforderungen interpretiert werden. Dies geschieht namentlich dann, wenn es um die Artikulation individueller Interessen vor dem Hintergrund von Verbundenheit und gegenseitiger Verantwortlichkeit geht.

Modus 3 (‹Atomisierung› m. a. W. Vereinzelung, Rückzug. Handlungsmaxime: ablehnend lossagen)

- Übergreifende Orientierung ist hier eine individuelle Nutzenoptimierung. Kontingenzen gelten als mehr oder weniger berechenbare Risiken.
- Bei den Aufgaben des ‹Caring› steht die Begründung unter Bezugnahme auf die offensichtlichen Bedürfnisse im Vordergrund. Geschlechterunterschiede sind kaum relevant. In den Termini der Bindungstheorie entspricht dieser Modus am ehesten den unsicher-vermeidenden Verhaltensweisen. Der Erziehungsstil entspricht einem Rollenverständnis, für das eine Ausrichtung an ‹Funktionen› und individuelle Nutzenmaximierung im Vordergrund stehen. Die Rollen tragen Züge des ‹Distanzierten›, ‹Unbeteiligten›.
- Klare Zuordnungen hinsichtlich der Kinder- und Familienpolitik sind schwierig. Am ehesten dürfte zutreffen, dass den beiden Politikfeldern keine hohe Priorität eingeräumt wird.

- Dieser Modus scheint nicht prädestiniert für Ambivalenzerleben. Doch kann dieses reaktiviert werden, wenn in besonderen Situationen Erfahrungen der sozialen Isolierung oder der – ungeachtet der individualistischen Grundhaltung bestehenden – Angewiesenheit auf andere gemacht werden, die sich nicht ‹marktmässig› abdecken lassen.

Modus 4 (‹Kaptivation› m. a. W. Gefangensein, Verstrickung. Handlungsmaxime: uneinig ausharren):

- Übergreifende Orientierung ist hier die Vorstellung einer schicksalhaften Verbundenheit. Dementsprechend haben Zufälligkeiten den Charakter von Schicksalsschlägen. Sie werden gegebenenfalls geschlechtsspezifisch interpretiert.
- In diesem Horizont werden auch die Aufgaben des ‹Caring› gesehen. Das Bindungsverhalten ist geprägt von ‹Desorganisation›. Doch nimmt man die ganze Bandbreite des tatsächlichen Umgangs mit Kindern in ihrer Realität in Blick, liegt es nahe, hier Formen eines instrumentellen Umgangs sowie Formen des ‹Missbrauchs› zu verorten. Als Rollenmodelle im familialen Bereich bieten sich ‹Patriarch› bzw. ‹Matriarchin› an.
- Dasselbe gilt für die Charakterisierung der Politiken. Sie sind geprägt von einem instrumentellen Verständnis, das den öffentlichen Umgang mit Kindern bzw. Familien anderen Zwecken unterordnet.
- Kennzeichnend für diesen Modus ist, dass Verhaltensweisen beobachtet werden, die offensichtlich als widersprüchlich und gegensätzlich im Sinne von Ambivalenzen interpretiert werden; diese sind somit vergleichsweise manifest, negativ konnotiert und man leidet daran.

Dieses Modul und die damit einhergehenden konzeptuellen und empirischen Konkretisierungen haben sich in einer Reihe von Untersuchungen bewährt, die hier nicht im Einzelnen darzustellen sind.[50] Wird dieses Modul für die Analyse konkreter Fälle, mithin auch in Anwendungs-

---

[50] Siehe hierzu die Übersicht in Lüscher / Liegle 2003, Kap. 7, die Beiträge im Sammelband Pillemer / Lüscher 2004 sowie Burkhardt et al. 2007 und Lüscher / Heuft 2007.

feldern anderer Disziplinen genutzt, so können die folgenden Ergänzungen notwendig, hilfreich oder nützlich sein:

- Die Unterscheidung ungleicher Ambivalenzerfahrungen bei den beteiligten Personen (z. B. Mutter – Tochter und umgekehrt).
- Spezifische inhaltliche Charakterisierungen je nach Tätigkeitsfeldern, Aufgaben und Themen (z. B. «Seelsorge», «Pflegen», «Scham»).
- Die Veränderung von Ambivalenzerfahrungen im Laufe der Zeit und z. B. im Rahmen einer Beratung oder einer Therapie. (Darauf soll im Diagramm insbesondere die spiralförmige Rahmung hinweisen.)

5. Ausblick

In diesem Kapitel schlage ich vor, Ambivalenz als ein sensibilisierendes Konzept zu nutzen. Damit meine ich: Wer damit arbeitet, gehe von einer allgemeinen heuristischen Annahme aus, die wie folgt lautet: Menschen können – als Individuum oder als Kollektiv – im inneren Dialog mit sich selbst, in ihren sozialen Beziehungen zu nahe stehenden und zu generalisierten Anderen Erfahrungen machen, die zwischen grundlegender Verschiedenheit und übergreifender Gemeinsamkeit oszillieren, sodass das Verständnis ihrer selbst, also ihre Identität und dementsprechend ihr individuelles oder kollektives Fühlen, Denken, Wollen und Handeln davon beeinflusst werden. Diese Erfahrungen können auch in Texten aller Art zum Ausdruck kommen und ein Antrieb für deren Entstehen sein.

Das Konzept der Ambivalenz kann in allgemeiner Weise als Deutungsmuster genutzt werden. Es bietet sich indessen auch für spezifische Analysen an, mithin als Forschungskonstrukt. Dann ist es notwendig, die einzelnen Sachverhalte näher zu bestimmen und die Methoden der Beobachtung festzulegen; diese können auch solche der Messung sein. Dazu gehört, dass die gegensätzlichen Pole, die sozialen Kontexte der Erfahrungen, deren Institutionalisierung, deren normative Ausprägung und die dabei bestehenden Macht- und Herrschaftsverhältnisse in intersubjektiv nachvollziehbarer Weise umschrieben werden. Dadurch ist es möglich, spezifische Thesen zu formulieren, so hinsichtlich der Wahrscheinlichkeit des Auftretens von Ambivalenzerfahrungen, ihrer spezifischen, typologisch beschreibbaren Ausprägung, der Strategien im Umgang mit

Ambivalenzen sowie deren Konsequenzen für die Entwicklung des Einzelnen und sozialer Systeme.

Es zeigt sich, dass die Idee der Ambivalenz explizit oder implizit in zahlreichen Lebensfeldern und dementsprechend in mehreren wissenschaftlichen Disziplinen vorkommt. Die bedachte Nutzung als Deutungsmuster und – mehr noch – die Nutzung als Forschungskonstrukt lädt ein, «Ambivalenz» als ein «Brücken-Konzept» in der interdisziplinären Arbeit zu nutzen.

Das kann – wie gezeigt – unter Bezugnahme auf übergreifende formal-philosophische und anthropologische Prinzipien geschehen. Dann geht es u. a. um die Frage, welche Prinzipien der Erkenntnis und des Denkens, beispielsweise hinsichtlich Identität und Differenz oder welche grundlegenden Annahmen hinsichtlich der Fähigkeiten des Menschen, sich selbst im Verhältnis zu andern zu sehen, übergreifend verwendet werden. Im unserem interdisziplinären Dialog ist dabei insbesondere von Belang, wie das Verhältnis von Mensch und Gott verstanden wird, sich dementsprechend Menschen- und Gottesbild zueinander verhalten und wie der Mensch Gott erfährt bzw. erfahren kann.

Der Brückenschlag ist – konkreter – bei der Analyse von sozialen Rollen und sozialen Beziehungen möglich, besonders jenen, die ambivalenzträchtig scheinen wie beispielsweise die Professionen oder die Generationenbeziehungen. Er bietet sich überdies für die nähere Betrachtung komplexer Handlungsfelder und Erfahrungsmuster an, wie beispielsweise Liebe, Trauer oder dem Umgang mit kontingenten Ereignissen wie beispielsweise Schicksalsschläge und Traumata; hier ist hinsichtlich des interdisziplinären Dialogs die Gestaltung der Kasualien, der Rituale und kirchlichen Berufe von Interesse.

Ein weiteres Feld ist die Nutzung in Verbindung mit der Charakterisierung historischer Übergangszeiten, so in der jüngsten Vergangenheit in den Darstellungen von Moderne und Postmoderne. Das gilt jedoch auch im Rückblick auf frühere Epochen und deren historische Dynamik, so bezüglich der Herausbildung der Idee eines Volks und seines Verhältnisses zu andern Völkern. In unserem interdisziplinären Dialog ist hierfür die Geschichte Israels, seiner Ahnen und seines Verhältnisses zu andern Völkern von Belang.

Es entspricht dem Charakter eines «sensibilisierenden Konzepts», dass seine Anwendungsbereiche, seine Gültigkeit und seine Tragfähigkeit nicht abschliessend umschrieben werden können und sollen. Vielmehr liegen seine Potentiale in seiner Offenheit. Dementsprechend handelt es sich bei diesem Kapitel im eigentlichen Sinne des Worts um *eine* «Annäherung», die hinsichtlich ihrer Ausarbeitung weiter vorangetrieben werden kann; ebenso ist sie lediglich eine unter verschiedenen möglichen Sichtweisen.

Literatur

Bauman, Zygmunt, Moderne und Ambivalenz. Das Ende der Eindeutigkeit, Frankfurt am Main 1996.

Becker, Howard S. / Geer, Blanche / Hughes, Everett C. / Strauss, Anselm L., Boys in white. Student culture in medical school, Chicago 1961.

Becker-Schmidt, Regina, Widersprüchliche Realität und Ambivalenz. Arbeitserfahrungen von Frauen in Fabrik und Familie: Kölner Zeitschrift für Soziologie und Sozialpsychologie 32 (1980), 681–704.

Becker-Schmidt, Regina / Brandes-Erlhoff, Jutta / Karrer, Marva / Knapp, Gudrun-Axeli / Rumpf, Mechthild / Schmidt, Beate: Nicht wir haben die Minuten, die Minuten haben uns. Zeitprobleme und Zeiterfahrungen von Arbeitermüttern in Fabrik und Familie. Bonn 1982.

Bleuler, Eugen, Zur Theorie des schizophrenen Negativismus: Psychiatrisch-Neurologische Wochenschrift 18, 19, 20, 21 (1910), 171–176, 184–187, 189–191, 195–198.

Bleuler, Eugen, Die Ambivalenz: Festgabe zur Einweihung der Neubauten, hg. v. Universität Zürich, Zürich 1914, 95–106.

Bleuler, Eugen, Lehrbuch der Psychiatrie, Berlin 1916.

Bogen, Steffen / Thürlemann, Felix, Jenseits der Opposition von Text und Bild. Überlegungen zur Theorie des Diagramms und des Diagrammatischen: Die Bildwelt der Diagramme Joachims von Fiore, hg. v. Patschovsky Alexander, Ostfildern 2003, 1–22.

Bohleber, Werner, Psychoanalyse, Adoleszenz und das Problem der Identität, Psyche 53 (1999), 507–529.

Böschenstein, Herbert, Historischer Übergang und Ambivalenz. Zum «Mann ohne Eigenschaften»: Beiträge zur Musil-Kritik, hg. v. Brokoph-Mauch, Gudrun, Bern, Frankfurt am Main 1983, 181–190.

Bourdin, Dominique, L'ambivalence dans la pensée freudienne: Ambivalence. L'amour, la haine, l'indifférence, hg. v. Emmanuelli, Michéle / Menahem, Ruth / Nayrou, Félicie, Paris 2005, 15–43.

Bowlby, John, Das Glück und die Trauer. Herstellung und Lösung affektiver Bindungen, Stuttgart 1982.

Burkhardt, Amelie / Brand, Carolin / Rudorf, Stephanie / Rockstroh, Brigitte / Studer, Karl / Lettke, Frank / Lüscher, Kurt, Ambivalenzen in der Beziehung von Eltern zu einem schizophreniekranken oder substanzabhängigen erwachsenen Kind: Vergleich mit der Beziehung zu gesunden Geschwistern und gewöhnlichen Generationenbeziehungen: Psychiatrische Praxis 34 (2007), 230–238.

Ciompi, Luc, Affektlogik. Über die Struktur der Psyche und ihre Entwicklung. Ein Beitrag zur Schizophrenieforschung, Stuttgart 1982.

Coenen-Huther, Josette / Kellerhals, Jean M. / von Allmen, Micheline, Les réseaux de solidarité dans la famille, Lausanne 1994.

Coser, Rose Laub, Laughter among colleagues. A study of the social functions of humor among the staff of a mental hospital. Psychiatry 25 (1960), 81–95.

Coser, Rose Laub, The family. Its structures and functions, New York 1974.

Daser, Eckard, Widerstand und Anerkennung: Forum der Psychoanalyse 13 (1997), 54–67.

Dettmering, Peter, Ambivalenz und Ambitendenz in der Dichtung Franz Kafkas. Unter besonderer Berücksichtigung der Romane «Das Schloss» und «Amerika»: Literatur und Kritik 131 (1979), 619–627.

Eisler, Rudolf, Wörterbuch der philosophischen Begriffe: http://www.textlog.de/eisler.html 2004.

Freud, Sigmund, Bemerkungen über einen Fall von Zwangsneurose: Gesammelte Werke VII, Frankfurt am Main 1909, 379–463.

Freud, Sigmund, Drei Abhandlungen zur Sexualtheorie: Gesammelte Werke V, Frankfurt am Main 1905, 29–145.

Freud, Sigmund, Selbstdarstellung: Die Medizin der Gegenwart in Selbstdarstellung IV, hg. v. Gorte, Louis R., Leipzig 1925, 1–52.

Freud, Sigmund, Totem und Tabu. Einige Übereinstimmungen im Seelenleben der Wilden und der Neurotiker, Leipzig, Wien 1913/1975.

Freud, Sigmund, Traumdeutung: Gesammelte Werke II/III, Frankfurt am Main 1900.

Freud, Sigmund, Zur Dynamik der Übertragung: Sigmund Freud Studienausgabe. Unnummerierter Ergänzungsband, hg. v. Mitscherlich, Alexander / Richards, Angela / Strachey, James / Grubrich-Simitis, Ilse, Frankfurt am Main 1912/1975, 157–168.

Goffman, Erving, Interaktionsrituale. Über Verhalten in direkter Kommunikation, Frankfurt am Main 1963/1975.

Hell, Daniel / Scharfetter, Christian / Möller, Arnulf, Eugen Bleuler – Leben und Werk, Bern 2001.

Heuer, Rainer, Politik in der Familie. Macht in den Generationenbeziehungen des mittleren und höheren Alters, Berlin 2006.

Hoffmann-Axthelm, Dagmar, Robert Schumann: «Glücklichsein und tiefe Einsamkeit», Stuttgart 1994.

Jekeli, Ina, Ambivalenz und Ambivalenztoleranz, Osnabrück 2002.

Junge, Matthias, Ambivalente Gesellschaftlichkeit. Die Modernisierung der Vergesellschaftung und die Ordnungen der Ambivalenzbewältigung, Opladen 2000.

Klein, Melanie, Zur Psychogenese der manisch-depressiven Zustände: Psyche 14 (1960), 256–283.

Knellessen, Olaf, Ambivalenz und Doppelbindung. Eine Untersuchung des psychoanalytischen Ambivalenzbegriffes, Salzburg 1978.

Krappmann, Lothar, Soziologische Dimensionen der Identität. Strukturelle Bedingungen für die Teilnahme an Interaktionsprozessen, Stuttgart 1970.

Küchenhoff, Bernhard, Die Auseinandersetzung Eugen Bleulers mit Freud: Eugen Bleuler – Leben und Werk, hg. v. Hell, Daniel / Scharfetter, Christian / Möller, Arnulf, Bern 2001, 57–71.

Künkel, Fritz, Beitrag zur Kritik der Ambivalenz: Internationale Zeitschrift für Individualpsychologie 3 (1925), 62–79.

Laplanche, Jean / Pontalis, Jean-Bertrand, Das Vokabular der Psychoanalyse, Frankfurt am Main 1994.

Le Goff, Jean-Marie / Sauvain-Dugerdil, Claudine / Rossier, Clémentine / Coenen-Huther, Josette (Hg.), Maternité et parcours de vie. L'enfant a-t-il toujours une place dans les projets des femmes en Suisse?, Bern 2005.

Lettke, Frank / Klein, David, Methodological issues in assessing ambivalences in intergenerational relations: Intergenerational ambivalences. New perspectives on parent-child relations in later life, hg. v. Pillemer, Karl / Lüscher, Kurt, Amsterdam 2004, 85–113.

Lettke, Frank / Lüscher, Kurt, Generationenambivalenz. Ein Beitrag zum Verständnis von Familie heute: Soziale Welt 53 (2002), 437–466.

Lorenz-Meyer, Dagmar, (2004). The ambivalences of parental care among young german adults: Intergenerational ambivalences. New perspectives on parent-child relations in later life, hg. v. Pillemer, Karl / Lüscher, Kurt, Amsterdam 2004, 225–252.

64

Lüscher, Kurt, Conceptualizing and uncovering intergenerational ambivalence: Intergenerational ambivalences. New perspectives on parent-child relations in later life, hg. v. Pillemer, Karl / Lüscher, Kurt, Amsterdam 2004, 23–62.

Lüscher, Kurt / Heuft, Gereon, Ambivalenz – Belastung – Trauma: Psyche 61 (2007), 218–251.

Lüscher, Kurt / Lettke, Frank, Intergenerational ambivalence. Methods, measures, and results of the Konstanz Study: Intergenerational ambivalences. New perspectives on parent-child relations in later life, hg. v. Pillemer, Karl / Lüscher, Kurt, Amsterdam 2004, 153–179.

Lüscher, Kurt / Liegle, Ludwig, Generationenbeziehungen in Familie und Gesellschaft, Konstanz 2003.

Lüscher, Kurt / Pajung-Bilger, Brigitte, Forcierte Ambivalenzen. Ehescheidung als Herausforderung an die Generationenbeziehungen unter Erwachsenen, Konstanz 1998.

Lüscher, Kurt / Pillemer, Karl, Intergenerational ambivalence. A new approach to the study of parent-child relations in later life: Journal of Marriage and Family 60 (1998), 413–425.

Luthe, Heinz Otto / Wiedenmann, Rainer E. (Hg.), Ambivalenz. Studien zum kulturtheoretischen und empirischen Gehalt einer Kategorie der Erschliessung des Unbestimmten, Opladen 1997.

Mead, George Herbert, Die soziale Identität: George Herbert Mead. Gesammelte Aufsätze Band 1, hg. v. Joas, Hans, Frankfurt am Main 1913/1980a, 241–252.

Mead, George Herbert, Genesis der Identität und die soziale Kontrolle: George Herbert Mead. Gesammelte Aufsätze Band 1, hg. v. Joas, Hans, Frankfurt am Main 1925/1980b, 299–329.

Merton, Robert K., Social theory and social structure, New York 1964.

Merton, Robert K. / Barber, Elinor, Sociological ambivalence: Sociological theory, values and sociocultural change. Essays in honor of Pitirim A. Sorokin, hg. v. Tiryakian, Edward A., London 1963, 91–120.

Michel, Karl Markus, Zu Robert Musils Roman «Der Mann ohne Eigenschaften». Die Utopie der Sprache. Akzente: Zeitschrift für Dichtung, 1 (1954), 23–35.

Musil, Robert, Der Mann ohne Eigenschaften, Berlin 1930/1932/1978.

Nedelmann, Birgitta, Typen soziologischer Ambivalenz und Interaktionskonsequenz: Luthe, Heinz Otto / Wiedenmann, Rainer E. (Hg.), Ambivalenz. Studien zum kulturtheoretischen und empirischen Gehalt einer Kategorie der Erschliessung des Unbestimmten, Opladen 1997, 149–163.

Oelkers, Jürgen, Väter und Söhne. Über Anklage, Missverständnis und den fehlenden Adressaten in der Erziehung: Neue Sammlung. Göttinger Zeitschrift für Erziehung und Gesellschaft 38 (1998), 533–553.

Olson, David H. / Russell, Candyce S. / Sprenkle, Douglas H., Circumplex model of marital and family systems. VI. Theoretical update: Family Process 22 (1983), 69–83.

Otscheret, Elisabeth, Ambivalenz. Geschichte und Interpretation der menschlichen Zwiespältigkeit, Heidelberg 1988.

Parker, Rozsika, Mother love, mother hate. The power of maternal ambivalence, New York 1995.

Parsons, Talcott, The social system, New York 1966.

Pillemer, Karl / Lüscher, Kurt (Hg.), Intergenerational ambivalences: New perspectives on parent-child relations in later life, Amsterdam 2004.

Reckwitz, Andreas, Creative subject and modernity. Towards an archeology of the cultural construction of creativity, Konstanz 2007.

Riklin, F., Mitteilungen. Vortrag von Prof. Bleuler über Ambivalenz: Psychiatrisch-Neurologische Wochenschrift 43 (1910/11), 405–407.

Roenau, E., Ambivalenz. Zum fünfundzwanzigjährigen Bestand des Terminus: Zeitschrift für die gesamte Neurologie und Psychiatrie 40 (1937), 153–166.

Scharfenberg, Joachim / Kämpfer, Horst, Psychoanalytische Randbemerkungen zum Problem der Taufe: Theologische Quartalschrift 154 (1974), 3–9.

Scharfenberg, Joachim / Kämpfer, Horst, Mit Symbolen leben. Soziologische, psychologische und religiöse Konfliktbearbeitung, Olten, Freiburg im Breisgau 1980.

Scharfetter, Christian, Eugen Bleuler. Polyphrenie und Schizophrenie, Zürich 2006.

Seidler, Herbert, Der Ambivalenzbegriff in der Literaturwissenschaft: Sitzungsberichte Band 262, hg. v. Österreichische Akademie der Wissenschaften. Philosophisch-historische Klasse, Wien 1969, 35–54.

Simmel, Georg, Soziologie. Untersuchungen über die Formen der Vergesellschaftung. Originaldruck, Berlin 1908.

Simon, Fritz B., Beyond bipolar thinking. Patterns of conflict as a focus for diagnosis and intervention: Family Process 37 (1998), 215–232.

Smelser, Neil J., The rational and the ambivalent in the social sciences: American Sociological Review 63 (1998), 1–16.

Stichweh, Rudolf, Ambivalenz, Indifferenz und die Soziologie des Fremden: Ambivalenz. Studien zum kulturtheoretischen und empirischen Gehalt einer Kategorie der Erschliessung des Unbestimmten, hg. v. Luthe, Heinz Otto / Wiedenmann, Rainer E., Opladen 1997, 165–183.

Stierlin, Helmut, Eltern und Kinder. Das Drama von Trennung und Versöhnung im Jugendalter, Frankfurt am Main 1980.

Strotzka, Hans, Über Ambivalenz: Psyche 22 (1968), 287–300.

Waldvogel, Bruno, Ambivalenz: Handbuch der Psychoanalytischen Grundbegriffe, hg. v. Mertens, Wolfgang / Waldvogel, Bruno, Stuttgart 2000, 55–59.

Zima, Pierre V., Robert Musils Sprachkritik. Ambivalenz, Polyphonie und Dekonstruktion: Robert Musil. Theater, Bildung, Kritik, hg. v. Strutz, Joseph / Strutz, Johann, München 1985, 185–202.

Zima, Pierre V., L'ambivalence romanesque. Proust, Kafka, Musil, Paris 2002.

II Israel, seine Ahnen und die Völker

Ambivalenz als Grundkategorie der biblischen Erzelternerzählungen und der Erfahrungen Israels mit seinen Nachbarn

Walter Dietrich

1. Einleitung

Ein auffälliges Merkmal der Erzelternerzählungen in Gen 12–36 ist die Dualität vieler ihrer Figurenkonstellationen. Abraham muss sich mit seinem Neffen Lot auseinandersetzen. Er überlässt ihm das vermeintlich bessere Land, doch Lot verliert in einer Naturkatastrophe fast alles, einschliesslich seiner Frau – behält aber seine zwei Töchter, mit denen er je einen Sohn zeugt: Moab und Ammon, Ahnen zweier ostjordanischer Nachbarvölker Israels. Abraham hat zwei Frauen: die Hauptfrau Sara und die Nebenfrau Hagar; beide gebären ihm je einen Sohn, die alsbald in Konkurrenz zueinander treten: Ismael und Isaak. Später nimmt Abraham eine weitere Nebenfrau hinzu, Ketura, mit der er weitere Söhne zeugt, die zusammen mit Ismael die Ahnherren arabischer Stämme werden, während Isaak der nächste Erzvater Israels wird. Die Frauen Isaaks wie Abrahams, Rebekka und Sara, geraten in prekäre Rivalitätssituationen zwischen ihrem Ehemann und einem fremden Machthaber: einmal einem Ägypter, einmal einem Philister; das Ringen geht, mit Gottes Hilfe, jeweils glimpflich aus. Isaak bekommt dann von Rebekka zwei Söhne, die Zwillinge Esau und Jakob. Nach einem scharfen Konflikt mit dem Bruder muss Jakob nach Aram fliehen, gewinnt dort zwei Schwestern zur Frau, die ihm – zusammen mit zwei Nebenfrauen – zwölf Söhne schenken, die Eponymen der Stämme Israels. Sein Schwiegervater, der Aramäer Laban, wird zu seinem Gegenspieler; nur mit Mühe kann er sich dessen Einflussbereich entziehen, um sich alsbald der abschliessenden Auseinandersetzung mit Esau stellen zu müssen, bei der die Ahnherren Israels und Edoms einen *modus vivendi* finden.

Es ist offensichtlich: In den familiären Konflikten, die in diesen Erzählungen geschildert werden, bilden sich nicht nur die Beziehungen zwischen Individuen, sondern zwischen einer ganzen Reihe levantinischer Völker ab: Israel definiert sich und das Verhältnis zu seinen Nachbarn im Bild spannungsreicher Familienbeziehungen. Soweit die Geschichten auf einer privaten Ebene spielen, knistern sie zwar mitunter von latenter Gewalt, doch kommt es nie zu offenem Gewaltausbruch; die Protagonisten tragen manchen harten Streit aus, doch fügen sie einander keinen ernsten physischen Schaden zu, sind vielmehr fähig, ihre Konflikte einvernehmlich beizulegen und ihre Beziehungen friedlich zu bestimmen. Das war auf der geschichtlich-politischen Ebene nicht immer so. Israel lebte mit seinen Nachbarn zum Teil in Frieden, zum Teil in Spannung, zum Teil im Krieg. Es ist, als würde in den Erzelternerzählungen der teilweise blutigen Realität gewissermassen der Spiegel vorgehalten: Seht, den Urvätern unserer Völker gelang es, trotz aller konfliktträchtiger Situationen ohne Blutvergiessen miteinander auszukommen.

Es gibt Gründe für die Annahme, dass ein wesentliches gedankliches und literarisches Mittel bei dieser Art erzählter Konfliktbewältigung die Inszenierung von Ambivalenzen ist. Die Handlungsträger unserer Erzählungen geraten in Situationen und Konstellationen, in denen sie hin- und hergerissen sind zwischen zwei Personen, zwei Loyalitäten, zwei Zielen, zwei Handlungsoptionen. Das Bemerkenswerte ist, dass die Erzähler zwischen diesen Alternativen nicht gewichten oder werten. Sie halten die Ambivalenzen offen, sodass die Lesenden wie die Erzählfiguren sie aushalten müssen – nur dass die Letzteren im Fluss des Geschehens und unter dem Zwang der Ereignisse nicht verharren und abwarten können, sondern sich entscheiden und agieren müssen. Doch die über ihnen stehenden Ambivalenzen bringen sie nicht zum Verschwinden. Vielmehr bleiben diese der eigentliche Motor der Handlung und zwingen die Beteiligten zu immer neuen Revisionen ihrer Lebensplanung und -gestaltung. Keine der Erzählfiguren ist am Ende, was sie am Anfang war; allenfalls auf einer höheren Ebene kommen die Ambivalenzen zum Stillstand, ehe sich wieder neue aufbauen.

In jedem der Erzählblöcke der Erzelterngeschichten wiederholt sich dieser Ablauf: Ambivalente Konstellationen und Situationen bauen sich auf, treiben die in sie Verwickelten um und voran und finden erst nach grundlegenden Veränderungen zu (vorläufiger) Ruhe. Die Erzähler und Autoren wollen ihrer Hörer- und Leserschaft offenbar die Einsicht vermitteln, dass Ambivalenzerfahrungen unabdingbar zum Leben nicht nur von Individuen und Familien, sondern auch von Gruppen und Völkern gehören. Man sollte sie nicht leugnen oder verdrängen, sondern die durch sie ausgelöste Unruhe als heilsam und als Chance sehen, Gewohntes zurückzulassen und Neues zu wagen.

Israel hat seine eigenen Ahnen als ambivalente Gestalten und es hat sie in ambivalenten Situationen beschrieben – und sie doch zu einem erfüllten Leben finden lassen. Es hat in ihnen die Beziehungen zu seinen Nachbarn als ambivalent beschrieben, ohne in intolerante und militante Kategorien zu verfallen. Was bedeutet es, dass Israel an den Anfang der bewegten Geschichte, die es mit diesen Völkern hatte, die Geschichten von den Erzeltern gestellt hat? Dieser Frage soll nun in den vier wichtigsten Erzählkreisen der Erzelterngeschichten nachgegangen werden.

2. Jakob und Laban, Israel und Aram

2.1 Ambivalente Züge in den Jakob-Laban-Erzählungen der Genesis

In dem Erzählblock Gen 29–31, der von den Widerfahrnissen Jakobs bei Laban handelt, wandelt sich das Verhältnis der beiden Protagonisten – der eine Ahnherr Israels, der andere Repräsentant der im Nordosten Israels lebenden Aramäer (heute: Syrer!) – nach und nach von Einseitigkeit und Abhängigkeit zu Gegenseitigkeit und Gleichrangigkeit. Zunächst ist Jakob ein Untergebener Labans; er weiss sich diesem nützlich zu machen, wird sein Schwiegersohn, erringt mehr und mehr Wohlstand, bricht eines Tages, weil er sich gleichwohl fremdbestimmt und ausgenutzt fühlt, mit Kind und Kegel, Hab und Gut in Richtung des späteren israelitischen Kernlandes auf, soll zurückgehalten werden, erreicht am Ende aber eine schiedlich-friedliche Trennung. Das Ergebnis ist die Koexistenz von «Jakob» und «Laban», von Israel und Aram: in vertraglich geregelten Verhältnissen und in klar voneinander abgegrenzten Wohngebieten.

Die Beziehung zwischen den beiden Männern bzw. Gruppen gestaltet sich als spannungsreich. Jakob heuert als Kleinviehhirt bei Laban an. Dieser ist nicht nur Herdenbesitzer, sondern Vater zweier Töchter, deren schönere Jakob begehrt. Da er mittellos ist, kann er den fälligen Brautpreis nur in Form unentgeltlicher Arbeit entrichten. Laban findet in ihm einen idealen Untergebenen, der durch harte Arbeit seinen Besitz vermehrt und sich so als würdiger Schwiegersohn erweist. Freilich beansprucht der Schwiegervater die Reihenfolge festzulegen, in der die Töchter heiraten (bzw. Jakob sie zu heiraten hat). Er bestimmt, welcher Lohn Jakob zusteht. Er will darüber entscheiden, wo Jakob und seine Familie sich aufhalten und wo nicht. Er schliesslich gewährt das ‹Friedensabkommen› zwischen beiden Gruppen. Von Anfang bis Ende kehrt Laban den *pater familias* heraus, der davon ausgeht, dass Schwiegersohn, Töchter und Enkel seiner Jurisdiktion unterstehen und sich seinen Weisungen zu fügen haben.

Leider ist Laban nicht unbedingt ein Ehrenmann. Schon wie er Jakob anstelle der geliebten Rahel zuerst die ältere, nicht so attraktive Lea unterschiebt und auf diese Weise an einen doppelten Brautpreis kommt – vierzehn statt sieben Jahre Dienst –, ist von grosser Schlitzohrigkeit (29,15–30). Als Jakob nach dieser langen Zeit der Abhängigkeit Abwanderungswünsche äussert, will Laban ihn halten und räumt ihm eine Art Gewinnbeteiligung am Herdenwachstum ein (30,25–34): nach heutigen Begriffen eine durch Kündigungsdrohung erwirkte Lohnerhöhung. Nach insgesamt zwanzig Jahren (31,38.41) macht sich Jakob schliesslich doch davon. Laban aber setzt ihm mit seinen Leuten nach und stellt ihn; die Gründe, die er für die Verfolgungsjagd angibt – er habe sich nicht angemessen verabschieden können und sei bestohlen worden –, wirken etwas vorgeschoben (31,25–42).

Jakob befand sich Laban gegenüber von Anfang an in einer ambivalenten Situation. Einerseits schuldete er ihm Gehorsam, Loyalität, sogar Dankbarkeit. Andererseits fühlte er sich ihm und seinen Söhnen ausgeliefert (31,1–5) und von Laban betrogen (31,7). So verhält er sich auch ambivalent (bzw. muss Laban sein Verhalten als ambivalent empfinden): Einerseits dient er ihm jahrzehntelang und mehrt seinen Wohlstand, macht ihn zum elffachen Grossvater (29,31–30,24). Andererseits bereichert er sich – nicht ganz illegal, aber doch reichlich kühn und letztlich auf Kosten des Schwiegervaters (30,35–43). Anschliessend sucht er sich dessen Fuchtel nicht offen und aufrecht, sondern heimlich und verstohlen zu entziehen (31,17–20) – wie ein Dieb, für den Laban ihn auch tatsächlich hält (und das nicht einmal ganz zu Unrecht).

Es wirkt wie ein Wunder, dass die beiden Antipoden, als Laban Jakob nach seiner Flucht einholt, nicht übereinander herfallen. Derjenige, der zuerst einen Ausweg aus der Konfrontation sucht, ist Laban. Nach einem längeren, heftigen Wortwechsel stellt er scheinbar unnachgiebig fest, die Frauen und die Kinder und auch das Vieh Jakobs gehörten eigentlich ihm; dann aber lenkt er unversehens ein: «Was kann ich heute für diese meine Töchter tun oder für ihre Söhne, die sie geboren haben? So komm nun, wir wollen einen Vertrag schliessen, ich und du» (31,44). Umgehend richtet Jakob einen länglichen Stein als Mazzebe auf, gleichsam die Verkörperung der göttlichen Macht, die über dem zu schliessenden Vertrag wachen soll. Zudem sammeln beide Gruppen Steine und türmen sie zu einem Haufen auf[1]; damit markieren sie eine Grenze, die von keiner der beiden Seiten in böser Absicht überschritten werden darf (31,46–52). Der Grenzpunkt befindet sich in der ostjordanischen Landschaft Gil'ad und trägt einen daran anklingenden Namen: Gal-Ed, wörtlich etwa: «herbeigewälzter Zeuge». So einigen sich Laban und Jakob samt ihren Leuten (und *in nuce* bereits Aram und Israel) auf ein schiedlich-friedliches Nebeneinander. Ihr Verhältnis bleibt ambivalent, jedoch frei von Gewalt.

Auch durch seine Frauen gerät Jakob in eine ambivalente Situation. Rahel ist die jüngere und attraktivere, er «liebt sie mehr als Lea» (29,30). Er ist aber auch mit Lea verheiratet; eigentlich hat er sie nicht haben wollen, hat aber doch – womöglich unter Alkoholeinfluss – die Ehe mit ihr vollzogen (29,15–30), muss also auch weiterhin seine ehelichen Pflichten ihr gegenüber erfüllen. Im Blick auf die Erzeugung von Nachwuchs ist diese Liaison auch durchaus erfolgreich, während diejenige mit Rahel kinderlos bleibt. Prompt baut sich zwischen den beiden Frauen Eifersucht auf. So gross ist der Kinderwunsch – zuerst bei Rahel, später dann auch bei Lea – dass sie Jakob Sklavinnen zuführen, durch die sie zu Söhnen kommen wollen (und tatsächlich kommen: 30,3.9). Die Frauen neiden einander nicht nur die Kinder, sondern auch den Mann. Jakob

---

[1]   Das Verhältnis von Mazzebe und Steinhaufen deutet auf überlieferungsgeschichtliches Wachstum. Wahrscheinlich stand am Anfang der Steinhaufen Labans und trat die Mazzebe Jakobs später hinzu.

muss sich fühlen wie zwischen mehreren Mühlsteinen. Gleichwohl versucht er nicht, sich der unbequemen Situation zu entziehen; als er flieht, nimmt er sowohl Rahel und deren Sohn Josef als auch Lea und die beiden Nebenfrauen samt allen Söhnen mit: ein Reichtum gewiss, aber auf der Flucht auch eine Last.

Die Erzählcharaktere der Jakob-Laban-Geschichten sind nicht schwarzweiss gezeichnet: etwa Jakob und Rahel positiv, Laban und Lea negativ. Von den Stärken und Schwächen der beiden Männer war schon die Rede; bei den Frauen ist der Sachverhalt ganz ähnlich. Lea hat zwar «matte Augen» (29,17), doch dafür ist sie enorm fruchtbar und in Konfliktfällen sehr entschlossen: Als Jakob sie nach einer gewissen Zeit zu vernachlässigen beginnt, versteht sie sehr wohl wieder an ihre ehelichen Rechte zu kommen (woraufhin sie prompt wieder schwanger wird: 30,14–17). Bei der Trennung Jakobs von Laban steht sie klar auf der Seite ihres Mannes; unisono mit Rahel erklärt sie, der Vater habe sie beide nur «verkauft» und das ihnen zustehende Geld verbraucht, nichts halte sie bei ihm zurück (31,14f.). Rahel, umgekehrt, ist zwar schön, aber keineswegs ohne Fehl und Tadel. Schon ihre (anfängliche) Unfruchtbarkeit ist natürlich ein damals immens schweres Manko. Immerhin besitzt sie Jakobs Liebe und wacht eifersüchtig über ihr – bis sie plötzlich eine merkwürdig starke Lust auf Liebesäpfel[2] verspürt, die Leas ältester Sohn Ruben gefunden hat und für die sie ohne Zögern Jakob an die Schwester abtritt (30,14–16). Später, bei der Flucht, entwendet sie dem Vater eine Kultfigur, einen Terafim (wohl die figürliche Abbildung vergöttlichter Ahnen); dieser Diebstahl hätte um ein Haar schwerwiegende Folgen gehabt, doch weiss Rahel ihre Missetat dem Vater listig zu verbergen (31,30–35).

Die in die Jakob-Laban-Geschichten eingeschriebenen Ambivalenzen sind für Lesende nicht leicht auszuhalten – und sie waren es schon für frühere Tradenten nicht. Dort, wo die Spannungen zur Krisis kulminieren, bei Jakobs Flucht und seiner Verfolgung durch Laban, haben Ergänzer in den überlieferten Text einige Passagen eingetragen, die das Geschehen aus höherer Warte deuten – und vereindeutigen. Nach der älteren Erzählung spürt Jakob die zunehmende Missgunst Labans und seiner Söhne (31,1f.), unterrichtet darüber seine Frauen (31,4.5a) und

---

[2] Man schrieb dieser Frucht – den Äpfelchen der Alraune – anscheinend aphrodisische Wirkung zu; ihre hebräische Bezeichnung ist wurzelverwandt mit dem Wort für «Geliebter».

beklagt, wie sehr Laban ihm Gutes mit Bösem vergolten habe (31,6.7a); Rahel und Lea antworten darauf, dass sie nichts bei ihrem Vater halte (31,14–16), woraufhin alle gemeinsam zur Flucht aufbrechen (31,17.18a). In diese konsistente Erzählung hinein schieben sich jetzt einige dezidiert theologische Aussagen: Jhwh sei Jakob erschienen und habe ihn zur Heimkehr aufgefordert[3]; er wolle «mit ihm» sein (31,3) – so wie er schon bisher «mit ihm» gewesen sei (31,5b)[4], indem er ihm durch seinen Engel verraten habe, wie er reich werden könne (31,7b–13)[5]; und dann, als Laban seiner Flucht gewahr wird, erscheint ihm Gott des Nachts im Traum und verbietet ihm, Jakob auch nur ein böses Wort zu sagen, woran sich Laban wirklich hält (31,24.28). Durch diese Einschübe werden alle Ambivalenzen aufgelöst: Jakob ist kein durchtriebener Mensch mehr, sondern ein durch und durch gottgeleiteter; wie er seine Familie und seinen Besitz gewinnt und sichert, ist nicht dubios, sondern von Gott so gewollt; der Gedanke zur Flucht ist nicht in ihm und seinen Frauen gereift, sondern ihm von Gott eingegeben worden. Und auch Laban ist kein ambivalenter Charakter mehr – herrisch und betrügerisch, zugleich aber grosszügig und versöhnlich –, sondern er ist jetzt schlicht der Gegenspieler Jakobs, dessen Bosheit von Gott niedergehalten wird. Diese theologischen Einschübe wollen den Lesenden klare Perspektiven vermitteln: Jakob war im Recht, Laban im Unrecht; Gott war mit Jakob und gegen Laban. Doch solche glatten Wertungen könnten bei den Rezipienten rabiate Haltungen auslösen: Gott ist mit uns – und gegen die andern. Damit droht genau das verloren zu gehen, was die (alten) Jakob-Laban-Erzählungen besonders kostbar macht: die vielleicht etwas verunsichernde, aber von vorschnellen Urteilen abhaltende Uneindeutigkeit ihrer Charakterzeichnungen.

Sieht man von den nachträglichen theologischen Glättungen ab, dann zeigen die Jakob-Laban-Erzählungen zerklüftete Charaktere, und deren

---

[3] Dass Jakob die Heimat und seine Ursprungsfamilie verlassen habe und später dorthin zurückgekehrt sei, ist ein Thema erst der Jakob-Esau-Geschichten, nicht schon der Jakob-Laban-Geschichten; siehe dazu in diesem Beitrag den Abschnitt 3.

[4] Bezeichnenderweise heisst er hier der «Gott meines Vaters»: eine Anspielung auf Isaak.

[5] Jakob ist also nicht durch Magie und Schlitzohrigkeit reich geworden (so 30,25–43), sondern durch Gottes Hilfe.

konfliktträchtige Interaktionen verbreiten alles andere als eine fromme und anheimelnde Atmosphäre. Zwar wird da durchaus mit Humor erzählt – man denke an Jakobs Hochzeitsnacht mit der verkehrten Frau oder an seine listenreiche Art, reich zu werden, oder an den Terafim unter dem Kamelsattel der angeblich ihre Tage habenden Rahel. Und doch sind diese Geschichten nicht einfach vergnüglich und entspannt zu lesen; dafür sind sie nicht nur zu spannend, sondern auch zu spannungsreich. Sie sind augenscheinlich darauf angelegt, bei den Hörerinnen und Lesern ambivalente Reaktionen auszulösen: Sollen wir uns mit Jakob identifizieren und Laban ablehnen? Sollen wir nur mit Rahel fühlen und nicht auch mit Lea? Sollen wir hoffen, Jakob und die Seinen würden Laban glatt entkommen – oder ist nicht der am Ende geschlossene Vertrag die beste denkbare Lösung?

Diese letzte Frage führt von der familiären Ebene hinüber auf die geschichtlich-politische, der wir uns jetzt zuwenden.

2.2 Die ambivalenten Beziehungen zwischen Israel und Aram

Literarhistorisch geurteilt, sind die Jakob-Laban-Erzählungen die Urzelle der biblischen Jakob-, ja überhaupt der Erzelterngeschichten. Vieles spricht dafür, dass sie überlieferungsgeschichtlich in die vorstaatliche Zeit Israels zurückreichen.[6] Israel wie auch Aram erscheinen hier noch gar nicht in staatlichen, sondern in rein tribalen Kategorien. Aus der Aramäer-Sippe, die von Laban geführt wird, spaltet sich die Sippe Jakobs ab. Diese bewegt sich aus den Kernlanden Arams auf diejenigen Israels zu. In der Landschaft Gilead, die sich östlich des Jordan zwischen Jabbok und Yarmuk erstreckt[7], holt Laban ihn ein.[8] Dort, am Steinhaufen Gal-Ed, vollziehen die Sippen die endgültige Trennung. Wer dorthin kommt (oder gar in feindseliger Absicht weiterziehen will), soll sich erinnern, dass sich einst die Urahnen Israels und Arams nach schweren Konflikten auf ein friedliches Nebeneinander geeinigt haben.

---

[6] Vgl. Blum 1984, 149–186.

[7] Vgl. dazu Noth 1971, 347 ff.

[8] Laut Gen 31,23 hat er dorthin sieben Tage gebraucht (Jakob mit den Herden sicher länger), was eine doch erhebliche Distanz zwischen Gilead und der Heimat Labans andeutet; diese ist offenbar mitten im heutigen Syrien gedacht.

Gleichwohl blieb in der Folgezeit die Zugehörigkeit Gileads zwischen Israel und Aram (und auch Ammon) umstritten.[9] Dieser Streit war nicht der geringste Grund dafür, dass die Beziehungen zwischen Israeliten und Aramäern wechselvoll waren[10], dass Phasen ruhiger Koexistenz und gar aktiver Kooperation immer wieder von solchen politischer Konkurrenz und kriegerischer Konfrontation abgelöst wurden.

Konfliktperioden lassen sich namentlich für die frühe israelitische Königszeit (im 10. Jahrhundert v. Chr.) und für die ausgehende Omriden- und beginnende Nimschiden-Zeit (in der zweiten Hälfte des 9. Jahrhunderts) ausmachen. Die Bibel berichtet von Auseinandersetzungen Davids mit den noch separat agierenden aramäischen Stämmen bzw. Fürstentümern Geschur, Maacha, Rehob, Tob, Zoba, Hamat, Damaskus.[11] Mit einigen von ihnen scheint David zumindest zeitweilig friedliche Beziehungen unterhalten[12], gegen die anderen aber militärische Mittel eingesetzt zu haben. Ob dabei weite aramäische Bereiche unter dauerhafte israelitische Kontrolle gerieten, lässt sich bezweifeln[13]; vermutlich handelte es sich wenn, dann um nur kurzfristig wirksame kriegerische Erfolge. Für die Zeit Salomos jedenfalls konstatiert die Bibel ausdrücklich die Errichtung einer dauerhaften, überregionalen Herrschaft eines gewissen Reson in Damaskus, der Israel offenbar zu schaffen machte (1Kön 11,23–25).

Feindseligkeiten zwischen Israel und Aram im späteren 9. Jahrhundert sind in verschiedenen Quellen dokumentiert. Da ist zunächst die bei Grabungen auf Tel Dan gefundene Stele[14], in der ein König des inzwischen vereinigten Aramäerreichs (wohl der Damaszener Hasaël) kundtut, sein Vorgänger sei von den Israeliten bedrängt worden, er jedoch habe das Ruder herumgeworfen und den König von Israel (den Omriden Joram) wie auch den vom «Haus Davids» (Ahasja) getötet. Von den gleichen Ereignissen handelt der biblische Bericht über den Putsch

---

9   Vgl. einerseits z. B. 2Kön 9; Am 1,3–5, andererseits 1Sam 11.
10 Alles Wichtige über die Aramäer des 1. Jahrtausends v. Chr. ist in der grundlegenden Monographie von Lipiński (2000) zusammengetragen.
11 So die Reihenfolge von Süd nach Nord, vgl. 2Sam 3,3; 8,3–12; 10,6–19; 13,37–39; 14,23; 20,14f.
12 Dazu Näheres bei Dietrich 2007.
13 Laut 2Sam 8,6 hätte es davidische Statthalter in Damaskus gegeben.
14 Siehe Biran / Naveh 1993 und 1995 sowie Dietrich 2002b, 74–87.

des Jehu, 2Kön 9f. Hier ist der doppelte Königsmord freilich ihm, dem israelitischen Streitwagenoberst und Putschisten, zugeschrieben: Er habe eine Verwundung Jorams im Krieg gegen Aram zum blutigen Umsturz genutzt.[15] In der Folgezeit scheinen die Aramäer dem geschwächten Israel übel mitgespielt zu haben[16]; gerade König Hasaël erscheint in der Bibel als Inbegriff des Schreckens.[17]

Die Phasen schiedlich-friedlicher Nachbarschaft kommen vornehmlich in die erste Hälfte des 9. und des 8. Jahrhunderts zu liegen. Die von 872 bis 845 v. Chr. in Israel regierende Dynastie der Omriden bewegte sich sehr weltläufig auf dem internationalen Parkett. Man unterhielt ausgezeichnete Beziehungen nicht nur zu Phönizien – Symbol ist die sidonische Prinzessin Isebel, die Gemahlin des Omri-Sohnes Ahab –[18], sondern schloss, als die Assyrer unter König Salmanassar III. (859–824) expandierten, ein Abwehrbündnis mit Aram-Damaskus gegen sie. Salmanassar nennt in seiner sog. Monolith-Inschrift unter den Gegnern, die ihm 853 v. Chr. in der Schlacht bei Qarqar am Eufrat entgegentraten, in vorderster Linie Hadadeser von Aram und Ahab von Israel.[19]

Als dann die Assyrer unter dem Eroberkönig Tiglatpileser III. (745–727) wieder nach Syrien-Palästina vordrangen, taten sich Aram und Israel erneut zu gemeinsamer Gegenwehr zusammen. Sie versuchten, auch Juda in ihr Bündnis hineinzuzwingen – vergeblich.[20] Der sog. syrisch-efraimitische Krieg (734/733) endete mit der Beseitigung des

---

[15] 2Kön 9f. Vgl. dazu Dietrich 2002b, 164–180. Na'aman 2007 meint, der Darstellung Hasaëls sei historisch der Vorzug zu geben.

[16] Zwar möchte die Bibel die in 1Kön 20; 22; 2Kön 4; 6 geschilderten Aramäerkriege in die Omridenzeit verlegen, doch gehören sie in Wahrheit aller Wahrscheinlichkeit nach in die Zeit Jehus und seiner ersten Nachfolger. Die wichtigsten Argumente hat bereits Jepsen (1934, bes. 50f.) benannt. Vgl. auch Dietrich, 2002b, 236–251.

[17] 1Kön 19,15–17; 2Kön 8,10–12; 12,17f.; 13,22. Ein Nachklang der damaligen Aramäernot findet sich noch in Am 1,3–5.

[18] 1Kön 16,31; 18,4.13.19; 19,1f.; 21,5–16.23; 2Kön 9,7.22.30–37. Vgl. dazu die umfassende Monographie von Pruin (2006).

[19] Galling 1968, 50. In der Bibel findet sich nichts über dieses wichtige Ereignis. Sie berichtet auch nichts darüber, dass der Putschist Jehu offenbar den Assyrern freiwillig Tribut bezahlt hat; Salamanassar III. (859–824 v. Chr.) erwähnt dies in den Annalen des Jahres 841 (wobei er Jehu ironischerweise dem «Haus Omri» zurechnet, vgl. Galling 1968, 51).

[20] Vgl. 2Kön 16,5; Jes 7,1–17; 8,1–4.11–15 und dazu Dietrich 1976 sowie neuerdings Ernst 2006.

Königreichs Aram und der Reduzierung des Königreichs Israel auf einen Rumpfstaat, der wiederum zehn Jahre später ganz im assyrischen Provinzialsystem aufging. In ihrem Ende rückten die zeitweiligen Erzfeinde Aram und Israel wieder ganz eng zusammen.

2.3 Das Paradigmatische[21] der Jakob-Laban-Erzählungen

Die Erzählungen um Jakob und Laban liegen also einer bewegten Geschichte voraus. Aufs Ganze gesehen, lassen sich die Beziehungen zwischen Aram und Israel als «ambivalent» bezeichnen: Diese Völker waren «verwandt»: in der Sprache, in der Kultur, in der gesellschaftlichen Ordnung, in der Lebensweise, auch im geschichtlichen Ergehen. Wie in einer Familie Schwiegerväter und Schwiegersöhne, Väter und Töchter sowie Schwestern untereinander sich zanken *und* vertragen, so war es auch zwischen Israel und Aram: Man mochte sich *und* hasste sich, man versuchte sich zu helfen *und* zu schaden. Die Phasen von Nähe und Entfremdung sind im Völkerleben freilich ausgedehnter, sie betreffen viel mehr Menschen und Interessen, als dies im Leben einer Familie der Fall ist. Insofern bietet es sich bei näherer Überlegung geradezu an, das Zusammenleben von Völkern in das Bild familiärer Beziehungen zu fassen. Dies erlaubt eine vereinfachte und zugleich markante Linienführung. Das Wesentliche lässt sich in einfache Worte bzw. Geschichten fassen. So geschieht es immer wieder in den Erzelternerzählungen.

Nun fällt ins Auge, dass die Geschichten von Jakob und Laban von Misstrauen und Eifersucht, von Eigensucht und Betrügereien handeln – nicht aber von Gewalt. Das war, wie gezeigt, in der staatlichen Geschichte von Israel und Aram anders. In der Grenzregion zwischen beiden Ländern – Dan und Gilead – ist viel Blut geflossen, von Soldaten wie von Zivilisten. Die Auseinandersetzungen zwischen Laban und Jakob fordern keinen Tropfen Blut. Die auch dort denkbaren und schon

---

[21] Smend (2002, 90ff.) unterscheidet im biblischen Geschichtsdenken zwei Hauptzüge: das Ätiologische und das Paradigmatische. Während beim einen erklärt wird, inwiefern Gegenwärtiges sich aus der Vergangenheit ableitet, stellt das andere vor Augen, inwiefern Vergangenes (ideal)typisch ist für Gegenwärtiges oder Zukünftiges. In paradigmatischen Erzählungen «stellt Israel sein Leben dar, [...] so wie es war, sein soll oder auch nicht sein soll [...]; in der Vergangenheit werden die Normen und die Präzedenzfälle gesucht, nach denen die Gegenwart zu verstehen und nach denen in ihr zu handeln ist» (103).

recht konkret drohenden Gewaltausbrüche werden durch Geschicklichkeit und Grosszügigkeit, durch Verhandlungs- und Versöhnungsbereitschaft vermieden. Man zeigt sich willens und fähig, die wechselseitig ambivalenten Empfindungen nicht nach der negativen Seite so weit kulminieren zu lassen, dass nur noch ein «Entweder du oder ich» bleibt. Gibt es also in Familien – jedenfalls in dieser Familie – eine Tötungshemmung, die es zwischen «verwandten» Völkern nicht gibt? Jedenfalls enden die familiären und die nationalen Konflikte im vorliegenden Fall sehr unterschiedlich: Die Familien Labans und Jakobs existierten weiter, die Staaten Aram und Israel verloren ihre Existenz.

Die Jakobgeschichten gehören zum Erzählgut Nordisraels. Jakob war der Erzvater Israels. Als der Nordstaat Israel im Jahr 722 v. Chr. unterging, gelangten israelitische Traditionen in den Südstaat Juda[22]. Juda begriff sich als Erbe auch Israels, sah in Jakob auch den eigenen Urahn (dem es Isaak als Vater und Abraham als Grossvater vorschaltete). Die Geschichten von Jakob und Laban wie auch die Geschichte von Israel und Aram wurde judäischen Tradenten und Lesern zum Paradigma dafür, dass es Ambivalenzen in Familien wie zwischen Völkern gibt, dass Achtung und Verachtung, Liebe und Hass nah beieinander, ja ineinander liegen. Was aber den Völkern Israel und Aram *nicht* gelang, das gelang laut den Jakobgeschichten ihren Ahnfamilien: Ambivalenzen zwar durchaus auszuagieren, letztlich aber doch auszuhalten und auf eine neue Ebene zu heben. Dort – in einem vergrösserten Lebensraum, voneinander getrennt und doch bleibend benachbart, sich bald misstrauisch, bald wohlwollend beobachtend – konnten sie nebeneinander und miteinander weiter existieren.

In dem relativ späten Bekenntnis Dtn 26,5–9[23] wird Israel/Juda über den Erzvater Jakob in ein auffällig enges verwandtschaftliches Verhältnis zu Aram gesetzt: «Ein dem Untergang naher Aramäer war mein Vater».

---

[22] Ausser den Jakobüberlieferungen sind etwa auch diejenigen über Josef, über Mose und den Exodus, die über die grossen Retter der Frühzeit (Ehud, Gideon, Jiftach, Simson) und über Samuel und Saul, ferner die über Elija und Elischa oder über Hosea und Amos und manche weitere zu nennen. Ohne die Weiterexistenz des Königreichs Juda über den Untergang Nordisraels hinaus wären diese Traditionen vermutlich verloren gegangen.

[23] Die ältere Forschung meinte diesen Bekenntnistext auf die vorstaatliche Zeit zurückführen zu können; inzwischen ist geklärt, dass er frühestens aus der spätköniglichen, vermutlich aus der exilischen Zeit stammt.

Gemeint ist Jakob, bei dem Israels Heilsgeschichte ihren Anfang nahm: Seiner Übersiedlung nach Ägypten folgte die Volkwerdung dort, die Versklavung, die Herausführung, die Landnahme. Die Geschichte des Gottesvolkes Israel begann also in Aram! Im Credo erhält der Freundfeind, der unangenehm enge Verwandte, wieder den Platz, der ihm zukommt: unmittelbar neben dem Gläubigen – diesen in der Ambivalenz festhaltend zwischen den Gefühlen der Nähe und des Fremdseins, zwischen einem Für-sich-sein-Wollen und dem Auf-andere-angewiesen-Sein.

3. Jakob und Esau, Israel/Juda und Edom

3.1 Ambivalenzen in den Jakob-Esau-Erzählungen der Genesis

Das altisraelitische Recht sah die Bevorzugung des Erstgeborenen mit dem doppelten Erbteil vor[24] – eine Bestimmung, die wohl der übermässigen Zersplitterung des Erblandes wehren und der Alterssicherung der Eltern dienen sollte. Insofern lag viel am Erstgeburtsrecht. Nun waren Esau und Jakob Zwillinge, war also der Zeitabstand zwischen ihrer beider Geburt denkbar kurz. Auch entwickelten sich die beiden Brüder in grundverschiedene Richtungen: Esau «wurde ein Mann, der sich auf die Jagd verstand, ein Mann des freien Feldes, Jakob aber war ein gesitteter Mann, der bei den Zelten blieb» (Gen 25,27). Dennoch war die rechtliche Lage glasklar: Esau war der Erstgeborene. Vater Isaak war bereit, diesem Sachverhalt Rechnung zu tragen, nicht jedoch Mutter Rebekka. Sie gab dem Jüngeren den Vorzug, und zwar aus zwei Gründen: weil er ihr emotional näher stand (wie umgekehrt Esau dem Vater: 25,28) und weil er ihr durch ein vorgeburtliches Orakel als der von Gott Bevorzugte deklariert worden war: «Zwei Völker sind in deinem Leib, und zwei Nationen werden sich aus deinem Schoss scheiden; eine Nation wird der anderen überlegen sein, und die ältere [bzw. der Ältere] wird der jüngeren [bzw. dem Jüngeren] dienen» (25,22f.).

Diese göttliche Ankündigung stellt das herkömmliche Erstgeburtsrecht auf den Kopf. Freilich geht es, wie Rebekka deutlich genug mitgeteilt wird, um die Rangfolge nicht so sehr zwischen ihren beiden Söhnen als um die zwischen den Ahnherren zweier Völker. Die Verkehrung der

---

[24] Siehe Dtn 21,17, wobei hier dieses Recht des Erstgeborenen ausdrücklich unabhängig gemacht wird von persönlichen Vorlieben.

üblichen Folge hat nicht nur eine persönlich-familiäre, sondern eine politisch-nationale Dimension. Wie könnte eine Frau Gott vorschreiben wollen, welches Volk er gegenüber anderen bevorzugt? Anders und theologischer formuliert: Wie hätte Rebekka dazu kommen können, die Heilsgeschichte Jhwhs mit Israel zu verkehren? Doch der göttlichen Willenskundgabe standen der väterliche Wille und die gesellschaftliche Usance entgegen. Insofern befand sich Rebekka in einem echten Dilemma. Es wird nicht gesagt, ob sie ihrem Gatten etwas von dem Orakel gesagt, auch nicht, mit welchen Gefühlen sie ihre beiden Söhne beobachtet hat. Nur eben dies: «Rebekka liebte Jakob» (25,28).

Eine grundsätzliche Bemerkung scheint angebracht. Rechtsordnungen und -vorschriften dienen dazu, Eindeutigkeit herzustellen und das Aufkommen von Konflikten so weit wie möglich auszuschliessen. Der Erstgeborene hat Vorrang, der Zweite hat zurückzustehen: So verlangt es eindeutig das Recht. Bei der Auslegung des Rechts aber, bei seiner Anwendung und Umsetzung, eröffnen sich mehr oder weniger weite Spielräume zur Anmeldung widerstreitender Ansprüche und zur Abwägung verschiedener Rechtsgüter. Man kann auch sagen: Die Ambivalenzen menschlichen Zusammenlebens verschaffen sich durch die Hintertür Zutritt zum scheinbar klar geregelten Raum des Rechts. Man mag das bedauern, kann es aber auch begrüssen. Auch gute Ordnungen müssen Raum lassen für Überraschendes, Innovatives. Die Jakobgeschichte zeigt, dass Rechtssetzungen, so hoch ihr Stellenwert sein mag, sich letztlich nur menschlicher Konvention verdanken, während Gottes Pläne mitunter unkonventionell sind.[25]

Der herangewachsene Esau gerät in ein neuerliches Dilemma, als er erschöpft vom Feld kommt und seinen Bruder ein leckeres Gericht zubereiten sieht. Er meint, an diese Köstlichkeit nur gelangen zu können, indem er Jakob das als Gegenleistung verlangte Erstgeburtsrecht über-

---

[25] In den Kategorien des oben beschriebenen «Moduls der Ambivalenz» gesprochen: Isaaks Haltung entspricht dem Modus der «Kaptivation», die Neues nicht zulassen kann und unnachgiebig auf dem Bestehenden beharrt, Rebekkas Haltung dagegen dem Modus der «Atomisierung», sofern sie sich zugunsten des Neuen über entgegenstehende Interessen hinwegsetzt und das Zerbrechen der familiären Gemeinschaft riskiert. Die göttliche Lenkung der Geschichte dagegen ermöglicht nach und nach Handlungen im Modus der «Solidarität» (die dem Zusammenhalt der Familie dienen) und der «Emanzipation» (die Versöhnung in der Familie ermöglichen).

lässt (25,29–34). Wer das liest, wird ambivalente Empfindungen entwickeln: gegenüber Esau, der zwar töricht, aber irgendwie auch sympathisch handfest-sinnlich wirkt; noch mehr gegenüber Jakob, der gut weiss, wie er an sein Ziel gelangt, dafür aber skrupellos den hungrigen Bruder mit einer völlig unverhältnismässigen Forderung übertölpelt. Wie auch immer: Nach Esaus Verzicht ist Jakobs Anspruch auf den Erstgeburtssegen nicht mehr ganz illegitim.

Gleichwohl hinterlässt die bekannte Erzählung darüber, wie Jakob sich mit Hilfe seiner Mutter den Segen Isaaks erschleicht (Gen 27), beklemmende Gefühle. Der altersblinde Vater wird schamlos hinters Licht geführt, der um das Wohl des Vaters bemühte Bruder rücksichtslos ausgebootet. Die Lesenden wären gewiss geneigt, ihre Sympathie den Betrogenen und nicht den Betrügern zuzuwenden – kennten sie die Vorgeschichte nicht, die Jakobs und Rebekkas Handeln zumindest teilweise rechtfertigt und zugleich die Unnachgiebigkeit, mit der Isaak und Esau sich gegen das längst Feststehende stemmen, ins Zwielicht taucht.

Der übervorteilte Esau würde anschliessend seinen Bruder gern umbringen, hält es aber für angebracht, damit bis nach dem Tod des Vaters zu warten (27,41). Auch dieser etwas dumpfe Mann zeigt sich also hin- und hergerissen zwischen widerstreitenden Gefühlen: Mordlust auf der einen, Pietät auf der anderen Seite. Dass dies beides vorerst in der Schwebe bleibt, gibt der Mutter Gelegenheit zum Eingreifen; sie warnt Jakob und fordert ihn auf, zu ihrem Bruder Laban nach Aram-Harran zu fliehen (27,42–45). Auch Rebekkas ambivalente Empfindungen bei diesem Rat lassen sich leicht erraten: Sie muss den Lieblingssohn, für den sie so viel gewagt hat, von sich weg schicken, ohne zu wissen, ob und wann sie ihn wieder sehen wird. Dies lässt sich ohne weiteres auch auf Jakob übertragen: Er, der soeben errungen hat, was ihm als das Begehrenswerteste im Leben erschien, muss ein völlig neues, ungewisses Leben in der Fremde aufnehmen.[26]

Es folgt die berühmte und von schier zahllosen Malern ins Bild gesetzte Erzählung von der Traumoffenbarung Gottes an Jakob in Bet-El (28,10–22). Wie von Zufall legt der Flüchtige sein Haupt genau an der Stelle nieder, wo die Himmelsstiege, auf der die Engel Gottes auf- und niedersteigen, die Erde berührt. Am Morgen wird er tief erschrocken

---

[26] Hier liesse sich von einem Handeln im Sinne des Modus 3 («Emanzipation») des Moduls reden.

sein: nicht etwa darüber, dass er nach dem schweren Betrug an seinem Bruder Gott begegnet ist, sondern weil er ohne die nötigen kultischen Vorkehrungen heiligen Boden betreten hat.

Als Leser dieser Erzählung ist man erstaunt: Hätte Gott den betrügerischen Jakob nicht wenigstens verbal zur Rechenschaft ziehen müssen? Stattdessen würdigt er ihn einer uneingeschränkten Verheissung (28,13–15)! Man beginnt, an der Moral zu zweifeln: der eigenen – oder derjenigen Gottes, der sich auf die Seite eines Betrügers stellt. Andererseits erinnert man sich wieder jenes Orakels an die schwangere Rebekka, in dem Gott ja unverblümt angesagt hatte, er werde den Jüngeren dem Älteren vorziehen (25,23). So beginnen sich die ambivalenten Gefühle, die Leserinnen und Leser gegenüber den Erzählfiguren empfinden – nicht nur Jakob, sondern auch Rebekka, Isaak und Esau – auf Gott zu übertragen, der zwischen diesen Figuren so einseitig Partei nimmt (Partei zu nehmen *scheint*, wie sich noch zeigen wird).

Kompositorisch dient das Motiv von Jakobs Flucht nach Harran der Verknüpfung der Jakob-Esau- mit den (vorgegebenen) Jakob-Laban-Erzählungen (Gen 29–31).[27] Und so, wie Jakob beim Verlassen der Heimat in Bet-El eine Gottesbegegnung hatte, so hat er bei der Rückkehr wieder eine in Pnu-El (Gen 32,23–33) – und auch dies wieder ist eine theologisch besonders tiefgründige Geschichte.[28] Jakob ist soeben der Scylla (Laban) entkommen und sieht jetzt vor sich die Charybdis (Esau). Voller Sorge lässt er jenseits des Grenzflusses Jabbok Ausschau halten nach seinem Bruder, und tatsächlich erfährt er, dass dieser ihm mit 400 Mann entgegenkommt (32,4–7). 400 Mann – eine Truppe dieser Stärke war in jener Zeit und jener Gegend eine Macht![29] Furchtsam und schlau zugleich teilt Jakob daraufhin seine Herden und seine Untergebenen in zwei Gruppen auf, «weil er dachte: Wenn Esau das eine Lager überfällt und es niederschlägt, so kann doch das andere Lager entrinnen» (32,9). Jakob tut noch mehr, um das drohende Unheil zu bannen: Er schickt kleine Herden von Schafen, Rindern, Kamelen und Eseln voraus, und

---

[27] Letztere sind hier nicht wieder zu behandeln; vgl. oben Abschnitt 2.
[28] Vgl. dazu Spieckermann / Dähn 1997; Dietrich 2002a.
[29] Mit 400 Mann begann David seinen Aufstieg zur Macht, vgl. 1Sam 22,2; später wurden daraus dann 600 Mann (1Sam 25,13; 27,2).

jede einzelne soll Esau als Geschenk angeboten werden (32,14–22).[30] Schliesslich bringt er auch noch seine Familie – Frauen und Kinder – über den Jabbok und bleibt ganz allein hinter dem Fluss zurück (32,23f.). Mehr Sicherungen konnte er schlechterdings nicht einbauen, und doch bewahrten sie ihn nicht davor, dass ihn nachts, als er den Fluss überquerte, von hinten einer anfiel. Es war nicht Esau; man erfährt eigentlich überhaupt nicht, wer es war, man merkt nur, dass er über Riesenkräfte verfügte – freilich nicht über grössere als Jakob. Die beiden verbeissen sich ineinander, wollen sich gegenseitig ihren Namen abringen, der andere segnet Jakob, gibt ihm den Namen Israel, «Gottesstreiter», und entzieht sich mit aufkommender Morgenröte. Jakob nennt anschliessend den Ort, weil er «Gott von Angesicht gesehen» habe, Pni-El: offenbar eine Namensätiologie für die Ortschaft (oder das Heiligtum von) Pnu-El am Jabbok. Das Ringen auf Leben und Tod hatte also etwas mit Gott zu tun. Derselbe Gott, der Jakob, den fliehenden Betrüger, bei Bet-El ermutigt und gestärkt hatte, bekämpfte und schwächte den reich gewordenen Jakob bei Pnu-El.

In den beiden Erzählungen von Jakob in Bet-El und in Pnu-El zeigt Gott dem Jakob zwei grundverschiedene Gesichter: ein freundliches, als sein Leben gefährdet ist, und ein feindseliges, als es gesichert scheint. Beide Geschichten zusammen ergeben ein zutiefst ambivalentes Gottesbild. Gott kann unerwartet gütig und er kann ungemein hart erscheinen. Ihn nach nur einer Seite hin festlegen zu wollen, wäre verfehlt. Gotteserfahrungen, so liesse sich verallgemeinernd sagen, sind nicht gleichbleibend, sondern situationsbezogen; sie sind in ihrem Dass und ihrem Wie nicht erwartbar, sondern überraschend. Mit Hilfe des Denkmusters der Ambivalenz lassen sich kontingente und disparate Widerfahrnisse als Erfahrungen mit ein und demselben Gott erfassen. Das aus ihnen resultierende Gottesbild ist nicht flächig, sondern mehrdimensional; es taugt nicht zum Klischee, aber zur Bewältigung höchst unterschiedlicher Situationen. Und der biblische Gott handelt, jedenfalls in den Jakobgeschichten, gewissermassen antithetisch zu dem, was der Mensch erwarten möchte: Bedrückte drückt er nicht weiter nieder, sondern richtet

---

[30] Sekundär eingeschoben findet sich in 32,10–13 ein Gebet Jakobs, das seinen Zweck, der Situation etwas von der knisternden Spannung zu nehmen, noch deutlicher erfüllte, wenn gleich auch noch die Antwort Gottes mitgeteilt wäre.

sie auf; Stolze macht er nicht noch stolzer, sondern weist ihnen ihre Grenzen.

Die beiden theologischen Meistererzählungen in Gen 28 und Gen 32 fungieren im Gesamt des Jakob-Zyklus als Scharniere zwischen dem Jakob-Esau- und dem Jakob-Laban-Erzählkranz. Schon vor dem Jabbok-Kampf hatte Jakob sich ja auf die Begegnung mit Esau vorzubereiten begonnen. Nach dem Kampf hinkt er dem Bruder, an der Hüfte beschädigt, entgegen, wirft sich immer wieder vor ihm nieder – und erfährt statt Feindseligkeit und Rache Brüderlichkeit und Versöhnung.[31] Das Bild Esaus, zu Beginn des Zyklus eher ungünstig, erfährt hier eine starke Aufwertung: auch er also ein ambivalenter Charakter. Freilich, so weit geht Jakob nicht, sich von ihm begleiten und unter Kuratel nehmen zu lassen. Höflich, aber bestimmt, besteht er auf Selbstständigkeit, worauf der andere in die Landschaft Seïr zurückkehrt und Jakob sich in Richtung Sichem bewegt (33,1–17). Damit befinden sich beide in den zentralen Wohngebieten ihrer Nachfahren: dem der Edomiter im südlichen Transjordanien und dem der Israeliten im mittelpalästinischen Bergland. Diese geographischen Angaben führen uns von der familiären auf die politische Ebene der Jakob-Esau-Geschichten.

3.2 Das spannungsreiche historische Verhältnis zwischen Israel/Juda und Edom

Eigentlich ist es erstaunlich, dass in der ursprünglich nordisraelitischen Jakob-Überlieferung Esau, der Stammvater der Edomiter, eine so bedeutende Rolle spielt, lag das Wohngebiet Edoms doch südöstlich des Toten Meers, also relativ weitab von Israel.[32] Die meisten einschlägigen Zeugnisse bringen Edom denn auch mit Juda in Verbindung, nicht mit Israel. Freilich, es gibt Ausnahmen. Israels erster König, Saul, soll gegen Edom Krieg geführt haben (1Sam 14,47). Ein Omridenkönig, wird erzählt, habe bei einem Feldzug gegen Moab die Könige von Juda und

---

[31] Der jüdische Ausleger Benno Jacob meint, Jakobs Behinderung infolge des Gotteskampfs habe bei Esau anstelle des Zorns Mitleid geweckt und so Jakob das Leben gerettet (1934, 642): eine äusserst gewinnende Deutung.

[32] Siehe die Karte am Ende dieses Beitrags. Zu den Edomitern vgl. im Übrigen die Arbeiten von Weippert 1982; Knauf 1991; Bartlett / Macdonald 1992; Dicou 1994; Edelman 1995; Dietrich 1999.

Edom zur Heeresfolge aufgeboten und sei durch edomitisches Gebiet marschiert (2Kön 3).

In der Regel aber ist es Juda, das mit Edom Berührung hat, und zwar überwiegend in negativer Weise. Von David wird in unterschiedlichen Zusammenhängen berichtet, er habe die Edomiter besiegt, unter ihnen schwere Massaker angerichtet und in ihrem Gebiet Gouverneure eingesetzt (2Sam 8,13f.; 1Kön 11,15). Salomo soll die Kontrolle über die Region an einen gewissen Hadad verloren haben, der dabei von Ägypten gestützt wurde, der freilich kaum schon Herr über einen geeinten Edomiterstaat war, sondern ein Stammesführer, der sich unabhängig machte (1Kön 11,14–22). Doch angeblich hat bereits der Davidide Joschafat (867–850) wieder einen Statthalter in Edom eingesetzt (1Kön 22,48).

Die Wechselbäder setzten sich anscheinend in der Folgezeit fort: Edom besiegte Juda zur Zeit von Joram (850–845: 2Kön 8,20–22). Amazja von Juda (800–786) besiegte Edom, eroberte die Festung Sela und baute den Hafen Elat aus (2Kön 14,7.22). Doch Elat fiel schon unter Ahas (742–725) wieder an Edom (2Kön 16,6). Die Pax Assyrica bedeutete das Ende der Unabhängigkeit für beide Staaten. Wie Juda, so musste auch Edom immer wieder an die Assyrer Tribut bezahlen. Andererseits brachte die Einordnung in ein Weltreich und damit in einen grossen Wirtschaftsraum den beiden Kleinstaaten einen gewissen wirtschaftlichen Aufschwung. Die Bevölkerungszahl wuchs, Strukturen festigten sich, in Edom entstanden feste Dörfer und sogar Städte.[33] Den Rückgang der assyrischen Macht wird man in Edom wie in Juda als Befreiung empfunden haben[34], doch folgte alsbald der Aufstieg des Neubabylonischen Reichs. Edom scheint sich dem neuerlichen Wandel geschmeidiger gefügt zu haben als Juda. Zwar liest man in Jer 27,3 von der Beteiligung Edoms an antibabylonischen Bündnisverhandlungen, die im Jahr 594

---

[33] In der Bibel wird vor allem Bozra als neues Zentrum hervorgehoben (Jes 34,6; 63,1; Jer 49,13.22; Am 1,12; vgl. dazu Reich 1993). Einen Überblick über die materielle Hinterlassenschaft der gesamten Eisenzeit in Palästina bietet Herr 1997; hier der Nachweis, dass von den Edomitern aus der Eisenzeit IIA und IIB so gut wie nichts zu entdecken ist – Hirten hinterlassen wenig bleibende Spuren! –, wohl aber und recht Eindrückliches aus der Eisenzeit IIC, d. h. der assyrischen (und babylonischen) Epoche (a.a.O. 132.151.173–176).

[34] In Juda schlägt sich dies in der Renaissance unter Joschija (639–609) nieder.

v. Chr. in Jerusalem stattfanden; doch als es zum Schwur kam, war Edom auf der anderen Seite. Während die Judäer kämpften und untergingen, machten die Edomiter mit den Siegern gemeinsame Sache. Ihrerseits seit längerem bedrängt von arabischen Stämmen, setzten sie sich mehr und mehr auf einst judäischem Boden, in der Landschaft Negev, fest. Im Alten Testament hallen Klage und Wut über den «Verrat» des «Bruders» vielfach wider.[35]

Die Gefügigkeit gegenüber Babylon bescherte Edom nur ein paar Jahrzehnte Ruhe. Der letzte Babylonierkönig Nabonid (556–539) löschte im Zug seiner Araberfeldzüge (ab 553 v. Chr.) das edomitische Staatswesen aus – was im Alten Testament ohne grosses Mitleid zur Kenntnis genommen wird;[36] verschiedentlich keimte sogar Hoffnung auf, von den Edomitern Land zurückzugewinnen.[37] Doch dazu kam es nicht. Der Negev blieb edomitisch; ab dem 4. Jahrhundert und bis in die römische Zeit gab es dort eine gesonderte Verwaltungseinheit Idumäa, und der von den Juden gar nicht geliebte König Herodes war ausgerechnet ein Idumäer! Im Lauf der Zeit wurde «Edom» geradezu zum Wechselbegriff für «Erbfeind», gar für «Rom»: etwas grotesk, wenn man die Macht- und Grössenverhältnisse zwischen diesen beiden Feinden Israels bedenkt!

In der nachbiblischen Wirkungsgeschichte – der jüdischen wie der christlichen – wurde die Gestalt Esaus zunehmend eingeschwärzt und damit ihrer Ambivalenzen beraubt.[38] Altjüdische Ausleger konnten und mochten sich nicht vorstellen, dass dieser Mann, in dem sie gewohnt waren, den Prototyp aller Judenfeindschaft zu sehen, ihrem Erzvater Jakob tatsächlich freundlich entgegengekommen sei. Der Kuss etwa, den er Jakob verabreichte, sei ursprünglich als Biss in den Hals geplant gewesen, was aber misslungen sei! Und die altkirchlichen Ausleger – z. B. Augustin und Cassiodor – setzten Esau, den Älteren, mit dem Judentum, und Jakob, den Jüngeren, mit dem Christentum gleich – mit der entsprechenden Schwarz-Weiss-Zeichnung der beiden Seiten. Isidor von Sevilla etwa lässt sich zu folgender Beschreibung Esaus hinreissen: «Esau, struppig, rot und rau, entspricht dem Volk der Juden, blutbefleckt durch die ruchlose Verfolgung Christi und der Propheten und furchtbar durch die

---

[35] Vgl. Ez 25,12; 35,5f.15; Jo 4,19; Am 4,11; Ob 10–14; Ps 137,7.
[36] Jes 34,6–15; Jer 49,7–22; Ez 25,13f.; 35,3f.7–9; Ob 2–9; Mal 1,3; Ps 60,10f.; Klgl 4,21f.
[37] So in Ob 19; Ps 60,10f.
[38] Vgl. zum Folgenden Butterweck 2003.

behaarte Haut, das Zeichen der Sünder.» Es ist beunruhigend zu sehen, wie Voreingenommenheit den Blick auf die eigentliche Aussage biblischer Texte verstellen kann.

3.3 Die paradigmatische Funktion der Jakob-Esau-Erzählungen

Die Beziehung zwischen «Esau» und «Jakob», wie die Genesis sie schildert, ist zuerst von Eigensucht und Eifersucht, von Zorn und von Angst geprägt, am Ende aber durch Grosszügigkeit und Versöhnlichkeit.[39] Daraus lässt sich auf die Haltung schliessen, welche die (israelitischen) Autoren gegenüber dem durch Esau repräsentierten Edom einnehmen – und auch ihrer Leserschaft nahebringen wollen: Edom ist nicht unbedingt ein einfacher und angenehmer Nachbar, man sollte vor ihm wohl auf der Hut sein, durchaus von seiner Seite eine gewisse Feindseligkeit gewärtigen – zumal dann, wenn in Esau/Edom der Eindruck aufkommt, übervorteilt worden zu sein. Andererseits aber soll man Edom nicht perhorreszieren und verteufeln. Es bleibt der eigene Bruder, sogar der Zwillingsbruder, mehr noch: der, dem eigentlich die Ehre der Erstgeburt gebührt – in einer patriarchal geprägten Welt ein überraschend starkes und positives Bild für ein nicht übermässig geliebtes Nachbarvolk.

Die keineswegs schönfärbende, aber doch gelassene, fast noble Sicht Esaus in der Genesis verdankt sich wohl dem Umstand, dass die Erzählungen in Israel entstanden sind – und nicht in Juda, das viel stärker in unmittelbarer Konkurrenz zu Edom stand. Die Jakob-Esau-Geschichten erzählen von einem heftigen Konflikt, von überraschender Versöhnung, aber auch von endgültiger Trennung der beiden Brüder. Der eine lässt sich in Südost-, der andere in Mittelpalästina nieder. So sind beide einander nahe genug, um ihre Bruderschaft zu fühlen, aber doch weit genug voneinander entfernt, um sich nicht ernsthaft in die Quere zu kommen.[40]

---

[39] Zu den Jakob-Esau-Erzählungen als Musterbeispiel zum Thema «Konflikt und Versöhnung» vgl. Dietrich / Mayordomo 2005, 218–227, und Crüsemann 2006. Die Bewegung vom einen zum andern liesse sich als Verschiebung vom Modus 4 («Kaptivation») zum Modus 1 («Solidarität») nach dem obigen Modul der Ambivalenz beschreiben

[40] Hier könnte man von der Wahl des Modus 2 («Emanzipation») unter Vermeidung von Modus 3 («Atomisierung») sprechen: Jakob und Esau gehen auseinander – und zwar einvernehmlich und ohne den Abbruch der brüderlichen Beziehungen zu riskieren.

Nach dem Untergang Nordisraels wurde, wie gesagt, die israelitische Tradition in Juda weiter gepflegt. Juda aber erlebte von Edom – und Edom erlebte von Juda – immer neue Anfeindungen und Verletzungen; den schmerzlichen Höhepunkt bildete die aktive Mitwirkung der Edomiter an der Zerstörung des Königreichs Juda im 6. Jahrhundert. Es ehrt die Tradenten und beweist ihren Respekt vor der geistigen und literarischen Tradition, dass sie die Ambivalenz im Esau-Bild der Genesis nicht zu einem Hass- und Feindbild vereinseitigt haben (so wenig, wie sie das ja höchst ambivalente Jakob-Bild glätteten und schönten).

Auch als «Edom» zum Typus *des* Feindes Israels avanciert war, blieben die dazu gar nicht recht passenden Erzählungen der Genesis als Mahnung stehen, sich gegenüber niemandem, nicht einmal gegenüber «Esau», vollkommen zu verhärten. Und diese Mahnung wurde, jedenfalls in biblischer Zeit noch, vernommen und bekräftigt. In dem deuteronomistischen, d. h. frühestens exilszeitlichen Geschichtsrückblick zu Beginn des Deuteronomiums bemerkt Mose, Jhwh habe dem auf Kanaan zuwandernden Israel untersagt, mit den Edomitern Krieg anzuzetteln: «Ich werde euch keinen Fussbreit von ihrem Land geben, denn das Gebirge Seïr habe ich Esau zum Besitz gegeben» (Dtn 2,4). Und im deuteronomischen Gesetz findet sich die Weisung: «Einen Edomiter sollst du nicht verabscheuen, denn er ist dein Bruder» (Dtn 23,8). Dass man die Edomiter zu lieben, sich ihnen gar zu unterwerfen habe, steht da nicht. Esau bleibt eine ambivalente Figur, und das Verhältnis zu Edom ambivalent: nicht mehr, aber auch nicht weniger. (Und in Wahrheit ist das sehr viel!)

4. Abraham und Lot, Juda/Israel und Moab/Ammon

4.1 Ambivalenzen im Abraham-Lot-Sagenkranz

Aus den Abraham-Erzählungen der Genesis (Gen 12–25) lässt sich ein Kranz von Sagen um Abraham und seinen «Neffen» Lot (insbesondere Gen 13 und 19) recht klar ausgrenzen und als vermutliche Keimzelle des gesamten Überlieferungskomplexes ansprechen.

Gen 13 schildert Abraham und Lot als gemeinsam ins südpalästinische Bergland einwandernde (bzw. in ihm umherziehende) Besitzer von Kleinviehherden. Weil der Viehbestand anwächst und die Ressourcen knapp werden, vermag das Land irgendwann beide Gruppen nicht mehr zu «ertragen» (13,6). So entschliessen sie sich zur Trennung. Abraham macht den Vorschlag, Lot dürfe sich das ihm am besten erscheinende Weideland aussuchen, und dieser wählt daraufhin die Jordanaue (die vor der Entstehung des Toten Meeres als saftig grün gedacht ist: 13,8–11).

In diesem Abschnitt wird ein Prozess der Ablösung beschrieben, der jenem zwischen Jakob und Laban bzw. zwischen Jakob und Esau durchaus gleicht. Tribale Verbände können sich in der Tat wie bei einer Zellteilung aufspalten. Doch kann diese Vorstellung auch dazu dienen, Unterschiedenheit *und* Verbundenheit benachbarter Stammesgruppen auszudrücken. Im vorliegenden Fall ist der Teilungsvorgang als betont friedlich, ja Frieden stiftend, dargestellt: Vor der Trennung bekommen Abrahams und Lots Hirten Streit miteinander (13,7); die Trennung bringt die Reibungsflächen zum Verschwinden, man kann konfliktfrei nebeneinander leben.[41]

Gleichwohl hat der Vorgang etwas Ambivalentes. Lots Wahl erweist sich nämlich alsbald als höchst problematisch: Er «liess sich in den Städten der (Jordan-)Ebene nieder und zog mit seinen Leuten bis nach Sodom. Doch die Männer von Sodom waren schlecht und verfehlten sich schwer gegen Jhwh» (13,13). Die Lesenden beginnen zu ahnen, dass es für Lot womöglich besser gewesen wäre, sich mit Abraham die kargen Ressourcen des Berglands zu teilen, als sich hinunter zu begeben in die vermeintlich paradiesische Landschaft von Sodom. Der Vorteil, den er zu erlangen meinte, erweist sich als Nachteil, und der Nachteil, den Abraham scheinbar in Kauf nahm, als er Lot die Wahl des Landes überliess, als Vorteil. Mag Abrahams Handeln auf den ersten Blick als edelmütig erscheinen, es führte Lot doch bald in schwerste Turbulenzen – und brachte ihm selbst, Abraham, immerhin die ungestörte alleinige Nutzung der Bergweiden.[42]

Wie es schon bei Jakob der Fall war, so sind auch bei der Gestalt Abrahams die sich andeutenden Schatten der Ambivalenz im Zug der innerbiblischen Überlieferungsgeschichte nachträglich aufgehellt worden, und zwar durch einige dezidiert theologische Passagen.[43]

---

[41] Wieder legt sich die Bezeichnung mit dem Modus 2 («Emanzipation») aus dem Modul der Ambivalenz nahe.

[42] Dies gemahnt an Modus 3 («Atomisierung»).

[43] Hierher gehört auch das rätselhafte Kapitel Gen 14, in dem Abraham für den von feindlichen Königen entführten Lot einen förmlichen Krieg führt – die ein-

In Gen 13,14–17 wendet sich Jhwh direkt an Abraham:[44] Seine Nachkommenschaft werde überaus zahlreich sein, und ihr allein stehe das gesamte Land zu, das er von seinem Standort aus[45] sehe; er solle das Land durchmessen und gleichsam mit den Füssen in Besitz nehmen. Das ambivalente Verhältnis zu Lot ist hier ganz aus dem Blick entschwunden, alle Aufmerksamkeit und Fürsorge gilt Abraham und dem von ihm sich herleitenden Israel.

In Gen 18,17–33 feilscht Abraham mit Gott um die Zahl von «Gerechten», derentwegen Gott von seinem Vernichtungsbeschluss gegen Sodom abzulassen habe. Vordergründig geht es dabei um die Rettung Lots und seiner Familie (die schliesslich allein gerettet werden, während die Stadt untergeht). Hintergründig wird eine grundsätzlichere Frage verhandelt: die nach der Zulässigkeit oder Unzulässigkeit göttlicher Kollektivstrafen. Diese Thematik wurde im biblischen Israel nach der Exilskatastrophe von 587 v. Chr. zunehmend virulent. Zunächst hatte man versucht, das Desaster als gerechte Strafe zu verstehen: für die lang anhaltende Sündengeschichte Judas.[46] Dann aber stellte sich mehr und mehr die Frage, ob diese göttliche Strafe nicht wahllos Gerechte und Ungerechte getroffen hatte, und warum so lange auch Unschuldige unter den Folgen zu leiden hatten.[47] Im Grunde verbirgt sich dahinter die Theodizee-Frage: Wie kann Gott unverdientes Leid zulassen? Gen

---

zige grosse Gewaltszene in den Erzelterngeschichten! Auch hier gibt Abraham ein durch und durch positives (freilich überaus kriegerisches!) Bild ab, und am Ende empfängt er einen Segen von Melchisedek, dem König von Jerusalem.

[44] Aus der enorm umfangreichen Debatte um die sog. Väterverheissungen seien nur zwei Eckpunkte bezeichnet. Alt (1963 = 1929) erklärte die Verheissungstexte für überlieferungsgeschichtliches Urgestein und den spezifischsten Ausdruck einer von ihm postulierten frühisraelitischen Nomadenreligion. Köckert erwies die noch relativ frühe Textgruppe Gen 12,1–3.7; 13,14–17 und 28,13f. bereits als redaktionelles Bindemittel zur Verknüpfung der Abraham- mit den Jakob-Überlieferungen (1988, 250–255.320f.) und die weiteren Verheissungstexte als noch jünger.

[45] Laut 13,3f. ist das die Gegend von Bet-El: just der Ort, an dem Jakob eine ganz ähnliche Verheissung empfangen wird: Gen 28,13–15.

[46] Das gesamte deuteronomistische Geschichtswerk, das von Dtn bis 2Kön reicht, ist nach der bleibend treffenden Analyse von Martin Noth (1957, bes. 91–95. 100–103) eine Antwort auf die Frage, wie das Exilsunglück dem Volk Jhwhs hat zustossen können. Die Lösung: Israel bzw. Juda war im Lauf seiner Geschichte hundertfach von Jhwh abgefallen.

[47] Vgl. die ausführliche Diskussion dieses Problems in Ez 18.

18,17ff. antwortet darauf mit der Erklärung, dass Jhwh an sich nur Schuldige strafen, Gerechte aber verschonen möchte; schon wenige Gerechte genügten, um die Strafe von der Allgemeinheit abzuwenden, doch zuweilen bleibe nichts anderes übrig, als die viel zu wenigen Gerechten aus dem unvermeidlichen Gericht zu retten.[48]

Der von Gott mit einer Verheissung beglückte und mit ihm um die Gerechtigkeit ringende Abraham: das sind, wie gesagt, jüngere (und durchaus kostbare!) Nachträge, die das Abraham-Bild der älteren Lot-Erzählungen in positive Richtung vereindeutigen.

Wenden wir uns nun aber dem Geschick Lots zu, der von Abraham weg nach Sodom gezogen ist. Die Männer dieser Stadt[49] stellen ihre ungeheure Schlechtigkeit unter Beweis, indem sie zwei zu Lot gekommene Gottesboten kollektiv vergewaltigen wollen (19,1–5). Wie Lot sich daraufhin verhält, ist zutiefst ambivalent. Einerseits stellt er sich vor die Bedrohten, schützt mit Nachdruck ihr Gastrecht, setzt dabei wohl gar sein eigenes Leben aufs Spiel.[50] Andererseits bietet er der geilen Horde anstelle der Gäste seine beiden jungfräulichen Töchter an (19,8) – ein wohl jedem Vater, ja jedem empfindsamen Menschen schier unbegreiflicher Vorschlag, bei dem Gefühle innerer Zerrissenheit das Mindeste sind, was man Lot unterstellen kann. Zum Glück für die beiden Mädchen akzeptiert die tobende Menge das Angebot nicht, sondern verlangt unbeirrt nach den beiden fremden jungen Männern. Diese jedoch wissen sich (und den gleichfalls gefährdeten Lot) dem Angriff zu entziehen und führen noch vor dem Morgengrauen die kleine Familie aus der dem Untergang geweihten Stadt.

Unverkennbar will diese Geschichte eine Ätiologie für das Vorhandensein der lebensfeindlichen Landschaft rund um das Tote Meer bieten: Einst war hier blühendes Leben, wovon die Oasen von Jericho und En-

---

[48] Diesen geistes- und theologiegeschichtlichen Hintergrund von Gen 18,17ff. hat zuerst Schmidt (1976, 143ff.) aufgedeckt und ist darin etwa von Blum (1984, 401–405) bestätigt worden.

[49] Es ist nicht recht erfindlich, warum die 2007 erschienene, neue Übersetzung der Zürcher Bibel – eine in der Regel ausgezeichnete und in dieser Arbeit oft zugrunde gelegte Übersetzung – das Wort 'anašîm an dieser Stelle mit «Leute» wiedergibt, wo doch später eindeutig die *Männer* Sodoms sich als die Verbrecher erweisen: Gen 19,4.

[50] Darauf deutet die kleine Bemerkung in Gen 19,6, dass Lot, als er zu Verhandlungen mit dem gierigen Mob vor die Tür tritt, diese hinter sich verschliesst; die Geste besagt gewissermassen: «Nur über meine Leiche!»

Gedi noch einen punktuellen Eindruck geben. Doch es lebten dort abgrundtief böse Menschen, deren sexuelle Gier und brutale Gewaltbereitschaft auch vor Gästen – in Wahrheit ja: vor Götterwesen – nicht Halt machten und so die Strafe des, Himmels auf sich, ihre Stadt und die ganze Region herabzogen. Lot rettete sich bzw. wurde gerettet und gelangte an ein sicheres Fleckchen Erde am Rand des Katastrophengebiets, auf dem die Stadt Zoar stand (Gen 19,19–22): auch dies ein Passus mit deutlich ätiologischer Abzweckung.[51] Anscheinend wurde die Tatsache, dass in einer solch unwirtlichen Gegend doch eine menschliche Ansiedlung existierte, darauf zurückgeführt, dass einst ein gewisser Lot zusammen mit ein paar weiteren Menschen der Katastrophe von Sodom entkam und hier eine neue Lebensgrundlage fand.

Doch die Geschichte geht weiter. Lot zieht weiter hinauf ins ostjordanische Bergland, wird dort von seinen einsamen Töchtern zweimal trunken gemacht, zum Beischlaf verführt und so zum Vater zweier Söhne. Deren Namen «Moab» und «Ammon» werden durch die Geschichte von ihrer Zeugung volksetymologisch erklärt (*mē'āb*, «vom Vater»[52], bzw. *ben-'ammî*, «Sohn meines Verwandten»). Die beiden Knaben sind die Eponymen der aus der Bibel (wie auch aus ausserbiblischen Quellen) wohlbekannten ostjordanischen Völker Moab und Ammon. Ob man sich dort wirklich voller Stolz die in Gen 19,30–38 überlieferte Geburtsätiologie erzählt hat[53], erscheint doch zweifelhaft; eher wird es sich um eine israelitische Geschichte handeln, mit der man den Nachbarn jenseits des Jordan eine nicht eben ehrenhafte Abkunft andichten wollte. Freilich, einseitig-abschätzig wird da nicht erzählt. Lot und seine Töchter waren immerhin der Rettung aus dem verderbten Sodom gewürdigt. Und die Lage der beiden jungen Frauen – mit ihrem Vater die einzigen Überlebenden einer Katastrophe und nun im Gebirge mit ihm ganz allein – weckt einiges Verständnis dafür, dass sie, um Mütter zu werden und um ihr eigenes und das Überleben der Familie zu sichern, auf unkonventionelle Mittel zurückgreifen.

Und Lot? Auch sein Bild bleibt ambivalent. Er hat inzestuösen Umgang mit seinen Töchtern, gewiss. Doch beide Male war er dabei betrun-

---

[51] Eben dies gilt selbstverständlich auch für die «Salzsäule», zu der Lots Frau erstarrt sein soll: Gen 19,*17.26.

[52] Knauf (2002, 1364) verweist demgegenüber zur Namensdeutung auf arabisch *wa'ba*, «Felsenriss».

[53] So Gunkel (1966, 218), der den Menschen der Antike einige Drastik zutraute.

94

ken, ja seine Töchter hatten ihn gezielt trunken gemacht – doch wohl, weil sie ahnten oder schon dezidiert wussten, dass er in nüchternem Zustand das Inzest-Tabu nicht brechen würde. Man kann weiterfragen: Ist Lots Trunkenheit wirklich eine Entschuldigung – oder eher eine Beschuldigung? Im Alten Testament steht Alkoholgenuss (auch solcher, den man vielleicht «übermässig» zu nennen geneigt wäre) sehr viel weniger unter moralischem Verdikt, als man vielleicht denken möchte; auch an unserer Stelle ist nicht Lots Trunkenheit an sich das Problem, sondern, wenn überhaupt, dann ihre Funktionalisierung durch die Töchter.[54]

So sind die Akteure dieser Erzählungen, ihre gegenseitigen Beziehungen und ihre verschiedenen Handlungen als durch und durch ambivalent beschrieben. Die entsprechenden Züge an Abraham allerdings sind im Zug der Überlieferungs- bzw. Kompositionsgeschichte einseitig aufgehellt worden. Offenbar lag judäischen Tradenten daran, «ihren» Erzvater in einem doch möglichst hellen Licht dastehen zu lassen; beim Ahnherrn der Nachbarvölker Ammon und Moab schien das weniger dringlich.

4.2 Das Verhältnis zwischen Israel/Juda und Ammon/Moab in der politischen Geschichte[55]

An sich scheint der Jordangraben eine natürliche Grenze zwischen Israel und seinen ostjordanischen Nachbarn Ammon (beidseits des Jabbok) und Moab (beidseits des Arnon) zu bilden. Doch die Grenze war nicht trennscharf. Namentlich die Landschaft Gilead (zwischen Jarmuk und Jabbok), aber auch weiter im Süden die Gebiete der Stämme Gad, Si-

---

[54]   Nicht weit zurück in der Genesis, ist die Erfindung des Weinbaus gerade als kulturelle Errungenschaft gerühmt worden (Gen 9,20). Zwar hat die Trunkenheit Noahs, wie diejenige Lots, ein wenig erfreuliches Nachspiel (9,21–27); doch dort wird noch deutlicher als hier: Nicht der Weingenuss und der daraus resultierende Rausch ist das Problem, sondern der Umgang anderer mit dem Betrunkenen. Vgl. zum Thema allgemein wie auch zu Gen 19,30–38 speziell Dubach 2009, bes. 85–87.259.

[55]   Zu diesem Abschnitt vgl. generell Schreiber, 2007. Speziell zu *Ammon*: Hübner 1992; über den archäologischen Befund Herr 1997, bes. 132.148–150.168–172. Zu *Moab* grundlegend Timm, 1989; über den archäologischen Befund wiederum Herr 1997 (150f.172f.) sowie das Themenheft «The Archaeology of Moab»: BA 4/60 (1997) 194–248.

meon und Ruben[56] wurden als israelitische bzw. judäische Vorposten jenseits des Jordan begriffen. Naheliegenderweise reklamierten auch Ammon und Moab diese Gebiete für sich. Darüber hinaus gab es immer wieder Übergriffe auf die Kerngebiete der Nachbarn, und zwar hauptsächlich in west-östlicher Richtung. Sie erklären sich nicht nur aus allgemeinem Expansionsbestreben, sondern aus dem Wunsch, die im Ostjordanland nordsüdlich verlaufende «Königsstrasse» zu kontrollieren, einen wichtigen Handelsweg vom Eufrat über Damaskus durch Ammon und Moab zum Golf von Aqaba und zur Weihrauchstrasse.

Zu Auseinandersetzungen zwischen Israel bzw. israelitischen Stämmen einerseits und den Moabitern bzw. den Ammonitern andererseits kam es nach Ausweis des Richterbuches schon in der vorstaatlichen Zeit. Unter den israelitischen Stammeshelden figuriert der Gileadit Jiftach, eine Art Outlaw und Führer einer Freischärlertruppe, der dem in Gilead offenbar nach Belieben schaltenden «König» von Ammon[57] Paroli zu bieten vermag (Ri 11,1–11.29–33).[58] Der Benjaminit Ehud hat den «König» Eglon von Moab[59] zum Gegenspieler; statt ihm einen Tribut in Form von Schafwolle abzuliefern[60], ermordet er ihn und befreit so «Israel» von dem ostjordanischen Zwingherrn (Ri 3,11–30).[61]

Von Israels erstem König, Saul, heisst es in einem Summarium, er habe u. a. gegen Moab und Ammon Krieg geführt (1Sam 14,47). Ein

---

[56] Zur Frage, inwieweit und wie lange Zeit diese «Stämme» wirklich existierten und sich als israelitisch verstanden, vgl. Noth 1971, 391ff.

[57] Ammon war kaum schon ein geeinigtes Königreich. Doch «König» heissen im AT (und nicht nur hier) alle möglichen Anführer der alten Zeit.

[58] Ri 11,12–28 ist ein deuteronomistischer Zusatz, der Jiftach (und Israel) von dem Eindruck grundloser Aggression reinigen und die ruhmreiche Vorgeschichte bei der Landnahme herauskehren will.

[59] Vgl. die vorletzte Anmerkung.

[60] Hier zeichnet sich ein Übergriff über den Jordan von Osten nach Westen ab, der aber dann in die entgegengesetzte Richtung umgekehrt wird.

[61] Ursprünglich befreite er allenfalls Benjamin von Tributleistungen an einen Moabiter-Häuptling. Der Text ist nämlich klar über mehrere Stufen angewachsen: Stufe I bildet eine Sage über den Anschlag Ehuds auf Eglon (3,16–26); diese Erzählung wird auf Stufe II in das israelitische «Retterbuch» (3,*16.27–19) und auf Stufe III in das deuteronomistische Geschichtswerk eingebaut (3,12–15a.30). Vgl. dazu W. Dietrich, Israel in der Perspektive des deuteronomisch-deuteronomistischen Literaturkreises, in: H. Irsigler (Hg.), Die Identität Israels, Entwicklungen und Kontroversen in alttestamentlicher Zeit: Freiburg i. Br. 2009 (HBS 56), 87–99.

Krieg gegen Ammon – und bezeichnenderweise wieder um den Zankapfel Gilead, genauer: um die dort gelegene Ortschaft Jabesch – soll Saul die Königsherrschaft eingebracht haben (1Sam 11).[62] Die Jabeschiten haben dann auch, als Saul gegen die Philister gefallen war, seinem Leichnam Pietät erwiesen und galten darum David als besonders treue Saul-Anhänger (1Sam 31,11–13; 2Sam 2,4b-7). Gilead gehörte denn auch zu dem – nicht eben grossen – Herrschaftsgebiet des Saul-Nachfolgers Eschbaal, dort befand sich sogar seine Residenz (2Sam 2,8f.).

David, nachdem er König über Israel geworden war, führte gleichfalls Waffengänge mit den Moabitern wie den Ammonitern. In einem Summarium seiner Kriege und Siege ist ein militärischer Erfolg über Moab erwähnt; unter den moabitischen Kriegern habe er ein Massaker angerichtet und die Moabiter insgesamt tributpflichtig gemacht (2Sam 8,2). Das Erste klingt glaubhaft, das Zweite dürfte etwas übertrieben bzw. generalisiert formuliert sein; militärische Niederlagen haben zwar zumeist Reparationsleistungen zur Folge, nicht unbedingt aber einen dauerhaften Vasallitätsstatus. Anders war es offenbar im Fall Ammons, das ja an das kernisraelitische Gilead grenzte. Der Bericht von einem Ammoniterkrieg (2Sam 11,1; 12,26–31)[63] bildet den Rahmen für die Skandalgeschichte von David, der schönen Batscheba und deren Gatten Urija; der Letztere fällt – angeblich auf Anweisung Davids – vor den Mauern von Rabbat Ammon, der ammonitischen Hauptstadt (11,14–17). Diese wird von Davids Feldherrn Joab sturmreif geschossen und dann von David eingenommen; «und er nahm ihrem König die Krone vom Haupt [...] und setzte sie auf sein Haupt. Und die Beute, die er aus der Stadt herausführte, war sehr gross. Und das Volk, das darin war, führte er hinaus und setzte es ein an der Steinsäge, an den Eisenhauen und Eisenäxten, und er liess sie mit Ziegelformen arbeiten. So verfuhr er mit allen Städten der Ammoniter» (12,*30f.). Hier wird eine gründliche und dauerhafte Unter-

---

[62] Es ist dies eine von drei Erzählversionen zur Königserhebung Sauls (1Sam 9,1–10,16; 10,17–27; 11,1–15) – und diejenige mit der relativ höchsten (aber keineswegs vollkommenen) historischen Glaubhaftigkeit.

[63] Im vorliegenden Endtext geht diesem Krieg eine Vorgeschichte voran, die den Angriffskrieg Davids in eine Strafmassnahme für eine ammonitische Provokation und in einen Mehrfrontenkrieg gegen Ammon und Aram umdeutet (2Sam 10). Dieser Abschnitt ist dem ältesten Ammoniter-Kriegsbericht sekundär vorangesetzt worden, vgl. Hübner 1992, 173–175.

werfung beschrieben, an deren Historizität zu zweifeln kaum ein Grund besteht.

Etwa hundert Jahre später bekundet der Moabiterkönig Mescha auf einer in seiner Hauptstadt Dibon errichteten Stele, dass Israel unter den Omridenkönigen (also im zweiten Viertel des 9. Jahrhunderts) die Ebene von Madeba, das Herzstück des Landes Moab, besetzt gehalten habe. Doch nunmehr sei es ihm, Mescha, gelungen, die Israeliten wieder zu vertreiben; er erwähnt in diesem Zusammenhang den Stamm Gad, dazu die Namen mehrerer Städte, die er ‹ethnisch gesäubert› habe.[64] Vermutlich wurde dieses roll-back gegen Israel möglich, weil Jehu die Omriden gestürzt und damit Israel objektiv geschwächt hatte. Von diesem Zeitpunkt an scheint Moab durch Israel nicht mehr behelligt worden zu sein.

Für Ammon darf man eine weitgehend parallele Entwicklung annehmen. Schon Salomo dürfte die Kontrolle über dieses Nachbarland wieder verloren, die Omriden sie zurückgewonnen, Jehu sie endgültig abgegeben haben. Im Völkergedicht des Amos werden die Ammoniter und die Moabiter schwerer Kriegsverbrechen angeklagt: Die einen hätten «die Schwangeren in Gilead aufgeschlitzt», die anderen die Gebeine des Königs von Edom «zu Kalk verbrannt» (Am 1,13; 2,1). Diese Vorwürfe werden sich auf Ereignisse des früheren 8. Jahrhunderts beziehen. In der zweiten Hälfte dieses Jahrhunderts verloren die beiden Kleinstaaten – wie auch Israel und Juda – ihre Selbstständigkeit an das neuassyrische Reich. Anders als Israel, aber ähnlich wie Juda, behielten sie freilich eigene (Vasallen-)Könige, die in assyrischen Texten immer wieder erwähnt werden.

Nach dem Niedergang Assurs haben Ammon und Moab (wie Juda) vermutlich ihre Souveränität zurückerhalten, diese aber schon bald wieder an Babylon verloren. Um 600 v. Chr. erscheinen die beiden ostjordanischen Königtümer im Schlepptau der Grossmacht bei Repressalien gegen Juda (2Kön 24,2). 594 v. Chr. proben alle drei Staaten den Aufstand gegen Babylon (vgl. Jer 27,3). Dann geht zuerst Juda unter (587/86 v. Chr.); judäische Flüchtlinge fliehen noch über den Jordan (Jer 40,11; 41,10), doch sehr bald machen die Babylonier auch den Staaten Ammon

---

[64] Vgl. Galling 1968, 51–53. Erwähnt werden die Ortschaften Atarot, Nebo, Jahaz und Horonan. Atarot ist in Num 32,3.34 als gaditisch, Nebo in Num 32,3.38 als rubenitisch ausgewiesen.

und Moab den Garaus (582 v. Chr.).[65] Ihr Ende spiegelt sich in einigen prophetischen Fremdvölkerorakeln der Bibel.[66]

Die beiden Völker scheinen indes ihre Identität über die babylonische Zeit hinweg bewahrt und in der Perserzeit das ostjordanische Pendant zur entstehenden Provinz Jehud gebildet zu haben. Nehemia nennt einen Ammoniter Tobia als Gegner seines Aufbauwerks in Jerusalem (Neh 3,35; 4,1). Das Verhältnis bleibt angespannt. Die jüdische Gemeinde schliesst den Beitritt von Ammonitern oder Moabitern ausdrücklich aus (Dtn 23,4f., vgl. Neh 13,1f.). Auf privater Ebene aber gab es offenbar rege Kontakte; es wurde hinüber und herüber geheiratet, was die alttestamentlichen Autoren teils mit Unwillen (Esr 9,1; Neh 13,23), teils mit Sympathie betrachten (Rut).

4.3 Der Überschuss der Abraham-Lot-Erzählungen

Im Rückblick auf eine lange gemeinsame Geschichte erscheinen die Beziehungen zwischen Israel/Juda und Ammon/Moab wiederum als höchst ambivalent. Man hatte ähnliche und doch auch unterschiedliche Schicksale; man erlebte beides: Kooperation und Konfrontation; man mochte und man misstraute sich, man war einander nah und doch fremd. Man schrieb übrigens auch annähernd die gleiche Schrift – und hatte doch nicht die gleiche Kultur. Man hatte jeweils einen Landesgott, doch er hiess hier Jahwe und dort Milkom bzw. Kamosch.[67]

Gemessen daran sind die Schicksale Abrahams und Lots, des «Vaters» Moabs und Ammons, merkwürdig wenig ineinander verstrickt. Die Genesis führt sie zwar als relativ enge Verwandte ein – Onkel und Neffe –, doch nur wenige Verse handeln von ihrem Zusammenleben im palästinischen Bergland. Schon bald trennen sich ihre Wege, und dann werden das Geschick Abrahams und das Geschick Lots im Grunde je für sich beschrieben. Abraham ist nicht dabei, wenn Lot in Sodom in

---

[65] Siehe Flavius Josephus, Antiquitates Iudaicae X 9,7.

[66] Jer 49,1–6; Ez 25,1–7 bzw. Jer 48,1–47; 25,8–11

[67] Vgl. 1Kön 11,7. Interessanterweise bewegte sich die Religion nicht nur in Juda, sondern auch in Ammon und Moab auf den Monotheismus zu; André Lemaire konstatiert aufgrund des inschriftlichen Materials «une monolâtrie de Milkom» und «un certain monolâtrisme ou hénothéisme kamoshite en Moab à fin de l'epoque royale» (1994, 143 bzw. 144).

Schwierigkeiten und dann in eine Katastrophe gerät, er ist nicht in der Nähe, als Lot allein mit seinen Töchtern in das ostjordanische Bergland entkommt. (Umgekehrt teilt auch Lot das auf der anderen Seite des Jordans sich entfaltende Schicksal Abrahams nicht, welches im nächsten Abschnitt in den Blick zu nehmen ist.)

Die Ahnväter der ost- und der westjordanischen Völker haben und tun nicht viel gemeinsam, sie bestreiten ihr Leben unabhängig voneinander. Das markiert eine gewisse Distanz[68] – eine stärkere als in den Erzählungen von Jakob, Laban und Esau, die sehr viel gemeinsam erleben, sich dann freilich auch voneinander lösen. Die geographische und schicksalsmässige Distanz bewahrt aber auch vor scharfer Konfrontation. Man geht schiedlich-friedlich auseinander und verliert sich dann aus den Augen. Man beobachtet sich nicht argwöhnisch, man hat keine Angst voreinander, man fürchtet nicht, sich zu treffen; man lässt sich vielmehr gegenseitig in Ruhe und in Frieden.[69]

Diese Darstellung des Verhältnisses zwischen den Ahnvätern der west- und der ostjordanischen Völker ist wesentlich entspannter und friedlicher als die reale Geschichte, in der es zwar Phasen des Einvernehmens, oft aber, wie gezeigt, auch solche des Misstrauens und der gegenseitigen Schädigung gegeben hat. Insofern bleiben die Genesis-Erzählungen über der Entwicklung der realen Beziehungen zwischen den Völkern stehen wie eine stille Mahnung, sich wechselseitig gelassen wahrzunehmen und einander gewähren zu lassen. Verwandt bleibt man ja doch, und Verwandte können einander nie loswerden!

5.   Abraham, Isaak und Ismael, Israel/Juda und die Araber

Es ist erstaunlich, wie viel von dem, was in den Erzelterngeschichten von verschiedenen Autoren zu verschiedenen Zeiten niedergelegt worden ist, sich als im Sinne dieser Arbeit «ambivalent» oder «ambivalenzhaltig» beschreiben lässt. Dies gilt, wie für die Jakob-Esau-Laban- und die Abraham-Lot-Erzählungen, so auch für die Erzählungen von

---

[68]   Soll man sagen, dies sei eine Bewältigung des Ambivalenz-Problems im Sinne des Modus 3 («Atomisierung») des «Moduls der Ambivalenz»?

[69]   Dies wiederum gemahnt an den Modus 2 («Emanzipation» in beidseitigem Einvernehmen).

Abraham und seinen Söhnen, Ismael und Isaak, sowie deren Müttern, Hagar und Sara.

5.1 Ambivalenzen in den Abraham-Isaak-Ismael-Geschichten

Das Thema, das die Abraham-Überlieferungen in der Jetztgestalt massgeblich beherrscht, ist die Frage der Nachkommenschaft. Schon gleich zu Beginn erfahren wir, dass Sara, Abrahams Frau, unfruchtbar war und keine Kinder hatte (Gen 11,30). In hartem Kontrast dazu erfährt Abraham in der grundlegenden Verheissung Gen 12,1–3, Gott wolle ihn «zu einem grossen Volk machen» (12,2). In der ersten Einzelerzählung von Abrahams und Saras Aufenthalt in Ägypten (12,10–20) steht die Nachkommenfrage nicht im Vordergrund, aber noch bestimmend genug im Hintergrund: Wenn Sara im Harem des Pharao verschwindet, was wird dann aus dem «grossen Volk» Abrahams? Nun, das Abenteuer geht glimpflich aus, es folgt der erste Teil der Abraham-Lot-Erzählungen (Gen 13). Vor und nach ihrer Fortsetzung in Gen 19 findet sich eine Reihe von Texten, in denen das Thema «Nachkommenschaft» zentral ist: In der grossen Verheissungserzählung Gen 15 stehen Mehrungs- und Landzusage gleichgewichtig nebeneinander; in Gen 16 kommen die bis dahin kinderlos gebliebenen Eheleute durch Hagar, eine Sklavin Saras, zu einem Sohn namens Ismael; in Gen 17 und 18,1–15 erscheint Gott bzw. erscheinen seine Boten, um Abraham und Sara einen gemeinsamen Sohn anzukündigen; in Gen 20 geht es noch einmal, wie in 12,10–20, um eine «Gefährdung der Ahnfrau» und damit um die Möglichkeit irregulären Nachwuchses für die Ahnfamilie; in Gen 21, wird Sara von Abraham schwanger, gebiert einen Sohn, genannt Isaak – und sorgt dafür, dass Ismael samt seiner Mutter vertrieben wird; in Gen 22 schliesslich soll Abraham Isaak Gott als Opfer darbringen, erhält aber nach der Verschonung seines Kindes eine erneute Mehrungsverheissung.

Im Folgenden soll die lange Zeit so heiss diskutierte Frage nach der Quellenzugehörigkeit und dem Alter dieser Erzählungen nicht ausgiebig erörtert werden. Klar ist, dass Gen 17 zur (relativ jungen) Priesterschrift gehört. Gen 12,1–3, Gen 15 und Gen 22 sind nach neueren Erkenntnissen eher späte, theologisch hoch reflektierte Texte. Die übrigen, zumeist äusserst lebensvollen Erzählungen sind zum vor-priesterlichen Stoff zu rechnen, offenbar aber jünger als der Abraham-Lot-Sagenkranz (und die gesamte Jakob-Überlieferung). Wichtiger als solche literaturhistorischen Fragen ist für unseren Zusammenhang die nach der Zeichnung der wichtigsten Erzählcharaktere: Abraham, Sara und Gott.

Abraham gilt dem Apostel Paulus als Urbild des Glaubens, der vor Gott gerecht macht.[70] Dabei kann er sich unmittelbar auf eine Aussage der Genesis berufen: Abraham «glaubte Jhwh, und das rechnete er ihm als Gerechtigkeit an» (Gen 15,6). Freilich hat Abraham zuvor deutlich genug seine Zweifel angemeldet: Die an ihn ergangene Verheissung stehe in zu krassem Gegensatz zu seiner und Saras Kinderlosigkeit (15,1f.). Gott führt ihn dann nach draussen und fordert ihn auf, die Sterne zu zählen; so wenig wie er das könne, werde man einst seine Nachkommen zählen können (15,5). Daraufhin dann – also wiederum nur auf ein Wort Gottes hin und ohne weitere Beweise – «glaubt» Abraham. Glaube ist demnach eine aus einem Zwiespalt heraus geborene Haltung: einerseits der durch schwierige Lebenserfahrungen geweckte Zweifel, andererseits das sich Verlassen auf Gottes Zusage und Treue.[71] Man könnte auch sagen: Glaube ist die (nicht erworbene, sondern geschenkte) Fähigkeit, Ambivalenzen auszuhalten.

Diese Haltung zeigt der Erzählcharakter Abraham öfter. Ganz zu Beginn seiner Geschichte mit Gott erreicht ihn dessen Anruf: «Geh aus deinem Land und deiner Verwandtschaft und aus dem Haus deines Vaters in das Land, das ich dir zeigen werde»; dort, in der Fremde, werde er Nachkommenschaft und Segen empfangen (Gen 12,1–3). «Da ging Abram[72], wie Jhwh es ihm gesagt hatte» (12,4) – wie selbstverständlich, ohne Andeutung eines Zögerns, obwohl dies eine doch wahrhaft weit reichende Entscheidung war. Ganz ähnlich (und in bewusstem Anklang formuliert) ein späterer Anruf Gottes an Abraham: «Geh in das Land Morija und bring dort Isaak als Brandopfer dar auf einem der Berge, den ich dir sagen werde» (Gen 22,2). Auch dies ein äusserst weitreichender, ja ungeheuerlicher Befehl – und Abraham? Er «stand am andern Morgen auf und sattelte seinen Esel und nahm seine beiden Knechte und seinen

---

[70] Röm 4,1–5; Gal 3,5–9.

[71] Vgl. dazu die grundlegenden Aufsätze von Wildberger 1979 und Smend 2002, 244ff.

[72] Die verkürzte Namensform ist eine künstliche Bildung der Priesterschrift, die Abraham seinen vollen Namen erst durch Gott selber zugesprochen werden lässt: Gen 17,4f.

Sohn Isaak [...]» (22,3); wieder keine Andeutung eines Zögerns, der ganze Mann nichts als Gehorsam gegenüber Gott.[73]

Das ist die eine Seite Abrahams. Dass nach der eingangs zitierten Stelle sein «Glaube» aus Zweifeln geboren war, wurde schon gesagt. Abraham aber äussert solche Zweifel noch viel deutlicher. Als Gott persönlich sich herbeilässt, ihm nach langer Verzögerung die nun doch bevorstehende Geburt eines leiblichen Sohnes mit Sara anzukündigen, «da fiel Abraham auf sein Angesicht und lachte» (Gen 17,17a). Einen Augenblick könnte man noch denken, das Lachen sei vielleicht Ausdruck von Freude, doch der (priesterliche) Erzähler fährt unmissverständlich fort: «Er sagte sich: Können einem Hundertjährigen noch Kinder geboren werden, und kann Sara, eine Neunzigjährige, noch gebären?» (17,17b) Diese Gründe seines Lachens – und Zweifelns – behält Abraham für sich; zu Gott sagt er laut: «Wenn nur Ismael vor dir am Leben bleibt!» (17,18). Der schon so oft Enttäuschte hält sich lieber an das Greifbare, das Glaubhafte: dass ihm der Sohn, den ihm die Sklavin Hagar schon geboren hat, erhalten bleibe. Gott verurteilt Abrahams mangelnden Glauben nicht (wahrscheinlich hat er Verständnis dafür), bekräftigt vielmehr die eigene Ansage: «Nein, Sara, deine Frau, wird dir einen Sohn gebären, und du sollst ihn Isaak nennen. Und ich werde meinen Bund mit ihm aufrichten als einen ewigen Bund mit seinen Nachkommen» (17,19). Diesmal verlautet nichts mehr von einer Reaktion Abrahams; Gott wartet sie gar nicht ab: «Und als er aufgehört hatte, zu ihm zu reden, fuhr Gott auf, weg von Abraham» (17,22).

Wie in geistlichen, so ist Abraham auch in weltlichen Dingen ein ambivalenter Charakter. Als einmal Gottesboten inkognito zu ihm kommen, zeigt er sich ausserordentlich gastfreundlich gegen die Fremden (Gen 18,1–8). Dabei erfährt man anderswo, dass er von Fremden – von Ägyptern und Kanaanitern – nur das Schlimmste denkt: Sie hätten keine Moral und würden sich bedenkenlos seine schöne Sara nehmen und sich an ihm selbst vergreifen (Gen 12,12; 20,11); beide Male wird er eines Besseren belehrt. Er seinerseits ist hingegen keineswegs über alle moralischen Zweifel erhaben, kommt er doch auf die Idee, Sara als seine Schwester auszugeben, damit nur ihm nichts zuleide geschehe (was mit

---

[73] Auch hier wieder spielt, wie sich noch zeigen wird, der «Glaube» im Sinne von «Vertrauen auf Gottes Treue» eine Rolle.

seiner Frau geschieht, ist ihm offenbar weniger wichtig: 12,13; 20,2). Zwielichtig verhält er sich auch auf Saras Vorschläge bzw. Forderungen hinsichtlich Hagars und ihres Sohns Ismael. Auf Saras Aufforderung: «Geh zu meiner Sklavin[74], vielleicht bekomme ich durch sie einen Sohn», folgt die lapidare Feststellung: «Und Abram hörte auf Sarai[75]» (Gen 16,2) – vielleicht soll man(n) ja mithören: gar nicht mit Unlust! Und als Sara auf die schwangere Hagar eifersüchtig wird und sich bei ihrem Mann über sie beschwert, da antwortet dieser scheinbar korrekt, in Wahrheit aber entweder feige oder kaltherzig: «Sieh, deine Sklavin ist in deiner Hand. Mach mit ihr, was gut ist in deinen Augen» (16,6); daraufhin behandelt Sara die Schwangere so schlecht, dass diese in die Wüste flieht und dort beinahe umkommt. Und auch in der Parallelüberlieferung, nach der Sara den inzwischen geborenen Ismael samt seiner Mutter aus dem Haus gejagt haben möchte, damit er das Erbrecht ihres Isaak nicht schmälere, soll Abraham zwar «bekümmert» gewesen sein (Gen 21,11) – um am nächsten Morgen aber doch brav zu tun, was Sara verlangte; und wieder wäre Hagar samt Ismael beinahe in der Wüste verdurstet (21,14–16).[76]

Man(n) sollte allerdings nicht zu schnell bei der Hand sein mit negativen Urteilen über den vermeintlich charakterschwachen Abraham. Zwar zeigen die Erzählungen durchaus eine solche Seite an ihm, doch bieten sie auch Handhabe zu seiner Entschuldigung oder Verteidigung. Hagar *ist* ja Saras Sklavin (und nicht seine[77]). Sara *ist* seine Hauptfrau und obendrein – wie an einer Stelle, vielleicht sekundär, gesagt wird (20,12) – seine

---

[74] Das hebräische Wort für «(hinein-)gehen» hat in solchem Zusammenhang einen sexuellen Beiklang: «eingehen zu» im Sinne von «Geschlechtsverkehr haben mit».

[75] Auch «Sarai» ist ein priesterschriftlicher Kunstname, der in Gen 17,15 in den richtigen umgewandelt wird.

[76] An dieser Stelle ist ein Versuch zu erkennen, durch einen literarischen Nachtrag den Erzvater in ein nicht gar so ungünstiges Licht geraten zu lassen: Er habe Sara erst gehorcht, nachdem ihm Gott erschienen sei, Saras Wunsch ausdrücklich unterstützt und die Bewahrung Ismaels zugesichert habe (Gen 21,12f.; womöglich gehört schon V. 11 zu diesem Einschub). Vgl. die treffende Bemerkung Gunkels (1966, 229), die Verheissung an Hagar und Ismael werde «in ihrer Wirkung auf den Leser sehr abgeschwächt, wenn er schon vorher gehört hat, dass Gott dies beschlossen und sogar dem Abraham bereits mitgeteilt hat.» Ähnliche, den Erzvater mit theologischen Argumenten entlastende Texterweiterungen haben wir im Vorangehenden schon mehrfach festgestellt.

[77] Inzwischen ist sie freilich seine Nebenfrau, die seinen Schutz hätte erwarten dürfen.

*Halb*schwester. Und Abraham *ist* nicht glücklich über den Wegweisungs-bescheid gegen Hagar. Vor allem aber: Isaak *ist* der hauptsächliche Verheissungsträger (und später ja der nächste in der Reihe der Erzväter Israels) – wie sollte Abraham ihn nicht gegenüber Ismael bevorzugen? Voller geradezu schmerzhafter Ambivalenzen ist die Erzählung von der «Bindung Isaaks» (Gen 22).[78] Auf der einen Seite ist Abraham, wie vorhin festgestellt, Gott gehorsam in einem geradezu unbegreiflichen Ausmass. Er scheint tatsächlich bereit, das Leben Isaaks, seines einzigen Sohnes mit Sara und des Trägers der Verheissung Israels, auf Gottes Befehl hin auszulöschen. Warum sonst bräche er mit Opferutensilien auf, wanderte zuerst mit Sklaven, dann allein mit dem Sohn zum Berg Morija, baute dort einen Brandopferaltar, schichtete Holz darauf, bände Isaak obenauf, griffe nach dem Schlachtmesser ...?[79] Auf der anderen Seite gibt es eine Reihe gegenläufiger Textsignale, die Abraham nicht als blind gehorchenden Schlächter, sondern als fürsorglichen Vater und als zutiefst auf Gott Vertrauenden zeigen: *Er* trägt Feuer und Messer, dem Sohn gibt er das ungefährliche Brennholz zu tragen. Er gibt auf die von Isaak unterwegs plötzlich gestellte Frage, wo denn eigentlich das Opfer-tier sei, die offenbar glaubensvoll-zuversichtliche Antwort: «Gott wird sich das Lamm für das Brandopfer ersehen, mein Sohn» (22,8) – und genau das wird ja geschehen![80] Als ihn, der bereits zum Messer gegriffen hat, der Engel anruft, hält er sofort inne und antwortet: «Hier bin ich» – so als hätte er nur auf den Abbruch des Versuchs gewartet. In der Tat wird gleich im eröffnenden Satz der Erzählung das Ganze als «Versuch» deklariert («Gott stellte Abraham auf die Probe»: 22,1); das wird zwar nur

---

[78] Über dieses Kapitel ist so viel nachgedacht und geschrieben worden wie über kaum ein anderes der Bibel; hier möge der Hinweis auf ein paar besonders ge-wichtige Beiträge genügen: von Rad 1971, Zuidema 1987, Schmid 2004, Veijola 2007.

[79] Die altjüdischen Ausleger verstärken diesen Zug noch ins geradezu Unheimli-che; vgl. bei Veijola 2007, 91–93.

[80] Man könnte den Satz syntaktisch aber auch anders lesen: «Gott wird sich das Lamm für das Brandopfer ersehen – nämlich dich, meinen Sohn». Die For-mulierung ist also zweideutig. Zuweilen wird auch erwogen, es handle sich um eine Notlüge: eine in dieser Situation ja doch verzeihliche, weil sie das Gemüt Isaaks schont.

105

den Lesenden mitgeteilt, nicht Abraham selbst, doch dieser scheint es von sich aus geahnt zu haben.[81]

Die Erzählfigur *Saras* ist ebenso ambivalent wie die ihres Gatten. Sie trägt ja alles mit, was er tut: nach Kanaan aufbrechen, nach Ägypten weiterziehen, sich als Schwester Abrahams ausgeben, den Kinderwunsch zuerst über Hagar zu erfüllen suchen, dann über die direkt ihr geltende Sohnesverheissung lachen.[82] In der gegenüber Gen 17 älteren Erzählung Gen 18,1–15 lacht nämlich auf die Ankündigung ihrer Schwangerschaft hin nicht Abraham (so 17,17), sondern Sara (18,12), und zwar leise und verborgen hinter einer Zeltwand – doch der geheimnisvolle Fremde[83] nimmt es gleichwohl wahr. Er fragt nicht sie, sondern Abraham: «Warum lacht Sara und sagt: Sollte ich wirklich noch gebären können?» (18,13) Anstelle Abrahams antwortet, tief erschrocken, die ertappte Sara: «Ich habe nicht gelacht». «Doch», beharrt der andere, «du hast gelacht» (18,15). Sara glaubt also nicht nur der Verheissung nicht, sie nimmt es dann auch mit der Wahrheit nicht so genau. Doch wer will es ihr verdenken? Der Fremde jedenfalls nicht; er wiederholt die Ankündigung und stellt dazu die rhetorische Frage, ob für Jhwh irgendetwas «zu wunderbar» sei (18,14).

Besonders fragwürdig ist Saras Verhalten gegenüber Hagar. Einmal heisst es, sie habe die Schwangere derart behandelt, dass diese in die Wüste floh (Gen 16,5f.) – nach dem Motto: lieber tot als einer solchen Herrin untertan! Das andere Mal besteht sie darauf, dass Abraham Hagar samt Ismael davon schickt – ohne Rücksicht auf das Schicksal, das beiden in der Wüste droht (Gen 21,10). So hart und wenig sympathisch die Erzähler Sara hier zeigen: sie geben doch zu erkennen, aus welchen Motiven heraus sie so gehandelt hat. Das eine Mal wird sie von Hagar provoziert, die sich, stolz auf ihre Fruchtbarkeit, über ihre kinderlose Herrin

---

[81] Oder er entnahm es der Formulierung des göttlichen Befehls, die so sehr an den grossen Aufbruchsbefehl von 12,1 erinnert.

[82] Die häufige Verwendung dieses Wortes hat seinen Grund darin, dass das hebräische Verb für «lachen» anklingt an den Namen Isaak. Auch um dieses Wortspiel geht es, wenn Sara wie auch Abraham bei der Ankündigung der Geburt Isaaks «lachen».

[83] Bekanntlich schillert der Besuch Abrahams zwischen Dreizahl und Einzahl. Zuerst kommen drei Engel bzw. Boten, dann redet plötzlich Jhwh. Die überlieferungsgeschichtlich bedingte Ungereimtheit hat zu tiefsinnigsten Erwägungen über das Wesen Gottes – bis hin zu seiner trinitarischen Seinsweise – Anlass gegeben.

erhebt (16,4): ein klarer Verstoss gegen die (damaligen) gesellschaftlichen Normen und eine persönliche Kränkung dazu.[84] Beim zweiten Mal sind längst die grossen Verheissungen zugunsten Isaaks und seiner Nachkommenschaft ergangen, sodass es dessen Mutter (und mit ihr das spätere Israel!) tatsächlich stören kann, wenn von Isaaks «Erbe» etwas für seinen Halbbruder Ismael (und die Araber!) abginge (21,9f.).[85] Saras Beweggründe sind also nicht so niedrig und selbstbezogen, wie es auf den ersten Blick erscheinen mag.

Besonders irritierend sind die ambivalenten Züge im *Gottesbild* unserer Geschichten. Wie kann Gott, nachdem in Gen 11,30 gerade Saras Unfruchtbarkeit festgestellt ist, in seinem Aufbruchsbefehl an Abraham ohne jede Erläuterung davon reden, er wolle ihn zu einem «grossen Volk» machen? Abraham fragt nicht zurück, er bricht einfach auf. Sollte Gott (die Erzählfigur, wohl gemerkt) damit gerechnet haben, dass einer, der mit seiner Situation nicht zufrieden ist, leichter aufbricht als einer, der alles hat (z. B. Kinder)? Die Spannung, in die Gott den Abraham versetzt – zwischen enttäuschender Vergangenheit und erhoffter Zukunft, zwischen resignierter Hinnahme der bisherigen Realität und glaubensvoller Suche nach einer neuen – kann sich nur auf einer neuen, höheren Ebene auflösen. Ob und wie das gelingt, erwarten die Lesenden gespannt.

In der Folge der Abraham-Erzählungen gibt Gott der Flamme der Hoffnung durch Nachkommenverheissungen immer neue Nahrung.[86] Auf der anderen Seite unterlässt er genau das, was zur Einlösung der Verheissung unbedingt nötig wäre: Er verhilft Sara zu keinem Kind. Die fruchtbaren Jahre verstreichen, die Eheleute werden alt und welk. Wenn man den Ausgang kennt, ist das eine kaum zu begreifende Taktik des Hinhaltens. Oder sollte es ein starker Hinweis darauf sein, dass die wirklich grossen Dinge im Leben immer Wunder sind – und nicht von selbst

---

[84] Eine ganz ähnliche Konstellation wird in 1Sam 1 beschrieben: Elkanas kinderreiche Zweitfrau Peninna kränkt die kinderlose Erstfrau Hanna. Freilich reagiert Hanna anders als Sara nicht mit Härte gegen ihre Widersacherin (vermutlich hatte sie gar nicht die rechtliche Möglichkeit dazu). Am Ende hat Hanna genau wie Sara einen eigenen Sohn.

[85] Dieses Motiv erinnert an den Streit über das Erstgeburtsrecht zwischen Esau und Jakob, siehe oben Abschnitt 2.

[86] Gen 13,16; 15,4f.18; 17,6.15f; 18,9.14.

und auch nicht deswegen geschehen, weil Menschen es unbedingt wollen?

Gott lässt zu, dass das verzweifelte Ehepaar auf den verwegenen Gedanken einer Art Leihmutterschaft verfällt; es hat damit vordergründig sogar Erfolg, verfehlt so aber das von Gott angesteuerte Ziel. Ismael bekommt seinen Segen: schon vor und auch nach seiner Geburt (16,11f.; 21,13.18). Gott ist gegenüber einem Nachkommen Abrahams nicht kleinlich. Doch der eigentliche Segensträger ist ein anderer, über dessen Zur-Welt-Kommen nicht Abraham und Sara und Hagar, sondern Gott ganz allein entscheidet. Dieser Gott – so wird es eine moderne Leserschaft empfinden – hat etwas Selbstherrlich-Herrisches. Bibeltheologisch gesprochen haben die Erzelternerzählungen Teil am theokratischen Glauben Israels: Israel kann nur entstehen und bestehen, wenn Gott es will, und es entsteht und besteht nur, weil er es will.

Geradezu erschreckend ambivalent ist das Gottesbild der Erzählung von «Isaaks Bindung» (Gen 22). Gleich der erste Satz, der auf die Lesenden etwas entlastend wirkt, belastet in gewisser Weise Gott: Er «stellte Abraham auf die Probe», testete, versuchte ihn.[87] Natürlich fragt man sich: Warum? Hat Gott derlei nötig? Darf er so umgehen mit seinen Erwählten? Gottes Auftrag an Abraham ist unfassbar: Den so lange verheissenen und erwarteten Isaak fordert Gott zurück – nicht durch ein tragisches Unglück oder durch die Schuld von Menschen, sondern von der Hand des eigenen Vaters, der ihn schlachten und als Brandopfer aufsteigen lassen soll. In diesem surrealen Befehl sind alle schrecklichen Menschenverluste versammelt, die Israel erlitten hat und die es nicht irgendwelchen Menschen oder Mächten anlasten, sondern als von Gott gefordert begreifen wollte. Denn nichts und niemand durfte die Macht haben, sich solches herauszunehmen, als einzig der Gott, den Israel seit alters kannte und dem es traute. Isaak steht für die Geopferten Israels, Abraham für die, die das Furchtbare geschehen lassen oder sich gar noch daran beteiligen müssen – und die Behauptung, hinter der Idee des Auslöschens stehe dessen eigener Gott, steht für den verzweifelten Glauben, dass solche Opfer nicht sinnlos, sondern in einem letztlich guten Willen aufgehoben sind. In dieser Geschichte wagt der Gottesglaube Israels Ungeheures: Gott in der Maske eines Versuchers und eines auf Menschenopfer begierigen Molochs anzusehen – um dann zu schil-

---

[87] Diese Bedeutungsbreite hat das hier verwendete hebräische Verb *nsh*.

dern, wie die Maske fällt und Gott seine Erwählten «ansieht»[88] und dem Wahnsinn Einhalt gebietet. Aus der Polarität von Töten und Retten erwächst das Bild eines Gottes, der weder jederzeit «lieb» ist noch gegenüber dem Leid der Welt ohnmächtig; vielmehr erscheint er als der im Leid Wirkende und es dann Überwindende. In dieser Erzählung wird die Theodizeefrage in ungeahnter Schärfe gestellt und mit der These vom ambivalenten Erscheinungsbild Gottes beantwortet – bzw. *nicht* beantwortet; denn die Spannungen im Gottesbild und die schreienden Widersprüche in der Welterfahrung lassen sich nicht glätten, sondern müssen ausgehalten werden, bis sie auf einer neuen Ebene zu (vorübergehendem) Stillstand finden. Gott erklärt dem Abraham vom Himmel herab: «Nun weiss ich, dass du gottesfürchtig bist» (Gen 22,12), und dann erneuert er die Verheissung des Segens und der unzählbaren Nachkommenschaft – und begründet sie mit dem bedeutungsvollen Nachsatz: «weil du auf meine Stimme gehört hast» (22,18).[89] Abraham hat sich bei Gott ein Verdienst erworben, für das Gott sich ihm und seinen Nachkommen[90] allezeit erkenntlich zeigen will.

5.2 Die wechselvollen Beziehungen zwischen Juden und Arabern in der Geschichte

Bis jetzt sind wir mit den Jakob-Laban-Esau- und den Abraham-Lot-Geschichten gewissermassen auf die fixen Nachbarn Israels und Judas im Osten (bzw. auf deren Ahnen) getroffen: Aram, Ammon, Moab und Edom. Ihnen war Israel/Juda durch einen gemeinsamen kulturellen Hintergrund und durch eine lange gemeinsame Geschichte verbunden. Mit den Abraham-Isaak-Ismael-Geschichten kommen unstetere Nachbarn in den Blick: die arabischen Stämme, die sich an den östlichen (und südlichen) Rändern des Kulturlandes aufhielten und viel stärker als die zuvor erwähnten Völker eine nomadische Lebensweise pflegten. Zwar

---

[88] Begriffe aus dem Wortfeld «sehen» (hebr. *r'h*) haben in dieser Erzählung Leitwortfunktion.

[89] Die Väterverheissungen enthalten von der «Bindung Isaaks» an wiederholt das Element, dass sie um des Gehorsams und der Opferbereitschaft Abrahams willen ergangen seien, vgl. nach Gen 22,15–19 dann 26,2–5 und 26,24.

[90] Nach eigener Auffassung gehören nicht nur die Juden, sondern auch die Christen und die Muslime zu den Nachkommen Abrahams!

waren die Kleinviehzucht und das damit verbundene, oft seminomadische Hirtentum immer auch ein Element in den Gesellschaften und der Wirtschaft Israels/Judas und seiner unmittelbaren Nachbarn – je weiter nach Süden, desto ausgeprägter –, doch waren diese Völker weit überwiegend fest ansässig; das Rückgrat ihrer Wirtschaft war der Ackerbau, genauer: der Regenlandbau. Die Regenfälle vom Mittelmeer her reichten in der Regel aus, um einer bäuerlichen Bevölkerung ein hinreichendes Auskommen zu bieten. Demgegenüber agierten die Araber allenfalls als Ziehbauern, hauptsächlich aber als Nomaden, die mit Herden oder Karawanen auch grössere aride Zonen zu überwinden verstanden.

Der erste Stammesverband dieser Art, mit dem Israel es zu tun bekam, waren die *Midianiter*.[91] Eine midianitische Karawane soll es gewesen sein, die Josef, nachdem er von seinen Brüdern in eine Zisterne geworfen worden war, aus seinem Verlies herausholten, nach Ägypten mitnahmen und dort verkauften.[92] Bei den Midianitern hat laut der biblischen Darstellung Mose, als er aus Ägypten in den Sinai floh, nicht nur Aufnahme, sondern auch Beschäftigung, seine Frau und – den Gott Jhwh gefunden.[93] Im Richterbuch werden unliebsamere Begegnungen mit den Midianitern erzählt: Als Kamelnomaden seien sie jeweils zur Erntezeit in Israel eingefallen und hätten die Vorräte der Bauern geplündert; Gideon, ein Angehöriger des Stammes Manasse, habe die Räuber nach einem solchen Beutezug einmal gestellt und ihnen eine vernichtende Niederlage beigebracht.[94] Laut einer Notiz über König Salomo soll sich ein edomitischer Prinz mit Hilfe der Midianiter (und der Ägypter) der Kontrolle Jerusalems entzogen und selbstständig gemacht haben.[95] Dies alles sind Nachrichten aus der Frühzeit Israels. Danach verschwinden die Midianiter aus den Texten wie aus der Geschichte. Anscheinend hat sich dieser Stammesverband schon früh im

---

[91] Vgl. Knauf 1988.

[92] Gen 37,28.36. Eine zweite Erzähllinie setzt an die Stelle der midianitischen eine ismaelitische Karawane, doch dazu später.

[93] Ex 2f. Die sog. Midianiter-Hypothese, nach der die Jhwh-Verehrung tatsächlich über diesen Weg nach Israel gekommen ist, hat nach wie vor einiges für sich, vgl. W. H. Schmidt 1983, 110–113.

[94] Ri 6f. Der Sieg ist allerdings nicht als Feldschlacht beschrieben – zu einer solchen stellten sich Beduinen auch nicht gern –, sondern als nächtlicher Überfall auf ein Midianiterlager, der die Räuber in Panik geraten und sich gegenseitig erschlagen liess (Ri 7,16–22).

[95] 1Kön 11,18(–22).

1. Jahrtausend v. Chr. aufgelöst oder ist in anderen Verbänden aufgegangen.

Neben den Midianitern tauchen in Texten über die Frühgeschichte Israels immer wieder die *Amalekiter* auf: und sie niemals als Verbündete, sondern immer als gefährliche Gegner.[96] Die erste Begegnung mit ihnen soll gleich nach der Durchquerung des Schilfmeers stattgefunden haben, bei der sie nur knapp daran gehindert werden konnten, Israel auszurotten[97]; als Abschluss der Erzählung darüber wird eine Art Fluchspruch zitiert, der ewige Feindschaft mit diesem Nomadenstamm signalisiert: «Krieg hat Jhwh mit Amalek von Generation zu Generation» (Ex 17,16).[98] Nach ein paar beiläufigen Erwähnungen Amaleks im Richterbuch[99] folgen in den Samuelbüchern grössere Erzählungen, die allesamt wieder von Konflikten mit Amalekitern handeln: Saul soll einen Bannkrieg gegen sie führen, tut das aber nicht in der verlangten ultraradikalen Weise.[100] David muss erleben, dass eine Amalekiterhorde in seiner Abwesenheit die ihm unterstellte Stadt Ziklag überfällt, plündert und Frauen und Kinder mit sich schleppt; es gelingt ihm, die Räuber in der Wüste zu stellen, sie aufzureiben und ihnen alle erbeuteten Menschen und Güter wieder abzujagen.[101] Wenig später ist es ausgerechnet ein Amalekiter, der David meldet, er habe dem verwundeten König Saul den Gnadenstoss gegeben – und der dafür mit dem Leben bezahlt.[102] Von Saul wie von David gibt es ausser diesen ausgeführten Erzählungen knappe Notizen

---

[96] Vgl. dazu die gründliche Untersuchung aller einschlägigen Texte durch Tanner 2005, der freilich die Nachrichten über Konflikte zwischen Amalek und Israel für gänzlich fiktiv und unhistorisch hält – doch wohl zu Unrecht.

[97] Ex 17,8–16.

[98] Ein Echo dessen findet sich in Dtn 25,17–19 und in 1Sam 15,2.

[99] Ri 3,13; 5,14; 6,3.33; 7,12; 10,12; 12,15. Unabhängig davon, wie alt diese Erwähnungen literarhistorisch sind: Das ganze Richterbuch handelt ja von der vorstaatlichen Geschichte Israels.

[100] 1Sam 15. Oft wird die gesamte Erzählung für jung und rein fiktiv gehalten (z. B. Donner 1994), doch könnte ihr Kern ein relativ alter Kriegsbericht in den Versen 4–9 sein.

[101] 1Sam 30. Die Erzählung ist jetzt so platziert, dass David – zu jener Zeit Philistervasall! (1Sam 29) – vom Gebirge Gilboa im nördlichen Israel, auf dem Saul gegen die Philister fällt (1Sam 31), möglichst weit entfernt, nämlich tief im südlichen Negev, ist. Doch abgesehen von dieser gezielten redaktionellen Einordnung besteht kaum ein Grund zu Zweifeln an der Historizität des Berichteten.

[102] 2Sam 1.

über kriegerische Auseinandersetzungen mit den Amalekitern.[103] In den Texten über die spätere Geschichte Israels erlischt die Spur auch dieses Verbandes.[104]

Umso nachdrücklicher tritt ab der spätköniglichen Zeit ein anderer proto-arabischer Beduinenstamm in Erscheinung: die *Ismaeliter*[105] – und damit sind wir bei den Ismael-Erzählungen der Genesis (die damit zugleich als literarisch eher jung erkannt sind). Es scheint, als habe dieser Verband die älteren der Midianiter und der Amalekiter abgelöst; denn für mehrere Verbände gleichzeitig bot der Wüstenrand Palästinas nicht genügend Ressourcen. Der Ablösungsprozess lässt sich noch gut an der Josefsgeschichte ablesen: in einer älteren Version wird Josef von Midianitern nach Ägypten gebracht[106], in einer jüngeren dagegen von Ismaelitern[107]; anscheinend wusste man in späterer Zeit mit dem Namen «Midian» kaum mehr etwas Konkretes anzufangen; die Beduinen, die jetzt die Wüstenwege von Arabien nach Ägypten kontrollierten, hiessen eben «Ismael». Die Ismaeliter scheinen eine relativ wichtige Rolle in der beginnenden Exilszeit Judas gespielt zu haben. Laut Nachrichten aus dem Königs- und dem Jeremiabuch war es ein Ismaeliter namens Netanja (ein Jhwh-haltiger Name übrigens!), der den zaghaften Neuaufbau einer judäischen Gemeinschaft unter dem von Babylon eingesetzten Statthalter Gedalja durch dessen Ermordung zunichte machte.[108] Darauf folgte im Jahr 582 v. Chr. eine babylonische Strafexpedition, die nicht nur Juda, sondern gleich auch seine ostjordanischen Nachbarn Ammon und Moab traf.[109] Damit stand zumindest der Osten Palästinas arabisch-stämmigen Eindringlingen und Einwanderern weit offen. Den von

---

[103] 1Sam 14,48; 2Sam 8,12.

[104] Freilich wird sie noch einmal im Esterbuch sichtbar – einer Erzählung aus hellenistischer Zeit, in der ein gewisser Haman, der als eingeschworener Judenfeind erscheint, «der Agagiter» genannt wird (Est 3,1; 8,3.5; 9,24). Agag ist der Name des Amalekiterkönigs, den Saul laut 1Sam 15,8 zu töten versäumt hatte. Haman zu seinem Nachkommen machen, ist ein gezielter literarischer Kunstgriff.

[105] Vgl. Knauf 1989.

[106] Dieses schlichte Faktum widerrät einer pauschalen Spätdatierung der gesamten Josefsgeschichte, wie sie etwa von Lux (2001) vertreten wird.

[107] Gen 37,25–27; 39,1. Vgl. zur Separierung der beiden literarischen Schichten Dietrich / Mayordomo 2005, 227–231.

[108] 2Kön 25,25f.; Jer 41,1–15.

[109] Vgl. Jer 52; Flavius Josephus, Antiquitates Iudaicae X 9,7.

Babylon ebenfalls geschwächten Edomitern machten die Neuankömmlinge derart zu schaffen, dass sie sich westwärts wandten, in den nicht mehr geschützten und teilweise entvölkerten Süden des ehemaligen Königreichs Juda. Zu den Ismaeliten gesellten sich zunehmend die Kedarener[110], die ihrerseits wieder abgelöst wurden durch die Nabatäer. Das Nabatäerreich umfasste die gesamte östliche Levante von Petra bis Palmyra und wurde sogar von Rom als ernst zu nehmender Partner respektiert – während Judäa lediglich ein kleines Protektorat im riesigen römischen Provinzialsystem war.

Auch die Geschichte des Verhältnisses zwischen Israel/Juda und den (Proto-)Arabern ist also äusserst wechselhaft und lässt sich, aufs Ganze gesehen, als ambivalent interpretieren. Analoges gilt für die spätere Geschichte der arabischen Stämme, Völker und Nationen, bis hin zum heutigen Arabertum, und deren Verhältnis zu anderen Kulturen und Religionen, speziell auch der jüdischen (und christlichen); doch ist dies hier nicht weiter zu verhandeln.

5.3 Der bleibende Überschuss der Abraham-Isaak-Ismael-Erzählungen

Die vorstehenden Erwägungen lassen die Dimensionen ahnen, die sich hinter der Schilderung des Verhältnisses zwischen den Abrahamsöhnen Isaak und Ismael in der Genesis auftun. Es steht darin nicht weniger zur Debatte als das Verhältnis Israels/Judas zu den Arabern. Auch sie gelten der Bibel als Verwandte, allerdings «nur» im Status des Halbbruders.

Auf der einen Seite ist die Trennung zwischen Isaak und Ismael einschneidender und schmerzhafter als vergleichbare Trennungsgeschichten in den Erzelternerzählungen. Von Hagar und Ismael löst man sich nicht in gegenseitigem Einvernehmen, man hat keine vertraglich geregelten Kontakte mehr zu ihnen; sie werden vertrieben, in die Wüste geschickt.[111] Zu verschieden ist die eigene Lebensweise von der ihren, als dass es zu tragfähigen Kooperationen kommen könnte. Bezeichnend

---

[110] Distanzierte bis ablehnende Voten zu Kedar finden sich in Jes 21,16f.; 60,7; Jer 49,28; Ez 27,21; Ps 120,5, freundlichere Äusserungen in Jes 42,11; Jer 2,10; Ez 27,21; Hld 1,5.

[111] Man kommt kaum umhin, hier vom Modus 3 («Atomisierung») im Modul der Ambivalenz zu sprechen.

genug ist in dieser Hinsicht das Segenswort für den noch nicht geborenen Ismael, gesprochen von einem Gottesboten an einem Brunnen in der Wüste: «Ein Wildesel von einem Menschen wird er sein, seine Hand gegen alle und aller Hand gegen ihn, und allen seinen Brüdern setzt er sich vor die Nase» (Gen 16,12). Diese Beschreibung der Steppennomaden im Gegenüber zu den Kulturlandbewohnern atmet Respekt, aber keine Liebe. Es ist, als vernähme man hier eine leise Warnung gegen gut gemeinte Versuche, über tiefe kulturelle Gräben hinweg rasch Brücken schlagen zu wollen.

Auf der anderen Seite geben die Urahnen des biblischen Israel nirgends ein so fragwürdiges, ja schlechtes Bild ab wie in der Schilderung ihres Verhaltens gegen Hagar und Ismael.[112] Liest man Gen 16 und 21 unbefangen, werden die Sympathien eher bei den ohne zwingenden Grund Vertriebenen und beinah elend zugrunde Gegangenen liegen als bei denen, die sie ohne Rücksicht auf Verluste und nicht aus besonders edlen Motiven loswerden wollten. Über der Trennung Israels von den Arabern, so wie sie sich in der Genesis spiegelt, liegt ein schwerer Hauch von Tragik, was die Gegenseite, und von Schuld, was die eigene Seite betrifft. Mit einem Seitenblick auf die heutige Lage könnte man dies fast als prophetisch bezeichnen.

---

[112] Es ist, als würde damit das Verhalten nach dem Modus 3 kritisiert und für einen Wechsel zu Modus 2 («Solidarität») geworben.

Die südliche Levante gemäss Gen 12–36 (Karte von Stefan Münger)

6. Ausblick

Der literarische Durchgang durch die Erzelterngeschichten und der historische Durchgang durch die Geschichte Israels mit denjenigen Nachbarn, die in diesen Erzählungen auftauchen, hat ein vielschichtiges Geflecht von Ambivalenzen zutage gefördert. Zwischen den Erzählfiguren der Genesis gibt es mannigfache Spannungen, Interessengegensätze, Anfeindungen, Konflikte – aber auch Konfliktlösungen und Versöhnungen. Da werden glaubhaft innerfamiliäre Ambivalenzen gezeichnet: zwischen Eheleuten, Eltern und Kindern, Geschwistern usw. Das Besondere und (wie es im Voranstehenden gelegentlich genannt wurde) «Paradigmatische» dieser Darstellung ist, dass es *nicht* zu einem völligen Scheitern der Beziehungen, insbesondere nicht zu wirklichen Gewaltausbrüchen, kommt. So belastet die einzelnen Figuren und ihre Verhältnisse untereinander sind: Immer wieder eröffnen sich Zukunftsoptionen, Möglichkeiten eines geordneten und sogar fruchtbaren Zusammenlebens.

Das ist in der Geschichte der aus jener Urfamilie hervorgegangenen Völker nicht unbedingt so. Die Spannungen und Konflikte sind hier natürlich eher noch zahlreicher (und die Quellen bieten uns ja nur ausschnittweise Einblick in die tatsächlichen Vorgänge); manchmal liessen sie sich schiedlich-friedlich regeln, doch immer wieder mündeten sie auch in Feindschaft und blutige Auseinandersetzungen. Es ist anzunehmen, dass die Erzähler der Erzelterngeschichten diese oftmals traurige Realität sehr wohl kannten und ihr eine Gegenwelt entgegenzusetzen versuchten. Die Differenzen zwischen erzählter und erlebter Wirklichkeit setzen einen Überschuss aus sich heraus, der dazu anregt, immer neu nach Möglichkeiten eines sozial-kreativen Umgangs mit ambivalenten Erfahrungen zu fragen.

Die Erzelterngeschichten der Genesis sind keineswegs der einzige literarische Komplex der Hebräischen Bibel, an dem sich derlei aufweisen lässt. Es gibt zahlreiche andere Textbereiche, in denen sich Ambivalenzerfahrungen und ihre Bearbeitung spiegeln. (Weiter unten, in Kapitel IV 7.1, werden einschlägige Perspektiven knapp entfaltet.) Ja, eigentlich möchte man fast fragen, ob es in der Bibel überhaupt völlig «ambivalenzfreie» Bereiche gibt. Sofern das Ambivalente zur Grundkonstitution des Menschseins und menschlichen Erlebens und Zusammenlebens gehört, und sofern die Bibel ein Grundbuch menschheitlicher Erfahrung und

116

Lebensbewältigung ist, verwundert es eigentlich nicht, dass sich mit dem «Konzept der Ambivalenz» wohl sehr viele ihrer Schriften erschliessen lassen.

Nun ist die Bibel aber zugleich das religiöse Grundbuch zweier, in gewisser Weise sogar dreier Weltreligionen. Seite um Seite zeichnet die Bibel Bilder von Gott, vom Verhältnis Gottes zu den Menschen, von zwischenmenschlichen Verhältnissen *coram deo*, d. h. in Verantwortung vor Gott. Sind die biblischen Schilderungen menschlicher Beziehungen ambivalenz-gesättigt, so muss diese Eigenheit auf die Schilderungen des Gott-Mensch-Verhältnisses und sogar Gottes selbst Auswirkungen haben. Es ist die Präsenz Gottes in den biblischen Texten, die dem Thema «Ambivalenz in der Bibel» eine ganz besondere Note gibt. Gott ist in die Ambivalenzen verstrickt, er ist ihnen aber zugleich enthoben; er gerät in menschliche Konflikte mitten hinein, er birgt aber ein über menschliche Möglichkeiten hinausgehendes Potential zur Lösung von Konflikten. *Coram deo* bekommen menschliche Ambivalenzerfahrungen ein anderes Gesicht. In den Gottesbildern der Bibel liegen Überschüsse, die menschliche Erfahrung und Kraft transzendieren und Auswege auch dort finden lassen, wo keine zu sein scheinen. Insofern lässt sich die dem «Konzept der Ambivalenz» innewohnende *Dynamik* als eine im eigentlichen Sinn *theologische* Dimension beschreiben: Gott bzw. der Gottesglaube setzt Kreativität und Kräfte frei, um aus zunächst unentrinnbar scheinendem Hin und Her hinauszufinden und neue Wege zu beschreiten: im Leben einzelner wie im Zusammenleben von Gruppen und Völkern.

Literatur[113]

Kommentare

Boecker, Hans Jochen, 1. Mose 25,12–37,1. Isaak und Jakob, Zürich 1992 (ZBK AT 1/3).

Brueggemann, Walter, Genesis, Atlanta/GA 1982 (Interpretation).

Gunkel, Hermann, Genesis, Göttingen ⁷1966 (HAT I/1).

---

[113] Abkürzungen nach Siegfried M. Schwertner, Theologische Realenzyklopädie, Abkürzungsverzeichnis, 2. erw. Aufl., Berlin/New York 1994.

Jacob, Benno, Das erste Buch der Tora. Genesis, Berlin 1934.

Macchi, Jean-Daniel / Römer, Thomas (éds.), Jacob. Commentaire à plusieurs voix de Gen. 25–36. FS Albert de Pury, Genève 2001 (La Monde de la Bible 44).

von Rad, Gerhard, Das erste Buch Mose. Genesis, Göttingen [7]1964 (ATD 2/4).

Seebass, Horst, Vätergeschichte I (11,27–22,24); II (23,1–36,43), Neukirchen-Vluyn 1997; 1999.

Westermann, Claus, Genesis, Bd. 2, Neukirchen-Vluyn 1981 (BK I/2).

Zimmerli, Walther, 1. Mose 12–25. Abraham, Zürich 1976 (ZBK AT 1/2).

Einzeluntersuchungen

Alt, Albrecht, Der Gott der Väter (1929 =): Alt, Albrecht, Kleine Schriften zur Geschichte des Volkes Israel, München [3]1963, 1–78.

Bartlett, J. R. / Macdonald, B., Art. Edom: ABD 2 (1992), 287–301.

Biran, Avraham / Naveh, Joseph, An Aramaic Stele Fragment from Tel Dan: IEJ 43 (1993) 81–98.

Biran, Avraham / Naveh, Joseph, The Tel Dan Inscription: A New Fragment: IEJ 45 (1995) 1–18.

Blum, Erhard, Die Komposition der Vätergeschichte, Neukirchen-Vluyn 1984 (WMANT 57).

Butterweck, Annelise, Die Begegnung zwischen Esau und Jakob im Spiegel rabbinischer Ausdeutungen: BN 116 (2003) 15–27.

Crüsemann, Frank, Abraham und die Bewohner des Landes. Beobachtungen zum kanonischen Abrahambild: Crüsemann, Kanon und Sozialgeschichte, Gütersloh 2006, 66–79.

Crüsemann, Frank, Herrschaft, Schuld und Versöhnung. Der Beitrag der Jakobgeschichte der Genesis zur politischen Ethik: Crüsemann, Kanon und Sozialgeschichte, Gütersloh 2006, 80–87.

Dicou, Bert, Edom, Israel's Brother and Antagonist, Sheffield 1994 (JSOTS 169).

Dietrich, Walter, Jesaja und die Politik, München 1976 (BEvTh 74).

Dietrich, Walter, Art. Edom: RGG[4] II (1999), 1062f.

Dietrich, Walter, Jakobs Kampf am Jabbok (Gen 32,23–32): Dietrich, Theopolitik. Studien zur Theologie und Ethik des Alten Testaments, Neukirchen-Vluyn 2002a, 173–183.

Dietrich, Walter, Von David zu den Deuteronomisten. Studien zu den Geschichts-überlieferungen des Alten Testaments, 2002b (BWANT 156); darin die Beiträge:

- Der Name «David» und seine inschriftliche Bezeugung: 74–87.

- Die David-Abraham-Typologie im Alten Testament: 88–99.

- Jehus Kampf gegen den Baal von Samaria: 164–180.

- Prophetie im deuteronomistischen Geschichtswerk: 236–251.

Dietrich, Walter, Jakob und der Segen. Eine Text- und Bildpredigt: «Spannweite». Festschrift Hans Klein, Bukarest 2005, 20–29.

Dietrich, Walter, David, Amnon und Abschalom (2Sam 13). Literarische, textliche und historische Erwägungen zu den ambivalenten Beziehungen eines Vaters zu seinen Söhnen: A. Rofé / M. Segal / Z. Talshir / S. Talmon (Hg.), Text Criticism and Beyond. In memoriam of Isac Leo Seeligmann. Textus 23 (Jerusalem 2007), 115–143.

Dietrich, Walter / Mayordomo, Moisés, Gewalt und Gewaltüberwindung in der Bibel, Zürich 2005.

Donner, Herbert, Die Verwerfung des Königs Saul: Donner, Herbert, Aufsätze zum Alten Testament, Berlin 1994 (BZAW 224), 133–164.

Dubach, Manuel, Trunkenheit im Alten Testament, Begrifflichkeit – Zeugnisse – Wertung, Stuttgart 2009 (BWANT 184).

Edelman, Diana Vikander (Hg.), You Shall not Abhor an Edomite for He Is Your Brother, 1995.

von Erffa, Hans Martin, Ikonologie der Genesis. Die christlichen Bildthemen aus dem Alten Testament und ihre Quellen, Bd. 2, Berlin 1995.

Ernst, Stephanie, Ahas, König von Juda. Ein Beitrag zur Literatur und Geschichte des Alten Israel, St. Ottilien 2006 (ATSAT 80).

Fischer, Irmtraud, Die Erzeltern Israels. Feministisch-theologische Studien zu Gen 12–36, Berlin 1994 (BZAW 222).

Galling, Kurt (Hg.), Textbuch zur Geschichte Israels, Tübingen ²1964.

Görg, Manfred (Hg.), Die Väter Israels. Beiträge zur Theologie der Patriarchen-überlieferungen im Alten Testament. FS Josef Scharbert, Stuttgart 1989

Heither, Theresia / Reemts, Christiana, Schriftauslegung. Die Patriarchenerzäh-lungen bei den Kirchenvätern, Stuttgart 1999 (NSK.AT 33/2).

Herr, Larry G., The Iron Age II Period. Emerging Nations: BA 60 (1997) 114–183.

Hübner, Ulrich, Die Ammoniter. Untersuchungen zur Geschichte, Kultur und Religion eines transjordanischen Volkes im 1. Jahrtausend v. Chr., Wiesbaden 1993 (ADPV 16).

Jepsen, Alfred, Nabi. Soziologische Studien zur alttestamentlichen Literatur und Religionsgeschichte, München 1934.

Klein, Renate, Leseprozess als Bedeutungswandel. Eine rezeptionsästhetische Erzähltextanalyse der Jakobserzählungen im Buch Genesis, Leipzig 2002 (ABG 11).

Klein, Renate, Jakob. Wie Gott auf krummen Linien gerade schreibt, Leipzig 2007 (Biblische Gestalten 17).

Knauf, Ernst Axel, Midian. Untersuchungen zur Geschichte Palästinas und Nordarabiens am Ende des 2. Jahrtausends v. Chr., Wiesbaden 1988 (ADPV).

Knauf, Ernst Axel, Ismael. Untersuchungen zur Geschichte Palästinas und Nordarabiens im 1. Jahrtausend v. Chr., Wiesbaden ²1989 (ADPV).

Knauf, Ernst Axel, Art. Edomiter: NBL 1 (1991), 468–471.

Knauf, Ernst Axel, Art. Moab: RGG⁴ 5 (2002), 1364–1366.

Köckert, Matthias, Vätergott und Väterverheißungen, Göttingen 1988 (FRLANT 142).

Krochmalnik, Daniel, Schriftauslegung. Das Buch Genesis im Judentum, Stuttgart 2001 (NSK.AT 33/1).

Lemaire, André, Déesses et dieux de Syrie-Palestine d'apres les inscriptions (c. 1000 – 500 av. n. è.): Dietrich, Walter / Klopfenstein Martin A. (Hg.), Ein Gott allein. JHWH-Verehrung und biblischer Monotheismus im Kontext der israelitischen und altorientalischen Religionsgeschichte, Fribourg/Göttingen 1994 (OBO 139), 127–158.

Lemche, Niels Peter, Die Vorgeschichte Israels. Von den Anfängen bis zum Ausgang des 13. Jahrhunderts v. Chr., Stuttgart 1996 (Biblische Enzyklopädie 1).

Lipiński, Edward, The Aramaeans. Their Ancient History, Culture, Religion, Leuven 2000 (OLA 100).

Lux, Rüdiger, Josef. Der Auserwählte unter seinen Brüdern, Leipzig 2001 (BG 1).

Mesters, Carlos, Abraham und Sara, Neukirchen-Vluyn 1984.

Na'aman, Nadav, The Northern Kingdom in the Late Tenth-Ninth Centuries BCE: H. G. M. Williamson (Hg.), Understanding the History of Ancient Israel, London/New York 2007, 399–418.

Naumann, Thomas, Ismael – Abrahams verlorener Sohn: R. Weth (Hg.), Bekenntnis zu dem einen Gott? Christen und Muslime zwischen Mission und Dialog, Neukirchen-Vluyn 2000, 70–89.

Neusner, Jacob, Genesis Rabbah. The Judaic Commentary to the Book of Genesis, III, Atlanta/GA 1985.

Noth, Martin, Überlieferungsgeschichtliche Studien. Die sammelnden und bearbeitenden Geschichtswerke im Alten Testament, Tübingen ²1957.

Noth, Martin, Das Land Gilead als Siedlungsgebiet israelitischer Sippen: Noth, Aufsätze zur biblischen Landes- und Altertumskunde, Bd. 1, Neukirchen-Vluyn 1971, 347–390.

Noth Martin, Israelitische Stämme zwischen Ammon und Moab: Noth, Aufsätze zur biblischen Landes- und Altertumskunde, Bd. 1., Neukirchen-Vluyn 1971, 391–433.

Pruin, Dagmar, Geschichten und Geschichte. Isebel als literarische und historische Gestalt, Fribourg/Göttingen 2006 (OBO 222).

de Pury, Albert, Promesse divine et légende cultuelle dans le cycle de Jacob. Genèse 28 et les traditions patriarcales, 2 Bde., Paris 1975.

von Rad, Gerhard, Das Opfer des Abraham, München 1971 (KT 6).

Reich, Ronny, Art. Bozrah: NEAEHL 1 (1993), 264–266.

Schmid, Konrad, Die Rückgabe der Verheissungsgabe. Der «heilsgeschichtliche» Sinn von Genesis 22 im Horizont innerbiblischer Exegese: Festschrift für Otto Kaiser, Berlin/New York 2004 (BZAW 345/I), 271–300.

Schmidt, Ludwig, De Deo. Studien zur Literarkritik und Theologie des Buches Jona, des Gesprächs zwischen Jahwe und Abraham in Gen 18,22ff. und von Hi 1, Berlin 1976 (BZAW 143).

Schmidt, Werner H., Exodus, Sinai und Mose, 1983 (EdF 191).

Schreiber, Thomas, Lots Enkel. Israels Verhältnis zu Moab und Ammon im Alten Testament, Norderstedt, Books on Demand, 2007.

Seidl, Theodor, Konflikt und Konfliktlösung. Innere Kontroversen und Spannungen als Orte der Eigenwahrnehmung Israels in den Patriarchentraditionen der Genesis: Irsigler, Hubert (Hg.), Die Identität Israels. Entwicklungen und Kontroversen in alttestamentlicher Zeit, Freiburg im Breisgau 2009 (HBS 56), 1–38.

Smend, Rudolf, Elemente alttestamentlichen Geschichtsdenkens: Smend, Rudolf, Die Mitte des Alten Testaments. Exegetische Aufsätze, Tübingen 2002, 90–114.

Smend, Rudolf, Zur Geschichte von *hä'ämîn*: Smend, Rudolf, Die Mitte des Alten Testaments. Exegetische Aufsätze, Tübingen 2002, 244–249.

Spieckermann, Hermann / Dähn, Susanne, Der Gotteskampf. Jakob und der Engel in Bibel und Kunst, Zürich 1997.

Tanner, Hans Andreas, Amalek, der Feind Israels und der Feind Jahwes. Eine Studie zu den Amalektexten im Alten Testament, Zürich 2005.

Taschner, Johannes, Verheissung und Erfüllung in der Jakoberzählung (Gen 25,19–33,17). Eine Analyse ihres Spannungsbogens, Freiburg 2000 (HBS 27).

Timm, Stefan, Moab zwischen den Mächten, 1989 (ÄAT 17).

Veijola, Timo, Das Opfer des Abraham – Paradigma des Glaubens aus dem nach-exilischen Zeitalter: Veijola, Timo, Offenbarung und Anfechtung. Hermeneu-tisch-theologische Studien zum Alten Testament, Neukirchen-Vluyn 2007 (BThSt 89), 88–133.

Weippert, Manfred, Art. Edom und Israel: TRE 9 (1982), 291–299.

Westermann, Claus, Genesis 12–50, Darmstadt 1975 (Erträge der Forschung 48).

Wildberger, Hans, «Glauben» im Alten Testament: Wildberger, Hans, Jahwe und sein Volk. Gesammelte Aufsätze zum Alten Testament, München 1979 (TB 66), 161–191.

Zuidema, Willem (Hg.), Isaak wird wieder geopfert. Die «Bindung Isaaks» als Symbol des Leidens Israels. Versuche einer Deutung, Neukirchen-Vluyn 1987.

III Ambivalenzen in Kasualien

Wahrnehmungen und Umgangsweisen bei Taufen, kirchlichen Trauungen und Bestattungen

Christoph Müller

1. Einleitung

In meinen Forschungen zu den Kasualien erwies sich das Ambivalenz-Konzept als ein aufschlussreiches und spannendes heuristisches Instrument. Im Vergleich zu Ambivalenz-Konzepten, die mir bereits bekannt waren (z. B. aus der Psychoanalyse und von R. Riess[1], H.-J. Thilo[2], J. Scharfenberg / H. Kämpfer[3] und M. Klessmann[4]) zeichnet sich das Konzept von Kurt Lüscher durch die klare Begriffsbestimmung und Konzeptualisierung, die empirische Validierung und die interdisziplinäre Anschlussfähigkeit aus.

Eine entscheidende Vertiefung meiner Kasual-Forschungen wurde möglich durch die Teilnahme an dem von der Schweizerischen Eidgenossenschaft finanzierten Nationalen Forschungsprogramm 52 (2003–2006/7) mit dem Thema «Kindheit, Jugend und Generationenbeziehungen im gesellschaftlichen Wandel». Im Rahmen dieses Programms befasste sich das Institut für Praktische Theologie der Universität Bern mit dem Projekt «Rituale und Ritualisierungen in Familien. Religiöse Dimensionen und intergenerationelle Bezüge». Das Institutsprojekt[5] gab mir die Möglichkeit, interdisziplinäre Erkundungen und empirische Erhebungen zum Thema «Kasualien» zu erweitern, an denen ich bereits seit vielen

---

[1] Riess 1975.
[2] Thilo 1985, z. B. 134.
[3] Scharfenberg / Kämpfer 1980, v. a. 170–197; Scharfenberg 1974, 3–9.
[4] Klessmann 1996; vgl. auch Kramer et al. 2009.
[5] Weitere Informationen unter www.nfp52.ch/d_dieprojekte.cfm?Projects.command= details&get=14.

Jahren arbeitete. Eine Frucht dieses grossen Projektes ist auch der vorliegende Beitrag.

Ich gehe in Teil 1 von einer für meinen Forschungsprozess exemplarischen Darstellung des *Entdeckungszusammenhangs* von «Ambivalenz»[6] aus und mache meine Verwendung wichtiger Begriffe transparent. Teil 2 nimmt die *Wahrnehmung*[7] von Ambivalenz in den Blick. Teil 3 fokussiert unterschiedliche *Umgangsweisen* mit Ambivalenz. Referenzbereiche sind die Kasualien Taufe, kirchliche Trauung und Bestattung.[8] Da in der Arbeit von S. Fopp[9] das Ambivalenz-Konzept sehr detailliert, perspektivenreich und vielschichtig für Theorie und Praxis der kirchlichen Trauung fruchtbar gemacht wird, werde ich in meinem Beitrag nur am Rand auf diese Kasualie eingehen.

2. Ambivalenzen: Der Entdeckungszusammenhang

Teil A setzt mit einer Fallgeschichte[10] ein (2.1). In der Interpretation der Fallgeschichte soll der Zusammenhang skizziert werden, in dem «Ambivalenz» in der Unterscheidung von anderen Begriffen profiliert wird (2.2).

---

[6] Präziser müsste jeweils vom Ambivalenz-*Konzept* gesprochen werden, das bestimmte Phänomene in einer spezifischen Weise in Sicht bringt bzw. dazu verhilft, bestimmte Phänomene so zu erfassen, dass es zu einer präziseren Wahrnehmung und zu einem sinnvolleren Handeln verhilft. «Ambivalenz» ist nicht ein «Objekt», das so in der Lebenswirklichkeit auffindbar ist. Dieser erkenntnistheoretische Sachverhalt ist vorausgesetzt, wenn im Folgenden eine abgekürzte Redeweise verwendet wird, um die Lesbarkeit nicht zu strapazieren.

[7] «Wahrnehmen» ist dabei in einem weiten Sinn verstanden als gewahren, apperzipieren, erfahren von Wirklichkeit.

[8] Die Kasualien sind der «Gegenstand» meines Beitrags, dessen systematischer Aufbau sich aber nicht an den einzelnen Kasualien, sondern an der präziseren Erfassung des Ambivalenz-Konzepts im Blick auf die Kasualien orientiert. – Die Frage, inwiefern die Taufe eine spezifische Kasualie ist, bzw. was es bedeutet, dass sie auch als «Sakrament» verstanden wird, kann ich in diesem Beitrag nicht diskutieren; vgl. dazu Müller 2007c.

[9] Fopp 2007.

[10] Namen, Orte usw. sind im Folgenden anonymisiert. Die Daten beruhen auf Seelsorgeprotokollen (und der Besprechung in der Super- bzw. Intervision), auf ExpertInnen-Interviews und auf Interviews, die im Rahmen des NFP-Projektes mit Beteiligten an Taufen durchgeführt wurden. Bei der Fallgeschichte 2 bin ich von der Examensarbeit von Burri 2001 ausgegangen und habe die Fallgeschichte mit eigenen Interviews weitergeführt.

124

2.1 Ein komplexes Feld

Fallgeschichte 1: Trauerbesuch und Bestattung

Der Trauerbesuch von Pfr. B.[11] bei Herrn und Frau Siegenthaler beginnt in einer sehr formalen, starren und gleichzeitig hoch spannungsgeladenen Atmosphäre. Pfr. B. versucht (mit den sich widerstreitenden bzw. diffusen ersten Eindrücken, Sympathien und Antipathien), sich beiden Eltern zuzuwenden und darauf zu vertrauen, dass er präsent sein kann und nicht alles an ihm hängt.

Die Mutter erzählt, dass ihr Sohn («Heinz») an einer Überdosis Heroin gestorben ist. Sie kann das immer noch nicht verstehen. Sie habe doch alles versucht, auch wenn es sehr mühsam gewesen sei.

Der Vater berichtet knapp von der Kindheit des Verstorbenen. Sie hätten Heinz ganz normal erzogen. Besondere Auffälligkeiten habe es keine gegeben. Heinz habe eine Bäcker-Lehre absolviert, ohne spezielle Schwierigkeiten («nur das Übliche, wie es in allen Familien vorkommt»).

Heinz hatte nach der Lehre nur zeitweise gearbeitet. Aufgrund entsprechender Äusserungen des Vaters konnte der Pfarrer vermuten, dass sich der (beruflich erfolgreiche) Vater in seinem Arbeitsethos und seiner Vorstellung einer Berufskarriere in Frage gestellt fühlte.

Die Mutter versuchte, ihrem Sohn ein gutes Zuhause zu geben. Heinz war auch sehr lange im Elternhaus geblieben, trotz der zunehmenden Spannungen. Dann war er oft weggeblieben, ohne dass die Eltern wussten, wo er sich aufhielt.

Die Konflikte eskalierten, als die Eltern den Eindruck bekamen, dass ihr Sohn nur noch nach Hause kam, um von ihnen Geld zu verlangen. Der Vater fühlte sich dadurch missbraucht und widersetzte sich den Forderungen. Die Mutter verstand ihren Mann. Sie wollte aber auch ihrem Sohn während der Tage, an denen er sich zu Hause aufhielt, ein Stück Geborgenheit geben. Hie und da steckte sie ihm auch ohne Wissen ihres Mannes Geld zu. Schliesslich warf Herr Siegenthaler den jungen Mann definitiv aus dem Haus.

Pfr. B. bekam im Trauergespräch bald einmal den Eindruck, dass die scheinbar klare und eindeutige Haltung des Vaters brüchig war. Nachdem Herr Siegenthaler seine väterliche Autorität hatte durchsetzen wollen, dies aber ins Leere ging, sah er nur noch die Möglichkeit, einen seiner Meinung nach endgültigen Strich unter die Sache zu ziehen.

Auch die sehr unterschiedlichen Verhaltensweisen der Eltern und die damit verbundenen Spannungen und Zwistigkeiten wurden offensichtlich.

---

[11]   Die Besprechung des «Falls» in einer Intervisionssitzung machte es mir möglich, auch die Perspektive des Pfarrers in die Fallgeschichte einzubeziehen.

Gleichzeitig wurde der Schmerz über den erbärmlichen Tod des Sohnes spürbar – ebenso Scham, heftige Schuldgefühle und diffuse Wut.

Dass dies ausgesprochen werden konnte (in dieser Weise zum ersten Mal – und vor dem Ehepartner), dass die Konflikte also nicht weiterhin mit Schweigen belegt wurden, war für die Eltern gleichzeitig schwierig – und eine sichtliche Erleichterung.

Der Pfarrer las gegen Schluss noch einen in den Dialekt übertragenen Klagepsalm. Er verspürte das Bedürfnis, den widersprüchlichen Gefühlen und der in manchem aporetischen Situation eine «Gestalt» zu geben, und knüpfte dafür an die traditionelle Form der Klagepsalmen an – in seiner eigenen Sprache. Frau Siegenthaler bat ihn, diesen Psalm auch bei der Bestattung zu beten. Pfr. B. schloss das Trauergespräch wie immer mit dem Unser Vater. Die Eltern des Verstorbenen beteten beide leise mit.

Der Bestattungsgottesdienst war öffentlich. Freunde des Verstorbenen hatten den Wunsch geäussert, teilnehmen und Abschied nehmen zu können – und die Eltern hatten ihre erste Absicht einer möglichst kleinen und geheim gehaltenen Beerdigung fallen gelassen. Pfr. B. sah darin einen Schritt in die Richtung, die eigenen ambivalenten Gefühle zuzulassen.

In der Kirche sassen die Familie samt Verwandten auf der einen Seite, der Freundeskreis und die Kollegen und Kolleginnen des Verstorbenen auf der anderen. Einige Leute aus dieser (gegenüber der Familie grösseren) Gruppe hatten auch ihre Hunde mitgenommen. In der Weise waren die beiden Gruppierungen noch nie in einem Raum versammelt und die Konfliktwelten noch nie so nahe und so greifbar miteinander konfrontiert. Der Krematoriumsverwalter hatte Pfr. B. kurz vor Beginn des Gottesdienstes mitgeteilt, dass sich draussen Polizei in Zivil aufhalte, weil Ausschreitungen befürchtet würden. Er war auch von seinem Büro aus direkt mit der Abdankungshalle verbunden, hörte mit und hätte die Polizei avisiert, wenn es zu Tätlichkeiten gekommen wäre.

Einige Leute aus der Kollegengruppe des Verstorbenen unterbrachen Pfr. B. schon bald mit Zwischenrufen. Dann stand einer von ihnen auf und rief, dies alles sei doch nur eine grosse Heuchelei dieser verlogenen Familie – was auf der Elternseite Konsternation und Protest auslöste. Pfr. B. verliess die Kanzel und begab sich zwischen die Parteien. Den Kollegen und Kolleginnen von Heinz bot er an, nach der Feier noch zusammenzusitzen und hier, im Gottesdienstraum, einander vom Verstorbenen und dem, was sein Tod ausgelöst habe, zu erzählen. Aber jetzt sei es wichtig – und er bestehe darauf –, die Feier, die begonnen habe, in einer Weise durchzuführen, die auch den Respekt vor ihrem toten Freund zum Ausdruck bringe und seiner würdig sei.

Die Feier verlief dann relativ ruhig und in einer dichten Atmosphäre. Die Polizei blieb draussen. Das Gespräch nach der Feier kam nicht zustande.

Ein Trauerbesuch einige Wochen nach der Bestattung weckte bei Pfr. B. den Eindruck, dass etwas in Bewegung geraten war. Frau Siegenthaler fragte Pfr. B., ob er ihr den Text der Bestattung geben könne; vor allem der Psalm habe sie berührt. Es sei ihr neu gewesen, dass es möglich sei, so mit Gott zu sprechen. Sie erzählte auch, als Pfr. B. sie einmal allein traf, von ihren Ver-

suchen, sich neu zu orientieren. Ihr Mann erschien etwas weniger starr. Er
hatte allerdings auch die Ferien, die er mit seiner Frau an einem Ort hatte
verbringen wollen, der ihnen noch vor der Geburt ihres Sohnes wichtig war,
wegen Arbeitsüberlastung, wie er sagte, wieder verschoben.

2.2 Begriffliche und sachliche Differenzierungen

In meinem Deutungsversuch situiere ich zuerst Ambivalenzen im weiteren Kontext der grundlegenden erkenntnistheoretischen Option, dass ‹Wirklichkeit› nicht als ‹objektiv› vorgegeben aufgefasst wird, sondern als zu interpretierende und insofern als *strittige Wirklichkeit*[12] (2.2.1).

In der Fallgeschichte lassen sich unterschiedliche Phänomene von Widersprüchen, von (beanspruchter) Eindeutigkeit (die sich in der Analyse oft als Schein erweist) und Dichotomien feststellen (2.2.2). In der Umgangssprache (auch in vielen Verwendungsweisen in wissenschaftlichen und literarischen Texten) wird «Ambivalenz» in einer oft schwammigen Bedeutungsbreite verwendet und kann binäre Gegensätze, Zwiespältigkeit, Dichotomie, Doppeldeutigkeit, Ambiguität usw. bezeichnen. Die Definition, wie wir sie in diesem Buch voraussetzen, vermeidet diese Unklarheiten. Ich setze hier diesen präzisen Sprachgebrauch voraus (2.2.3).

2.2.1 «Streit um die Wirklichkeit»

«Wir sollten besser von capta statt von data sprechen.»[13] Es gibt keinen unmittelbaren Weg von den bezeichnenden Zeichen eines Textes oder eines anderen Zeichensystems zu einer bezeichneten aussersprachlichen oder aussersemiotischen Wirklichkeit. Semiotisch ist die Nicht-Eindeutigkeit von Zeichen darin begründet, dass es sich immer um Zeichen-Beziehungen zwischen Signifikanten (Zeichen), Signifikaten (Bedeutungen) und ‹Objekten› (‹Gegenständen›, aussersprachliche Wirklichkeit)

---

[12]   Ich knüpfe damit an einen immer noch lesenswerten Aufsatz von Ebeling 1960 an. Ebeling setzt sich hier von einem positivistischen Wirklichkeitsverständnis ab, das stillschweigend impliziert oder suggeriert, ohne Voraussetzungen *die* ‹objektiv› vorliegende Wirklichkeit erfassen zu können.

[13]   Laing 1969, 55; aufschlussreich zur Thematik: Daniel 2001, 12.63.137.181. 315f.378.

handelt[14]. Es ist immer schon ein Deutungsprozess, der nur willkürlich oder durch eine apriorische (transparent zu machende) Begrenzung der Interpretation abgebrochen werden kann.

Das beschriebene Fallbeispiel lässt den «Streit um die Wirklichkeit» offensichtlich werden. Es wird sichtbar, dass die Beschreibung durch die selektive Wahrnehmung bestimmte Aspekte fokussiert und andere in den Hintergrund rückt. Mit der Beschreibung werden also bereits Deutungen vorgenommen. Die Wirklichkeit dieses «Falls» ist nicht vorgegeben und kann nicht einfach abgebildet werden. In den Fragmenten der Eltern zum Lebenslauf des Verstorbenen bleibt vieles offen. Alle Beteiligten sind herausgefordert, sich an der Interpretation zu beteiligen, an einem Verstehensprozess, der immer auch ein Prozess des Nicht-Verstehens ist.

Dieser komplexe Prozess und der darin ausgetragene «Streit um die Wirklichkeit» werden in den Geschichten, welche die Eltern erzählen, immer wieder manifest. Mutter und Vater haben das, was geschehen ist, in vielem unterschiedlich wahrgenommen. Sie sahen ihren Sohn nicht mit den gleichen Augen und verhielten sich in manchem gegensätzlich.

Der «Streit um die Wirklichkeit» war während der explosiven Momente in der Abdankungshalle augenscheinlich und greifbar. Das «Zwischen», in das sich der Pfarrer hinein begab, symbolisierte nicht einen goldenen Mittelweg. Er versuchte vielmehr, einen Raum zu öffnen für ein gemeinsames Tasten und Suchen nach der Wahrheit, die weder auf der einen noch auf der anderen Seite – und auch nicht auf der Kanzel – vorlag.

2.2.2 Dichotomien, Widersprüche und Anspruch auf Eindeutigkeit

Für Herrn Siegenthaler erschien es eindeutig, dass sein Sohn nur noch deshalb nach Hause kam, um ihn auszunützen, das nötige Geld zu beschaffen und sich über ihn lustig zu machen. Dabei spaltete sich für den Vater die Welt in die ihm vertraute «normale» Welt und die «andere» Welt, in die sein Sohn geraten war – und die er nur ablehnen konnte. Er bekam immer mehr den Eindruck, dass er seinen Sohn an diese andere Welt verloren hatte.

---

[14] «Something which stands to somebody for something in some respect or capacity» (Peirce 1931–1935, 228). Eine gut nachvollziehbare Einführung in die Semiotik findet sich bei Meyer-Blanck 2002.

Was sollte er tun? Es entsprach seiner Sichtweise, Heinz vor ein klares Entweder-oder zu stellen: sich entweder für die «andere» Welt (der Drogen und der Drogenabhängigen) oder für die «normale» Welt zu entscheiden. Herr Siegenthaler sah auch sich vor diesem Entweder-oder: Entweder konnte er wieder eine «normale» Beziehung zu seinem Sohn finden, in der er nicht ausgenutzt und lächerlich gemacht wurde – oder der Kontakt musste abgebrochen werden. Im Trauergespräch versuchte Herr Siegenthaler zuerst, Pfr. B. für sein dichotomisches[15], zweigeteiltes Weltbild zu gewinnen, für das es nur eindeutige Entweder-oder-Entscheidungen gab.

Die Mutter empfand die Situation als viel widersprüchlicher[16]. Heinz hatte doch zu Hause «alles». Weshalb dann seine Neigung zu einer ihm doch fremden Welt, die ihm dazu noch offensichtlich schadete? Oder hatte er zu Hause doch nicht «alles»? Waren es doch nicht so eindeutig geschiedene Welten? Die zunehmenden Differenzen mit ihrem Mann

---

[15] Mit «Dichotomie» bezeichne ich Entweder-oder-Gegensätze, die nicht als (aufeinander bezogene und ein Oszillieren ermöglichende) *Spannungs*pole konzipiert sind, sondern als inkompatible und voneinander eindeutig geschiedene *Gegensätze bzw. Gegen-Wirklichkeiten*. Bei Dichotomien auf einer alltäglichen Ebene gebrauche ich auch die Ausdrücke «Zwiespalt» oder «Bruch».

[16] Zum Sprachgebrauch: Ich verwende «Widerspruch» oder «widersprüchlich» hier auf einer phänomenologischen (1) und einer kommunikativen (2) Ebene:
1. Die Ausdrücke «Widerspruch» oder «widersprüchlich» sind einerseits auf die Erfahrung bezogen, etwas nicht auf einen Nenner bringen, nicht systematisieren, nicht einordnen und nicht mit dem Gewohnten oder «Normalen» zusammenbringen zu können. Dass etwas nicht (mehr) «aufgeht», und dass es Risse im vertrauten Weltbild und Lebensverständnis gibt, wirkt meistens zuerst verunsichernd und beängstigend. Es liegt dann nahe, solche Widersprüche zu ignorieren, wegzureden oder sie in einer (scheinbar) vorgegebenen und feststehenden Ordnung (z. B. in einem dichotomischen Weltbild) zu vereindeutigen. Widersprüche können zu einer kreativen Herausforderung werden, wenn Möglichkeiten in Sicht kommen, sie wahrzunehmen und in differenzierter Weise «verstehen» zu lernen – wobei «verstehen» auch heissen kann, besser zu begreifen, weshalb wir etwas *nicht* verstehen. Eine elementare Möglichkeit thematisieren wir in diesem Buch: Es gibt Widersprüche, die als «Ambivalenzen» interpunktiert werden können. Diese Widersprüche werden damit als wichtiger «Nährboden» für Ambivalenzerfahrungen einsichtig.
2. Die Einsicht in Widersprüche und in das Ignorieren oder Verdecken von Widersprüchen kann zu einem «Widerspruch» und Widersprechen gegen solches Ignorieren oder Verdecken führen.

verstärkten die Zweifel. Aber sie sah keinen Weg ins Freie, die Situation blieb für sie aporetisch.

Dass seine Frau die Situation nicht so eindeutig beschreiben konnte, war für Herrn Siegenthaler sehr schwierig, hatte doch das Paar offenbar nie direkt darüber gesprochen. Er hörte erst jetzt, dass seine Frau den Konflikt als widersprüchlich empfand – und die Situation nie so eindeutig «interpunktieren»[17] konnte wie er.

Bei der Trauerfeier wurden die zwei Welten schon durch die Sitzordnung offensichtlich. Die Proteste von Seiten des Freundeskreises des Verstorbenen zu Beginn der Feier waren von der Erfahrung geschiedener Welten geprägt. Wenn die Polizei hätte eingreifen müssen, wäre das Entweder-oder gewaltsam praktiziert worden.

Man kann sich fragen, ob das Auseinanderbrechen in die beiden Welten unausweichlich war. Wäre die Dichotomie nicht in Frage gestellt worden, wenn Pfr. B. vor der Trauerfeier auch mit Kollegen des Verstorbenen Kontakt aufgenommen hätte? Es war ja vorauszusehen, dass es zu einer schwierigen Situation kommen würde. Möglicherweise wäre dies für die Teilnehmenden der ‹anderen› Welt ein wichtiges Signal gewesen und hätte sich in der Art der Beteiligung an der Bestattung ausgewirkt. Pfr. B. hätte dann auch die Situation zu Beginn der Feier in einer rituell geeigneten Weise so ansprechen können, dass die Spaltung der Gottesdienst-Gemeinde von Anfang an relativiert worden wäre.

Andererseits konnten die Teilnehmenden dank der spontanen Reaktion von Pfr. B. auch eine Intervention beobachten, die das Entweder-oder zu überwinden und die Möglichkeit von Überbrückungen zu ermöglichen versuchte.

2.2.3 Ambivalenzen

Im Trauergespräch wurde es möglich, die Aporien und widersprüchlichen Empfindungen ein Stück weit anzusprechen. Hatte es den Eltern nicht Sicherheit und Orientierung gegeben, dass sie ihre widersprüchlichen Erfahrungen Welten zuordnen konnten, die (in ihrem Weltbild)

---

[17] Ich nehme damit eine Kategorie der Kommunikationslehre von Schulz von Thun auf (1981, 85–87). Entsprechend metaphorisch ausgedrückt: Ein Satz ist nicht eindeutig vorgegeben; je nach Interpunktion können die Bedeutungen unterschiedlich oder gar gegensätzlich sein.

nichts miteinander zu tun hatten? Was würde geschehen, wenn sich die scharfen Grenzen, das Entweder-oder, als Täuschung herausstellen würden?

Das Erzählen verunsicherte. Manches, was klar ausgesehen hatte, begann fraglich zu werden. Für Pfr. B. wurde spürbar, dass sich Herr Siegenthaler manchmal auch überfordert gefühlt hatte und zwischen den widersprüchlichen Gefühlen von Enttäuschung, Wut, Härte, Verletzung, Hilflosigkeit und schlechtem Gewissen hin- und hergerissen wurde. Es schien Herrn Siegenthaler aber unmöglich zu sein, sich dies einzugestehen oder gar mit seiner Frau oder einem Freund darüber zu sprechen.

Frau Siegenthaler konnte das Verhalten ihres Mannes in bestimmten Situationen verstehen, in anderen war es für sie schwer erträglich. Sie sah sich oft mit ihren Gefühlen allein gelassen. Sie hing an Heinz *und* sie fühlte sich von ihm blossgestellt. Sie wendete sich ihm zu, versuchte ihm, ein Zuhause zu geben. Dann war sie wieder am Ende ihrer Kräfte und erleichtert, wenn er das Elternhaus verliess. Dieses unausweichliche Hin- und Hergerissenwerden machte ihr noch zusätzlich zu schaffen. Hatte sie als Mutter versagt? Aber: Sah Heinz sie überhaupt? Oder war er schon so krank, dass er das gar nicht mehr konnte? Dass sie einem Menschen gegenüber, den sie liebte, auch Gefühle von Wut und Hass empfinden konnte, war für sie damals unakzeptabel und mit Scham und schlechtem Gewissen verbunden. Es war ein abgründiger Gefühls-Strudel. Und manchmal fühlte sie sich wie erstarrt und empfindungslos.

Das Erzählen ermöglichte es ihr zunehmend, ihre widersprüchlichen und ambivalenten Gefühle und Gedanken auszudrücken. Die Selbstrechtfertigung trat gegenüber der Expression auch des Widersprüchlichen und Spannungsvollen zurück. Herr Siegenthaler kam momentweise mit seinen fragilen und ambivalenten Gefühlen seinem verstorbenen Sohn gegenüber in Kontakt, die er sich in den Konflikten immer mehr verboten hatte. Er wollte ihm Vater sein *und* er wollte ihm nicht mehr Vater sein. Frau Siegenthaler liess etwas von ihrem Gefühlschaos durchblicken: Vieles ist diffus und schwer ansprechbar. Aber sie zeigte auch deutlicher als ihr Mann, dass der Tod sie schmerzte und in ihr manche Fragen und Zweifel verstärkt hatte, dass sie sich oft als Spielball zwischen positiven und negativen Empfindungen sah – oder gar nichts mehr empfand.

Der unterschiedliche Umgang mit Widersprüchlichkeit und dann auch mit der Trauer scheint von einer gendertypischen Rollenfixierung geprägt zu sein: Herr Siegenthaler hielt an seinen Prinzipien fest und setzte seine Vater-Autorität durch. Seine Frau sperrte sich nicht gegen die hoch ambivalente Generationen-Beziehung ab, ordnete sich dann aber ihrem Mann unter. Es gibt aber auch Anzeichen, die darauf hindeuten, dass Frau Siegenthaler sich aus der Rollenfixierung zu lösen begann und sich auf den Trauerprozess einliess, während ihr Mann in den Beruf zu flüchten schien.[18]

Auf den Klagepsalm, den der Seelsorger las, reagierte Frau Siegenthaler unmittelbar mit dem Wunsch, dass er den Text bei der Trauerfeier nochmals beten sollte. Sie sagte ihm später, es sei ihr ganz neu gewesen, dass man so beten könne und dürfe. Es war für sie bisher undenkbar und unglaublich, dass unterschiedliche und manchmal auch gegensätzliche Gottes-Erfahrungen wahr sein – und mit Gott auch ambivalente Gefühle verbunden werden können, die sich nicht auf eine scheinbar klare Eindeutigkeit reduzieren lassen.[19]

Der Klagepsalm war auch für den Seelsorger selbst wichtig. Er wollte und konnte in dieser widersprüchlichen und schmerzlichen Situation nicht als «leidiger Tröster» (Hi 16,2) auftreten, nicht «für Gott Verkehrtes reden und seinetwegen Lügen sprechen» (Hi 12,7). Er oszillierte von Anfang an zwischen ambivalenten Gefühlen von Sympathie und Antipathie, von Distanz und Nähe, von Allparteilichkeit und Parteilichkeit.[20]

Die Trauerfeier selbst war nicht nur durch das Entweder-oder gezeichnet. Es gab rituelle Sequenzen, an der sich beide Seiten beteiligten. Alle erhoben sich zu den Gebeten. Alle hielten Momente der Stille ein. Der Lebenslauf, die Predigt, der Klagepsalm, die Gebete waren keine Inszenierungen des Entweder-oder. Vielleicht hätte ein vorgängiges Gespräch von Pfr. B. mit den Kollegen des Verstorbenen andere Vorzeichen für die Feier gesetzt. Aber auch in seiner ungeplanten Intervention während der Feier und in seinem Dazwischen-Gehen wurde die Dichotomie momentweise aufgehoben und die scheinbar eindeutige

---

[18] Es ist bekannt, dass die unterschiedliche Weise des Umgangs mit dem immer auch durch Ambivalenzen geprägten Trauerprozess für Paare eine starke Gefährdung darstellt und oft zu Trennungen und Scheidungen führen kann.

[19] Ein Beispiel für die Übertragung eines Klagepsalms findet sich in 4.2.2. – Wagner-Rau 2001 nennt als Kriterium für eine angemessene Gottesrede, «inwieweit sie eine Eindeutigkeit vorgibt, die der vieldeutigen Wirklichkeit der Gotteserfahrung nicht entspricht» (125).

[20] Vgl. dazu unten die Überlegungen zur Ritualleitung (4.2.5).

Grenze durchlässig. Im Rahmen des Rituals mit seinen gleichzeitig vorgegebenen und offenen Sequenzen eröffneten sich auch Spielräume für die Wahrnehmung und das Aushalten von Ambivalenzen.

3. Ambivalenzen wahrnehmen

In der eben dargestellten Fallgeschichte sind Ambivalenzen vor allem in der Wahrnehmung der betroffenen Menschen zum Ausdruck gekommen: Menschen fühlen sich zwischen widerstreitenden Gefühlen und Wertungen hin- und hergerissen. Oder sie erfahren das Oszillieren zwischen gegensätzlichen Gefühlen und Wertungen. Dies soll im Folgenden an anderen Fallgeschichten und Beobachtungen aus Interviews noch weiter expliziert werden (3.1). Ich halte es für sinnvoll, das Ambivalenz-Konzept auch in Beziehung zu setzen zu überindividuellen Handlungsformen. Das soll an der Beschreibung des Rituals erläutert werden (3.2).

3.1 Ambivalenz in der Wahrnehmung der betroffenen Menschen: Hin- und Hergerissenwerden und «Oszillieren» (im Kontext von Taufen)

Ausgangspunkt ist die Definition von Kurt Lüscher: «Das Konzept der Ambivalenz dient dazu, Erfahrungen eines zeitweiligen oder dauernden Oszillierens zwischen polaren Gegensätzen zu umschreiben, denen Bedeutung für die Identität und dementsprechend für die Handlungsbefähigung, die sozialen Beziehungen sowie die Gesellschaftlichkeit individueller und kollektiver Akteure zugeschrieben werden kann.»[21] In einer früheren Definition brauchte Lüscher die Metapher des Hin- und Hergerissenwerdens[22]. Wichtig ist auch, dass Ambivalenzen «zeitweise oder dauernd als unlösbar interpretiert» werden.[23] Im Folgenden werden beide

---

[21] Oben Kap. I 3.2.1.

[22] «Von Ambivalenz soll die Rede sein, wenn und insofern dem Fühlen, Denken, Verhalten und Wollen individueller und kollektiver Akteure ein Hin- und Hergerissensein zwischen Polen zugeschrieben wird, das für ihre Beziehungs- sowie Handlungsbefähigung und somit die Entwicklung ihrer Identität bedeutsam ist. Die Zuschreibung kann durch die Akteure selbst oder durch Dritte erfolgen.» (in: Lüscher/Heuft 2007, 233)

[23] Lettke/Lüscher 2002, 441.

Metaphern, das Oszillieren und das Hin- und Hergerissenwerden, aufgenommen.

3.1.1 Hin- und Hergerissenwerden zwischen widerstreitenden Gefühlen – am Beispiel von Schwangerschaft, Geburt und Elternschaft

In der ersten Fallgeschichte begegneten uns schmerzlich widerstreitende Gefühle im Kontext der Bestattung: in den Erzählungen heftiger intergenerationeller Konflikte und im Widerfahrnis von Tod und Trauer.

Ein Hin- und Hergerissenwerden charakterisiert oft auch das Erleben von Schwangerschaft, Geburt, Mutterschaft und Elternschaft, wie es im Zusammenhang von Taufen wahrgenommen werden kann. Mütter nennen im Blick auf ihre Schwangerschaft die Ambivalenzen von Vertrauen und Angst, von Freude und Unsicherheit, von Glücksgefühlen und der Befürchtung, eine grosse Fehlentscheidung getroffen zu haben.[24]

> *(1) Frau G.: Zuerst war eine Riesenfreude (e Uuu-Fröid), so: ‹Wow, ich bin voll schwanger!›; und eine Woche später war es irgendwie: ‹Hhuu je!, ich kann nie mehr alleine nach Berlin› [...] – Ich weiss – Ich weiss noch, einmal lag ich zu Hause wirklich so auf dem Bett und hatte das Gefühl: ‹Hhh, Scheii-isse, (lacht) nei-eein, was habe ich nur gemacht?›. So wirklich: auf und ab (..).*

Das kann sich nach der Geburt noch verstärken, wenn die Erschöpfung und das Kaum-noch-schlafen-Können dazu kommen. Mütter und Väter sind hin- und hergerissen zwischen zärtlichen Gefühlen und dem Empfinden von Leere, von Nähe und Befremden, von Vertrauen und Zweifel.

---

[24] Die in diesem Beitrag angeführten Zitate sind der Datenbasis von über 80 halbstandardisierten Interviews mit Eltern, Patenleuten, Grosseltern und 25 ExpertInnen-Interviews mit Pfarrpersonen entnommen, die im Rahmen des NFP-Teilprojektes «Taufe» durchgeführt wurden. Wenn ich im Folgenden aus diesen Interviews zitiere, beziehe ich mich stets auf ein grösseres Set von zugehörigen Belegen. Die Zitate dienen nicht als Illustration für eine aus theoretischen Überlegungen deduzierte These. Sie weisen auf Einsichten, die sich aus der Analyse des vielfältigen Materials ergeben haben, wobei ich natürlich auch Kontextwissen und Konzepte mit ins Spiel gebracht habe, die sich für die Analyse als angemessen erwiesen – oder deren Plausibilität ich deutlich zu machen versuche.
In Zitaten aus Interviews bezeichnen runde Klammern kurze und lange Pausen, eckige Klammern Auslassungen.

(2) Frau A.: Ja. Irgendwie eine ungeheure Erschöpfung, vor allem nach der Geburt. Und einfach so (..) einerseits die schönen Gefühle; andererseits das Loch, in das du hineinfällst. Es ist alles anders. Und weisst du, im Bauch, da ist das Kind sicher – und du weisst, du hast es im Griff, es kann nichts passieren, es ist beschützt. Und plötzlich ist das Kind da – und du bist für alles verantwortlich.

Eine andere Mutter sagt im Interview:

(3) Aber als dann Andrea auf der Welt war, habe ich einfach so gemerkt, dass sich mein Leben (.) wirklich grundsätzlich verändert hat. Ich hatte ihr gegenüber ein Gefühl von Befremden, als sie plötzlich (.) nicht mehr im Bauch war, oder. [...] Vorher war sie überall dabei. Und nachher musste ich richtig wieder so etwas wie eine Beziehung zu meiner Tochter aufbauen, weil ich schlicht gemerkt habe: Also (.), wahrscheinlich bin ich wirklich die letzte Mutter, dass mir dies einfach so fehlt.

Warme Gefühle kippen in heftige Aggressionen: Die Mütter könnten ihr Kind «auf den Mond schiessen» oder auch «aus dem Fenster werfen». Das evoziert Schuldgefühle und Selbstvorwürfe. Nicht selten ist es ein Schock. Bisherige Wirklichkeitskonzepte werden aufgesprengt. Es ist wunderschön und erschreckend.[25]

Oft wird die Erfahrung formuliert, dass «alles anders» geworden und etwas vorher Unvorstellbares nun Realität ist.

(4) Frau F.: Es ist einfach auch erstaunlich, wie einen so ein kleiner Mensch an die Grenzen treiben kann. Dies hätte ich nie gedacht. So als gelernte Kinderkrankenschwester, nicht wahr, hatte ich immer (.) Ich hatte von mir immer das Gefühl, ich sei so ein geduldiger Mensch. Und musste dann feststellen, dass ich dies eigentlich nicht wirklich bin, also jedenfalls nicht dasjenige, das ich darunter verstehen würde. I: Ja, ja. Frau F.: Und dann denkst du manchmal: Dies darf ja nicht wahr sein, jetzt ist dieses Männchen (Mandli) irgendwie jährig (.), das Schlimmste war für mich so zwischen jährig und einhalb und jetzt, obwohl er schon ein wenig im Trotzalter ist, finde ich, geht es eigentlich schon wieder besser. Aber so in diesem halben Jahr bin ich so ein wenig an meine Grenzen gekommen. Und habe gedacht: Dies darf nicht wahr sein, da steht so ein winziger Stöpsel vor mir, ein jähriges Menschlein und ich habe noch nie (.), ich weiss nicht, was tun. Er bringt mich zur Weissglut, auch, zwischendurch. Gefühle, die ich noch nie hatte, zuvor. Weisst du, wo ich mich bei einem Erwachsenen viel mehr abgrenzen kann, und es geht einfach so direkt ungefiltert hinein, bei ihm. I: Ja. Frau F.: Dies ist schon noch wahnsinnig. I: Ja. Frau F.: Ja. (..) Dies finde ich so ein wenig das Markanteste. Eben eigentlich auch diese Gegensätze: Extrem

---

25 Vgl. auch Hofrichter 2004, 120f.

viel Freude (.), Geselligkeit auch, einfach lustig sein, zusammen. (.) Was viel, viel mehr präsent ist, als vorher, wo man einfach so als Paar noch zusammen lebt. Aber eben auch diese Schwierigkeit (.), nicht mehr weiter zu wissen.

Die Ambivalenzerfahrungen werden dadurch noch unausweichlicher, dass sie sich in sehr nahen Beziehungen ereignen, die nicht punktuell sind, sondern andauern. Zu flüchten ist kaum möglich.[26]

Und wahrscheinlich sind Grenzerfahrungen in besonders ausgeprägter Weise «Orte» von Ambivalenzerfahrungen.

3.1.2 Oszillieren zwischen familiärem und transfamiliärem Pol (Fallgeschichten 2 und 3)

Nicht selten behaupten Theologinnen und Pfarrer, die Taufe sei in der Volkskirche auf ein Familienfest reduziert worden. Die Familie feiere vor allem sich selbst.

In zahlreichen der in unserem NFP-Projekt durchgeführten Interviews zeigt sich, dass die familiäre Dimension bei der Säuglings- und Kindertaufe in der Tat zentral ist. Ebenso wird aber auch deutlich, dass für die meisten Feiern die transfamiliäre[27] Dimension konstitutiv dazugehört. Die Eltern (oder die Kinder bei Kindertaufen) sind meistens nicht auf einen Pol fixiert, oszillieren vielmehr zwischen beiden. Die Ambivalenz ermöglicht kreative Suchprozesse gerade in schwierigen Konstellationen.

Ich skizziere dies anhand von zwei Fallstudien in Familien, in denen eine Kindertaufe gefeiert wurde.[28]

---

[26] Ein Vater sagt in einem Interview recht freimütig, wie ihm das doch gelingt: *Ich bin nicht so hin- und hergerissen. Ich nehme mir halt einfach zwischendurch meinen Freiraum. Was meine Frau ja weniger gut kann. Ich sage dann: ‹An diesem Wochenende gehe ich wandern.› Und dann habe ich eigentlich etwas anderes. Und auch vom Geschäft her gibt es gewisse Dinge: Kurse die ich besuche, Sitzungen, die ich habe. Dinge, in denen ich halt fremdbestimmt bin. Und natürlich auch gern mache (lacht).*

[27] Ich bezeichne mit «transfamiliär» den Sachverhalt, dass die Taufe nicht auf die Familie beschränkt bleibt, sondern ausser-familiäre Bezüge relevant werden, welche die familiären Bezüge transzendieren, auf einen umfassenderen Horizont hin öffnen und dadurch neu qualifizieren.

[28] Die meisten Interviews in diesen Fallgeschichten habe ich selbst durchgeführt. Die Zitate im folgenden Text stammen aus den Interviews.

Fallgeschichte 2 (Kindertaufe)

> *Die achtjährige Katja wünscht, dass sie getauft wird. Sie hat wie die meisten ihrer Schulkameradinnen am kirchlichen Unterricht in der zweiten Klasse teilgenommen; Thema war neben dem Abendmahl auch die Taufe. Die anderen Kinder haben von ihrer Taufe als Säuglinge erzählt und Bilder von ihrer Taufe gezeigt. Katja hat dabei festgestellt, dass sie noch nicht getauft ist. Sie möchte auch getauft werden.*
>
> *Ihre alleinerziehende Mutter, Frau Matter, hat nach vielen für sie entwürdigenden Erfahrungen die Beziehung zur Kirche gekappt. Sie ist vom Wunsch ihres Kindes überrumpelt und versucht, Katja davon abzubringen. Das Kind bleibt beharrlich. Katja besucht mit ihrer Mutter einen Taufgottesdienst, um sich ein Bild von dieser Feier machen zu können. Sie diskutiert mit ihrer Mutter, was ihr daran nicht gefallen hat (z. B. dass das Ritual viel zu kurz war) – und wie sie es selbst gestaltet haben möchte. Katja geht auf die Idee ihrer Mutter ein, auch ein Namens-Ritual durchzuführen. Sie ist aber nicht bereit, dieses Namens-Ritual anstelle der Taufe im privaten Kreis zu feiern. Sie will es ins Taufritual in der Kirche integrieren und setzt dies auch durch.*
>
> *Das (gemäss der Schilderung ihrer Mutter) sonst anscheinend eher schüchterne Mädchen sucht sich ihren Götti und ihre Gotte[29] selbstständig aus – und fragt sie an. Katja hat die Beziehung zu ihrer Mutter als verlässlich erlebt, verbunden allerdings mit der schmerzlichen Erfahrung der Brüchigkeit der Familie, den häufigen Abwesenheiten des Vaters und einer Situation, die Frau Matter als «irr und wirr» beschreibt. So ergreift das Mädchen die mit der Taufe gegebene Möglichkeit, noch andere Bezugspersonen zu suchen, die das soziale Netz neu knüpfen und erweitern.*

In der Art, wie Katjas Mutter den Taufwunsch aufnimmt und sich den damit verbundenen Konfrontationen stellt, kann Katja trotz all dem, was «irr und wirr» ist, eine Verbundenheit erfahren, die ihr Halt gibt.[30] Wie bedeutsam ihr die Familie als besonderer Ort intergenerationeller Beziehungen ist, wird auch bei der Einbeziehung des abwesenden Vaters ins Taufritual deutlich.[31] Ebenso wichtig wird ihr die transfamiliäre Dimension. Das Oszillieren eröffnet neue Handlungsmöglichkeiten und Erfahrungen.

---

[29] Schweizerische Bezeichnungen für Pate und Patin.

[30] Lüscher sieht in der Gestaltung verlässlicher Beziehungen zwischen Eltern und Kindern die kulturelle Kernaufgabe der Lebensformen, die als «Familie» bezeichnet werden können (z. B. Lüscher 2001, 18).

[31] Siehe unten 4.2.4.

So kontaktiert Katja die Patenleute mit einer verblüffenden Eigenständigkeit. Es ist ihr wichtig, Leute «von ausserhalb», im *trans*familiären Bereich, zu suchen. Ihre Wahl zeigt auch implizit, dass das weitere familiäre Gefüge nicht trägt und brüchig ist.[32] Katja macht deutlich, dass sie Patenleute sucht, die sich auf eine verbindliche Beziehung zu ihr einlassen wollen. Dabei macht sie die Erfahrung, dass diejenigen Leute, die zusagen, dies sehr gerne tun, sogar mit einer «Riesenfreude». Während des Taufrituals sind die Patenleute öffentlich Zeugen für das erweiterte soziale Netz.[33]

Vielleicht auch wegen dieser Zeugenschaft hält Katja am Taufritual als einem öffentlichen und nicht auf die engste Familie beschränkten Ritual fest. Sie möchte zudem, dass auch Freundinnen aus ihrer Klasse teilnehmen können, und widersetzt sich einer Isolierung der Feier auf ein Privatritual.

Fallgeschichte 3 (Kindertaufen)

Auch bei Familie Leu wird mit der familiären die transfamiliäre Dimension ausdrücklich unterstrichen, ohne dass ich sie danach gefragt hätte. Intergenerationell-familiäre Konventionen werden relativiert. Herr und Frau Leu sind dem Wunsch der Eltern von Herrn Leu nicht nachgekommen, die Kinder als Säuglinge zu taufen.

Eine wichtige Rolle spielt auch die Einsicht, dass «Familie» nicht in sich abgeschlossen sein kann und darf und weitere Beziehungsfelder wichtig sind. Während Leus sich sonst bei besonderen Anlässen entweder in einem grösseren Familien- oder einem Freundeskreis treffen, waren es bei der Taufe Familienangehörige und Freunde. Sie haben auch die Patenleute aus dem Freundeskreis ausgewählt. Es ist für sie deshalb klar, dass die Tauffeier für und mit ihren Kindern nicht im ganz privaten bzw. kleinfamiliären Rahmen und in der Natur stattfindet. Ihre Kinder sollen mit Menschen ausserhalb der Familie in Kontakt kommen und sich mit anderen Themen auseinandersetzen können, als dies zu Hause möglich ist. Sie könnten dabei auch auf neue Dimensionen aufmerksam werden, gerade auch im Hinblick auf Spiritualität und «religiöse Gefühle». Damit werden Schritte möglich «von der Familie weg in Bereiche, ja, die neu begangen werden können».

---

[32] Frau Matter bestätigt mir dann auch, dass ihre Tochter hier klar sieht: Auch für sie wäre niemand aus der Verwandtschaft für die Patenschaft in Frage gekommen.

[33] Dieser Sachverhalt wird in zahlreichen Interviews zum Thema Patenschaft bestätigt. Grundlegend ist die Monographie von Graf 2007.

Ausdrücklich äussern Herr und Frau Leu die Überzeugung, dass es
zeitliche und räumliche Perspektiven braucht, welche die (familiäre) Aktua-
lität transzendieren. Der nichtöffentliche Rahmen (z. B. der private Raum
der Familie oder besondere Orte in der Natur) bedeutet Herrn Leu
ausserordentlich viel. Trotzdem kritisiert er, dass das Private «überbetont»
werde. Der «Gedanke der Tradition» ist ihm wichtig, weil er den Rahmen
der Gegenwart sprengt (s. unten 3.1.3).

Für beide Familien ist bezeichnend, dass sie die Taufe nicht nur als Fa-
milienangelegenheit verstehen. Die transfamiliäre Dimension ist für sie
ebenso wichtig. Sie oszillieren zwischen diesen Polen. Es ist eine dynamische und kreative Ambivalenz, die neue Perspektiven und Handlungsmöglichkeiten eröffnet. Es ist gerade nicht so, dass es um ein (eindimensionales, dichotomisierendes) Entweder-oder geht[34], in dem sich
«familiär» und «transfamiliär» unvermeidlicherweise konkurrenzieren und
deshalb auseinanderbrechen müssen.[35]

Bezogen auf die Abb. 1: Bei einer eindimensionalen Entweder-oder-
Polarität kann nur *entweder* die transfamiliäre (a) *oder* aber die familiäre (b)
Dimension favorisiert werden.

---

[34] Simon 1988 brachte mit der Metapher des «Oszillierens» ein alternatives Modell
zu derjenigen «bipolaren» Logik ins Spiel, die dadurch gekennzeichnet ist, dass
die Zuschreibung zum einen Pol immer an die Negation des anderen Pols gebunden ist. Er votiert demgegenüber für ein Denkmodell, das von der Möglichkeit eines «Oszillierens» ausgeht. Simon unterscheidet dabei eine «fast
oscillation» (sie geschieht innerhalb von Sekunden, Stunden oder von Tag zu
Tag) und einer «slow oscillation», die sich über grössere Zeiträume erstrecken
kann (Simon 1988, 221).
Um dies auch in einem Diagramm sichtbar zu machen, schlage ich vor, im Gegensatz zu einem eindimensionalen Modell (bei Simon FIG. 1 und hier Abb. 1a
und 1b) eine mehrdimensionale Darstellung zu verwenden, in der augenscheinlich wird, wie beide Pole gleichzeitig wirksam sein können (siehe unten Abb. 2).

[35] Vgl. dazu auch unten 4.3.1: Ich spreche dann vom «Abbruch» einer Ambivalenz
und von «Brüchen».

Abb. 1a

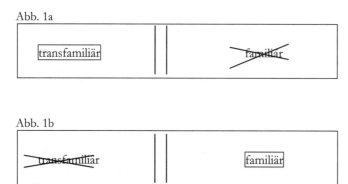

Abb. 1b

Anders bei einer (immer mehrdimensionalen) Ambivalenz (Abb. 2): Hier wird eine wechselseitige Verstärkung bzw. Erweiterung möglich, wie sich in beiden oben zitierten Fallgeschichten deutlich zeigt.

Die Gewichtung kann also z. B. stärker bei der transfamiliären und *gleichzeitig,* etwas weniger ausgeprägt, bei der familiären Dimension liegen (wie beim Punkt oben links).[36] Diese Gewichtungen können sich verschieben (zum anderen Punkt und ggf. wieder zurück) – was als «Oszillieren» bezeichnet werden kann.

---

[36] Dies kann z. B. dann der Fall sein, wenn die Gotte keine direkte Verwandte ist, sondern aus dem Freundeskreis gewählt wurde. Oder wenn eine Mutter erzählt, es sei für sie wichtig gewesen, bei der Taufe mit den anderen (nicht-familiären) Teilnehmenden eine «grosse Familie» zu bilden.

Abb. 2

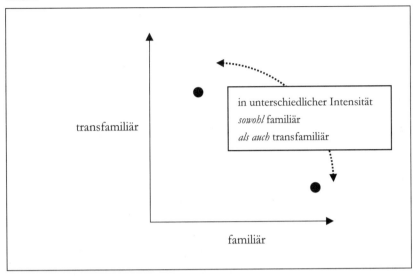

transfamiliär

in unterschiedlicher Intensität
sowohl familiär
als auch transfamiliär

familiär

Ähnliche Beobachtungen habe ich in vielen Interviews gemacht. Eine einseitige Fixierung auf «die Familie», wie sie in theologischen und kirchlichen Kreisen oft behauptet und bemängelt wird, zeigt sich bezeichnenderweise dort, wo Familien in den Taufgesprächen und -gottesdiensten den Eindruck bekommen, dass sie als Familie mit ihren eigenen Lebenswelten und ihren spezifischen Erfahrungen *un*beachtet bleiben. Dadurch wird ihnen ein für sie lebensweltlich relevanter Zugang zur Taufe abgeschnitten, was auch die transfamiliäre Dimension für sie unzugänglich macht. Umgekehrt ist bei vielen Familien zu beobachten, dass ihnen die Beachtung der familiären Dimension den Zugang zu transfamiliären Aspekten der Taufe nicht nur ermöglicht; vielmehr wird ihr eigenes Bedürfnis nach ‹mehr› als einer binnenfamiliären Bestätigung sichtbar.

Auch von hier aus ist es sinnvoll, den Wunsch nach besonderen Taufgottesdiensten nicht *von vornherein* negativ zu bewerten. Christian Albrecht hat bemerkt, dass «die Gegner der Taufen im separaten Kasualgottesdienst [...] von einer Hochschätzung des Gemeindebegriffs geprägt [sind], die dort ideologieverdächtig wird, wo sie mit einer Geringschätzung individueller und nonkonformer christlich-kirchlicher Lebensformen einhergeht. [...] Die Taufbegehrenden, die sich sonst so selten blicken lassen, ‹sollen einmal sehen, wie es hier bei uns ist›. Die Taufe wird in andere Gottesdienste verlagert, um die Taufgesellschaft zur interessierten Teilnahme an einem regulären Gottesdienst der Kerngemeinde zu zwingen»[37].

Andererseits sollen damit die möglichen Schwächen von besonderen Taufgottesdiensten nicht verdeckt werden – wie auch die Stärken der Tauffeier in einem öffentlichen Gottesdienst. Taufgottesdienste, die auf die Familie begrenzt werden, können zu privatisierten Ritualen werden, in denen Familien primär sich selbst darstellen (manchmal, in entsprechenden Milieus, mit grossem Aufwand) und dadurch ihrer Relativierung und Erweiterung durch andere Gemeinschaftsformen ebenso ausweichen wie der Herausforderung, die in der ökumenischen Dimension der Taufe und ihrem Charakter als «Sakrament gegen die Apartheid»[38] liegt.

Fruchtbar erscheint mir die hermeneutische Orientierung, die sich aus der Einsicht in die kreative Aufnahme von Ambivalenzerfahrungen für die *Tauf-Sequenz in Gemeindegottesdiensten* ergibt. In manchen ExpertInnen-Interviews wird das Verhältnis der Tauf-Sequenz zu Beginn des Sonntagsgottesdienstes und dem folgenden Gemeindegottesdienst als Problem vermerkt. Insbesondere stellen manche Pfarrer fest, dass diejenigen Gemeindeglieder, die regelmässig am Gottesdienst teilnehmen, sich nicht selten an den Taufen stossen und sie als «Immer-wieder-Dasselbe» oder als Fremdkörper empfinden. Das verbindet sich bei den Pfarrern öfters auch mit der Klage über die Tauffamilien, die völlig gemeindefern seien und vor allem eine *Familien*feier wünschten.

Eine andere Perspektive und Wahrnehmung zeigt sich dort, wo es den Liturginnen gelingt, einen Bruch zwischen den Feiern zu verhindern. Dies wird dadurch möglich, dass sie die Ambivalenz zwischen der familiären und transfamiliären Dimension der Tauffeier nicht in ein Entweder-oder auseinanderbrechen lassen. Die Ambivalenz wird vielmehr kreativ entfaltet – und *in* der familiären Dimension ein auch *trans*familiär relevanter Aspekt oder umgekehrt *in* der *trans*familiären Dimension ein auch für die Tauf*familien* wichtiger Aspekt entdeckt und zum Ausdruck gebracht.

---

[37] Albrecht 2006, 247. Grethlein 2007, 82.87.334ff. argumentiert hier ähnlich und unterstreicht, dass «Gemeinde» nicht mit Parochialgemeinde identifiziert werden darf.
[38] Cornehl 2001, 736.

142

(5) Pfr. S.: Es geht um ein gutes interpretatives Wort. Und das hängt vom Pfarrer, der Pfarrerin ab, ob das dann wirklich gut ist oder nicht. Für mich ist eine Deutung wichtig, die die Taufe im Lebenszusammenhang der Leute platziert. I.: Mhm. Dass man sie dort abholt, wo sie auch sind, in dem Sinne? Pfr. S.: Ja, nicht einfach abholen, sondern deuten. Es ist ja immer Deutung. Aber ich will sie wirklich explizit. Mich dünkt, das ist die Aufgabe von Taufen, aber auch von Predigten: Beleuchtungen zu machen, damit die Zuhörerinnen und auch der Sprechende selbst in diesem oder jenem Punkt ein bisschen besser begreifen, was läuft, und ein bisschen getroster sind.

3.1.3 Oszillieren zwischen Überlieferung und Kontextualisierung

Eine ebenfalls spannende Ambivalenz besteht zwischen Überlieferung[39] und Kontextualisierung. Wiederum ist ein Oszillieren zu beobachten, sofern Überlieferung und Kontextualisierung nicht als polare Gegensätze gegeneinander ausgespielt werden und die Ambivalenz zerbrochen wird.

Auch in diesem Zusammenhang sind wir in unseren Untersuchungen auf Vorurteile sowohl auf Seiten der Beteiligten als auch der Liturginnen gestossen. Sie wurden vor allem dort augenscheinlich, wo die Pfarrer in Taufgesprächen die Beteiligten über ihre «Motivation» auszufragen versuchten.[40] Christian Albrecht schreibt, dass «die beliebte, verlegene Frage

---

[39] Ich unterscheide im Folgenden (im Sinn einer Arbeitshypothese) zwischen «Überlieferung» als der *vorliegenden*, meist schriftlich *festgelegten Tradition* und der «praktizierten Tradition» als der *konkreten, aktuellen Tradierung* solcher Überlieferung. Vorausgesetzt ist die hermeneutische Grundentscheidung, dass jede aktuelle Tradierung, sofern die «Überlieferung» berücksichtigt und nicht unterschlagen wird, eine *Kontextualisierung* und damit eine Veränderung der «Überlieferung» impliziert. Damit ist über die Sachgemässheit dieser Kontextualisierung noch nicht entschieden, aber das (unvermeidliche!) hermeneutische Problem formuliert. So kann eine Tradierung, von der behauptet wird, sie bringe nur und allein die vorgegebene Tradition zum Zug (z. B. durch Wiederholung), durch die unvermeidliche Deutung, welche diese «Überlieferung» durch den aktuellen Kontext und die RezipientInnen erfährt, die «Überlieferung» *de facto* bis zur Unkenntlichkeit verzerren (z. B. wenn die trinitarische Tauf-Formel bei Zwangstaufen verwendet wurde, wie sie in der Kirchengeschichte nicht so selten praktiziert wurden).

[40] Es ist ein grundlegender Unterschied, ob «Warum»-Fragen gestellt werden, die auf eine («richtige» oder «falsche») Antwort zielen (wie bei einer platten Prüfung), oder ob den Teilnehmenden am Gespräch ein Raum geöffnet wird, in dem sie erzählen können, auch darüber, wie sie zum Taufwunsch gekommen sind; eine solche Erzählung kann nicht «richtig» oder «falsch» sein. Die meisten Leute unterscheiden sehr wohl zwischen platter Prüfung und (aufmerksamem und lernbereitem) Interesse und verhalten sich entsprechend.

des Kasualpfarrers», weshalb das Kind eigentlich getauft werden solle, ebenso «verbreitet wie verkehrt» sei. Dass in der Regel auch nicht gefragt werde, weshalb die Angehörigen den Verstorbenen kirchlich bestatten lassen wollten, zeige die ganze Unangemessenheit der Frage nach den Motiven. «Der Pfarrer wird, wenn er sich im Gespräch ein Bild über das Individuelle dieses Kasus verschaffen möchte, seine Sensorien also anders und subtiler einsetzen müssen als durch den Einsatz der platten Frage nach den Motiven.»[41] Das «obszöne» Ausfragen[42] führt meist dazu, dass die Eltern der Pfarrerin das sagen, wovon sie denken, dass sie es hören möchte; ihre Auskunft wird formelhaft und ein Konstrukt, das wenig oder nichts mit dem zu tun hat, was für die Eltern lebensweltliche Relevanz hat.

Wenn der Pfarrer so fragt, dass die Eltern sein Interesse an ihrer Situation und ihren Erfahrungen spüren, wird ein Raum geschaffen, in den sie sich mit ihren Fragen und ihrem meist auch religiösen Suchen wahrgenommen sehen. Damit kann auch ihre eigene «religiöse Kompetenz» zum Zug kommen.[43] Wiederum lässt sich in vielen Interviews mit Betroffenen wie mit Liturginnen beobachten, dass dies gerade nicht dazu führt, dass die Eltern den Pfarrern diktieren, was diese nun zu tun und zu sagen haben (oder was sie nicht tun und sagen dürfen). Im Gegenteil erwarten sie, dass die Pfarrer jene Kompetenzen ins Spiel bringen, die sie den Eltern voraus haben (sollten): Kompetenzen der Ritualleitung[44] und des hermeneutisch sensiblen Einbringens von Überlieferungen, die den Eltern nicht bekannt sind.[45]

Die elementare hermeneutische Aufgabe der wechselseitigen Vermittlung von Überlieferung und heutigen Lebenswelten (und damit eines lebendigen Tradierens) wird so zu einem gemeinsamen und ebenso anspruchsvollen wie spannenden und aufschlussreichen Unternehmen.[46]

---

[41] Albrecht 2006, 256.

[42] Ich begründe diese Formulierung in Müller 1988, 115–123 – in Anlehnung an Aron R. Bodenheimer 1984. – Dazu auch treffend Albrecht 2006, 256: «In einer solchen Situation müsste es erlaubt sein, die Rollen zu vertauschen. Man sollte die Fragen zurückgeben dürfen: Warum sind Sie Pfarrer geworden? Warum haben Sie sich kirchlich trauen lassen?»

[43] Dazu unten 4.2.4.

[44] Dazu unten 4.2.5.

[45] Dazu ausführlicher meine Hinweise in Müller 2007b.

[46] Ausgehend von empirischen Beobachtungen: Friedrichs 2000.

Oft äussern sich Eltern nachher positiv überrascht, dass sich ihr Vorurteil über das kirchliche Ritual nicht bestätigt habe: Es sei nicht so gewesen, dass sie sich einfach einer kirchlichen Konvention hätten einfügen und das tun und sagen müssen, was man halt in solchen Situationen tun und sagen müsse. Es sei vielmehr um etwas gegangen, das sie selbst auch betreffe und ihnen nahe gehe – und die Taufvorbereitung wie die Tauffeier habe etwas mit ihrem Leben zu tun gehabt.

In beeindruckender Weise zeigt sich ein kreatives Umgehen mit der Ambivalenz von Überlieferung und Kontextualisierung in den Fallgeschichten (2) und (3).

Bei der Taufe von Katja fällt ihre Auseinandersetzung sowohl mit der kirchlichen und biblischen Tradition wie mit den damit verknüpften gesellschaftlichen Konventionen auf. Katja macht sich kundig, wie eine Taufe in der Kirche verläuft, und bereitet sie gemeinsam mit ihrer Mutter und dem Pfarrer vor. Die traditionellen Sequenzen der Taufe sind ihr wichtig. Sie wählt mit grosser Intensität ihre eigenen zwei Taufsprüche[47], und auch das Taufgebet ist für sie von Bedeutung; als sie mir (als Interviewer) ihr Tauf-Fotobuch zeigt, weist sie ausdrücklich auf diese Sequenzen hin.

Katja setzt durch, dass die Taufe im Anschluss an die vorliegende Tradition stattfindet und bringt ihre Mutter dazu, sich neu zu dieser Tradition in Beziehung zu setzen.

> *Frau M.: Ich hatte ziemlich (.) ja (.) Kämpfe in mir mit der Kirche. Also mit der ganzen Institution, aufgrund meiner Geschichte (.) und jener Sachen (.) und merkte einfach: Aber für Katja ist das anders. Und ich kann es mittlerweile auch anders nehmen. Und ich merke, im traditionellen Rahmen von Kirche kann ich mir trotzdem herausnehmen, was für mich oder was für sie wichtig ist. […] Und von dem her habe ich mich auch recht frei gefühlt.*

Frau Matter sagt später im Interview, sie vermute, Katja habe in der labilen und von Brüchen geprägten Situation etwas Altes und Beständiges gesucht.

> *Frau M.: Also ich für mich hätte auch anders feiern können, ohne das kirchliche Zeremoniell. Aber für Katja war es wichtig, und da hat es auch*

---

47 Es ist kaum zufällig, dass einer der beiden Taufsprüche, die Katja nach langem Überlegen wählt, eine ambivalente Konstellation bezeichnet: «Lachen hat seine Zeit und Weinen hat seine Zeit. Tanzen hat seine Zeit und Klagen hat seine Zeit» (Koh 3). – Als zweiten Taufspruch wählte Katja Ps 91,11: «Gott hat seinen Engeln befohlen, dass sie dich behüten auf allen deinen Wegen.»

für mich gestimmt. I.: Das war für sie wichtig. Warum denken Sie? Frau M.: Also schon, das hat man dann gemerkt (..), es ist etwas Altes, etwas Beständiges. I.: Wie kommen Sie darauf, dass es für sie so war? Frau M.: Weil [...] es war ja damals so eine chaotische Zeit, als mein Partner wieder zu uns gekommen ist, und dann bin ich schwanger geworden, und dann ist er wieder herausgefallen, und es war höllenschwierig, und ich wusste in dem Moment nicht, kann ich das Kind überhaupt austragen (.), und ich denke, dann war das schon so etwas, ein wenig, etwas Beständiges für sie.

Herr Leu, eher distanziert gegenüber der verfassten Kirche, betrachtet die kirchlichen Überlieferungen als wichtigen Teil unserer Kultur. Er findet es sehr schade, dass die Taufe nicht beim traditionellen Taufstein stattfindet. In den Interviews erläutern er und seine Frau ihre (unterschiedlichen) eigenen Interpretationen der Taufe ihrer Kinder, verwoben mit ihren beruflichen und familiären Lebenswelten.

Beide Familien sind an der durch das Oszillieren zwischen den beiden Polen ermöglichten Bedeutungskonstitution der Taufe ihrer Kinder massgeblich beteiligt. Frau Matter bringt sogar eine im traditionellen Ritual nicht vorkommende Sequenz ein.

Wiederum zeigt sich die Fruchtbarkeit einer mehrdimensionalen Darstellung der Ambivalenz.

Abb. 3

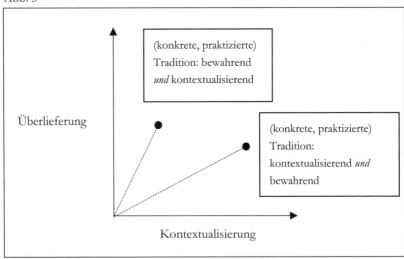

146

Überlieferung muss keineswegs in Konkurrenz zu Kontextualisierung stehen. Das wäre bei einem eindimensionalen und binären Entweder-oder der Fall (Abb. 4a und 4b).

Abb. 4a

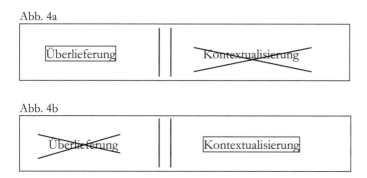

Abb. 4b

Vielmehr erweist sich die Lebendigkeit von Überlieferungen in der Befähigung, in unterschiedlichen Kontexten mit unterschiedlichen Gewichtungen Tradition zu vollziehen[48] – wie Glut, die neues Feuer zu entzünden vermag.

Demgegenüber verdeckt und ignoriert die eindimensionale Entgegenstellung (Dichotomisierung) von Überlieferung und Kontextualisierung, dass jeder Rückgriff auf vorgegebene Tradition und jede Verwendung von Überlieferung die Kontextualisierung unvermeidlich impliziert: So ist bereits jede Übersetzung auch eine Kontextualisierung (und eine Interpretation) – ebenso jedes Zitieren einer Überlieferung in einem andern Kontext und mit anderen Rezipienten. Wenn die Kontextualisierungen verdeckt bzw. ignoriert werden, sind sie keineswegs inexistent. Sie werden lediglich gegen kritische Rückfragen immunisiert – und die Willkür wird als «Überlieferungs»-Treue ausgegeben.[49]

[48] Vgl. dazu grundlegend: Scholem 1970, 90–120; dazu die überaus aufschlussreiche Diskussion des Verhältnisses von Spontaneität und Rezeptivität bei Schori 1992, 255ff.

[49] Ein bis heute folgenreiches Beispiel: Indem mit der «Konstantinischen Wende» die Taufliturgien und -texte, die für die Erwachsenentaufe bestimmt waren, auf die Säuglingstaufe transferiert wurden, bekamen diese Liturgien und Texte ganz andere Bedeutungen und Funktionen, auch wenn der Wortlaut gleich blieb.

3.2 Das Ritual, charakterisiert durch Spannungsfelder – und als Potential für die Wahrnehmung und Gestaltung von Ambivalenzen

Ich gehe von einer Ritualdefinition (als Arbeitshypothese) aus, in der «Ritual» ein strukturiertes Gefüge von Symbolen und symbolischen Handlungen bezeichnet.[50] Es kann also nicht durch etwas anderes (z. B. durch verbale Kommunikation) ersetzt werden und ist keine Illustration für etwas, das auch ohne Ritual zugänglich wäre. Ein Ritual wird vollzogen, ist also nicht «an sich». Eine Beschreibung ausserhalb des Vollzugs ist bereits eine Reduktion und Abstraktion. Ein Ritual weist ein wiederholbares Muster auf und ist in einem spezifischen Rahmen situiert. Es zeigt in Richtung Ausseralltäglichkeit oder Transzendenz. Als Vollzug ist es immer auch durch Machtbeziehungen bestimmt. Je nach Gebrauch und soziokulturellem Kontext sind seine Wirkungen unterschiedlich, oft auch widersprüchlich und konträr.

Dieses Ritualverständnis wird im Folgenden durch die Unterscheidung von *«liminalen»* und *«liminoiden»* Ritualen und durch die Kontextualisierung konkretisiert.

Die leitende Hypothese liegt darin, dass Rituale (hier die bei Kasualien vollzogenen Rituale) als eine durch Spannungsfelder charakterisierte Handlungsform gesehen werden, in welcher ein spezifisches Potential für die Wahrnehmung und Gestaltung von Ambivalenzen liegt und zum Zuge kommen kann.

In der Trauerfeier (Fallgeschichte 1) war der Moment äusserst heikel, in dem ein Kollege des Verstorbenen den Liturgen unterbrach – und ein Streit auszubrechen drohte.

Der Raum des Rituals ermöglichte es dem Ritualleiter, die explosive Situation weder zu ignorieren, noch in Panik zu geraten. Die Abdankungsfeier war nicht ein Ritual, das er für diese Situation erfunden hatte. Pfr. B. bezog sich als Ritualleiter auf eine lange Tradition und bewegte sich in einem rituellen Rahmen, der ihm vorgegeben war. Dieser Rahmen war ihm aber nicht starr und fixiert vorgegeben. Das Ritual konnte als einmaliges Ritual für *diesen* Todesfall, für *diese* Familie, für *diesen* Kreis von

---

[50] Die in vielem disparate Ritualdiskussion kann hier nicht aufgenommen werden. Einen guten Überblick und viele Informationen bietet Dücker 2007. – Zur grundlegenden Veränderung von religiösen Ritualen in der Moderne und Spätmoderne vgl. Friedrichs 2008, v. a. 37–56.

Teilnehmenden gestaltet werden. Damit wird deutlich, was gemeint ist, wenn ich «Ritual» als eine durch Spannungsfelder charakterisierte Handlungsform definiert habe: Die Feier ging von vorgegebenen Traditionen aus *und* sie war auch innovativ. Sie war regelgeleitet – *und* sie gab Raum für Überraschendes und nicht Vorhersehbares. Sie war kontextunabhängig *und* kontextabhängig. Sie symbolisierte Kontinuität *und* Diskontinuität. Das Ritual bildete einen Schutzraum *und* die Voraussetzung für eine wenigstens zeitweilige Unterbrechung von (scheinbar) Selbstverständlichem und Festgelegtem. Die rituelle Struktur ermöglichte es dem Ritualleiter, die besondere Autorität seiner Rolle ins Spiel zu bringen, die nicht Entweder-oder-Dichotomien favorisiert, sondern Ambivalenzen aushält und kreativ und sorgfältig[51] damit umgeht.[52] Der Ritualleiter wurde in dieser Rolle auch akzeptiert.

Die Eltern hatten sich dazu bewegen lassen, die Feier nicht zu privatisieren und gegen aussen abzuschotten. Es war eine Feier für die anwesende divergente Öffentlichkeit; ebenso ermöglichte es das Ritual, die Intimität der Familie und die Gefühle derjenigen, die dem Verstorbenen am nächsten standen, zu wahren und zu schützen. So befähigte der Klagepsalm die Mutter (und vielleicht auch den Vater) von Heinz, die dichten Momente des Trauergesprächs zu vergegenwärtigen und dem Gefühlschaos, dem Schmerz, der Wut, den Erinnerungen und Gedanken einen Ort zu geben, ohne dass die Eltern vor den anderen Teilnehmenden am Gottesdienst blossgestellt worden wären.

Auch andere Sequenzen des Rituals wie die Gebete, der Lebenslauf, die Predigt, die Musik, die Stille und der Segen konnten zu solchen Orten werden, nicht nur für die Eltern.

Es scheint mir deshalb sinnvoll und weiterführend zu sein, Rituale (auch) *als Geflecht von Spannungsfeldern zu verstehen*[53] – und dadurch als «Er-

---

[51] Es kann also nicht darum gehen, Ambivalenzerfahrungen gleichsam zu «entfachen» und die Menschen dann damit allein zu lassen.

[52] Dazu unten 4.2.5.

[53] Es sei hier auf eine parallele Einsicht aus dem pädagogischen Bereich verwiesen: So kennzeichnet von der Groeben 2000, 16f. Rituale in der Schule als Geflecht von Spannungsfeldern. Sie nennt folgende Ambivalenzen: Offenheit *und* Geschlossenheit; «Zeitlosigkeit» *und* Vergänglichkeit; «fraglose» Gültigkeit *und* Veränderbarkeit; Überwältigung *und* Desorientierung; Unverstehbarkeit *und* Einsicht; Erlebnis *und* Kognition; kollektive *und* persönliche Identität.

möglichungsraum» für Ambivalenzen. Dies kann dort besonders deutlich in Sicht kommen, wo liminale Rituale (a) zu liminoiden Ritualen (b) werden oder bereits geworden sind.[54]

a) Mit *«liminal»* werden verbindlich festgelegte Rituale innerhalb relativ stabiler gesellschaftlicher Systeme bezeichnet. Das trifft auch für die etablierten kirchlichen Rituale (die Kasualien Taufe, Konfirmation, kirchliche Trauung, Bestattung) zu, wenn sie innerhalb eines festgefügten kirchlichen Milieus gefeiert werden. Die Beteiligten haben sich in den dafür bestimmten Rollen in den Prozess einzuordnen. Die zeitweilige Unterbrechung des Alltäglichen wie auch der momentane Zugang zu einer «anderen» Welt verstärken die selbstverständlich in Geltung stehende Sozialstruktur und legitimieren sie. Die für das Ritual festgelegte und vorgegebene Tradition wird durch entsprechende Ritualleiter und die sie autorisierende Organisation gewahrt. Die Rituale sind entsprechend definiert. Alle «Handlungen und Symbole sind Pflicht. […] Gerade dieser Pflichtcharakter ist ein wichtiges Merkmal, das das Liminale vom Liminoiden unterscheidet»[55]. Die Spielräume für andere Möglichkeiten sind «äusserst reduziert»[56].

Durch den Verlust des Ritual- und Deutungsmonopols der Kirchen und Glaubensgemeinschaften im Kontext einer viel grösseren Wahl- und Partizipationsmöglichkeit der Betroffenen sind diese (im von den Kirchen kontrollierten Bereich) liminalen Übergänge ‹verflüssigt› worden. Dementsprechend werden im Bereich der kirchlichen Rituale *liminoide* Übergänge manifest.

b) Diese *liminoiden* Phänomene sind nicht durch Pflicht, sondern durch Freiwilligkeit gekennzeichnet[57]; Improvisationen sind «sowohl auf verbalen als auch auf nichtverbalen Ebenen nicht bloss nur erlaubt, sondern notwendig»[58]. Eltern können z. B. – anders als zu den Zeiten, in

---

[54]   In manchen ExpertInnen-Interviews mit Pfarrpersonen zeigt sich, dass die Pfarrpersonen durch die Einsicht in die Spannungsfelder des Rituals (z. B. die Spannung, gleichzeitig vorgegeben und für eigene Gestaltung offen zu sein) auch fähiger werden, mit den Beteiligten Ambivalenzen wahrzunehmen und rituell zu gestalten.

[55]   Turner 1989, 65. «Selbst das Überschreiten der Regeln ist während der Initiation *vorgeschrieben*» (ebd.).

[56]   Turner 1989, 67.

[57]   Vgl. Turner 1989, 66; weiterführend zu Turner: Schroeter-Wittke 2003, 575–588; Förster 2003 – mit kritischen Rückfragen an Turner.

[58]   Turner 1989, 130.

denen die Taufe ein fraglos vorgegebenes und gesellschaftlich definiertes[59] liminales Ritual war – auf die Taufe verzichten, ohne dass ihnen und ihren Kindern dadurch Nachteile erwachsen. Oder, bezogen auf die Hochzeit: Dass die Kirche bezüglich der Trauung kein Ritenmonopol mehr besitzt, verstärkt die Unabhängigkeit und die Wahlmöglichkeit der Paare in Bezug auf die kirchliche Trauung.[60] Eine Besonderheit verantwortlich vorbereiteter und durchgeführter liminoider Rituale im kirchlichen Bereich scheint mir darin zu liegen, dass sie die liminalen Rituale nicht einfach wegbrechen, sondern sie in kreativer Weise *rezipieren* und *transformieren*. Liminoide kirchliche Rituale müssen also keineswegs einen totalen Traditions-*Bruch* darstellen; vielmehr können sie Traditionen neu zur Geltung bringen, die in den liminalen Fixierungen verdeckt wurden oder verloren gingen.[61]

In liminoiden Ritualen[62] wird es möglich, Ambivalenzen wahrzunehmen und mit Ambivalenzen umzugehen, die in liminalen Ritualen durch die Festlegung auf vorgegebene und als eindeutig erscheinende Deutungsmonopole nicht oder nur rudimentär zum Ausdruck kommen können. Die Rituale, auf die ich im Folgenden Bezug nehmen werde, sind in hohem Ausmass liminoide Rituale.

---

[59] So hatte die Taufe auch (oder primär?) eine grundlegende zivilrechtliche Funktion.

[60] Vgl. Fopp 2007, 146–148. Fopp entdeckte in ihren empirischen Untersuchungen zur kirchlichen Trauung die Fruchtbarkeit des Ambivalenz-Konzepts für Theorie und Praxis dieser spezifischen Kasualie und erörtert dies in Hinsicht auf die Dimensionen der Trauung als Segensraum, als Ritual, als Beziehungsgeschichte, in den Geschichten der einzelnen Traupaare und in Bezug auf die «Praxis Trauung». Wenn im Folgenden die kirchliche Trauung im Blick ist, beziehe ich mich auf diese Monographie, ohne dies immer anzumerken.

[61] Ich versuche dies am Beispiel der Taufe zu zeigen in Müller 2007c.

[62] Turner hat in seinen diesbezüglichen Untersuchungen kirchliche Rituale kaum im Blick. Diese gelten auch in der Regel wie selbstverständlich als Paradebeispiele für *liminale* Feiern. In Kirchen, in denen diese Rituale durch verbindlich vorgeschriebene Agenden weitgehend festgelegt sind, trifft dies auch zu. Die Auflösung der kirchlichen Ritual- und Deutungsmonopole und die damit verbundenen tiefgreifenden Veränderungen haben aber diese Selbstverständlichkeit in vielerlei Hinsicht brüchig werden lassen und zu vielen liminal/liminoiden Zwischenformen – und eben auch zu Ritualen geführt, die angemessener charakterisiert werden, wenn sie als «liminoide» Rituale in den Blick kommen.

4. Umgang mit Ambivalenzen

Es ist nicht selbstverständlich, dass Ambivalenzen wahrgenommen werden können. Sie stellen eingespielte Beziehungsmuster in Frage und weisen auf Risse in den Welt- und Selbstbildern, die normal oder fraglos erschienen. Ebenso wenig selbstverständlich sind Umgangsweisen mit Ambivalenzen, die nicht verdecken, sondern kreative Möglichkeiten eröffnen.

Ich fokussiere zuerst diejenigen Umgangsweisen, durch welche Ambivalenzen verdeckt, ignoriert und verleugnet werden (4.1). Ich wende mich dann den Perspektiven eines offenen und kreativen Umgangs mit Ambivalenzen zu (4.2) und versuche schliesslich, dem Phänomen der Abbrüche von Ambivalenzen und den Transformationen von Dichotomien und Brüchen in Ambivalenzen auf die Spur zu kommen (4.3).

4.1 Vermeiden, Ignorieren, Verdrängen und Verdecken von Ambivalenzen

Zuerst soll dargestellt werden, dass das Vermeiden und Verdecken von Ambivalenzen in bestimmten Symptomen und Strategien erkennbar werden kann. Ich verbinde damit *nicht von vornherein* eine negative und abwertende Beurteilung. Unter bestimmten Umständen kann es auch sinnvoll sein, Ambivalenzen zu vermeiden, zu ignorieren und zu verdrängen. Es kann allerdings auch zu gravierenden und schädigenden (Selbst-)Täuschungen führen, zur Verzerrung von Wahrnehmungen und zur Erstarrung von Beziehungen.[63]

---

[63] Ich vermute, dass es aufschlussreich wäre, unterschiedliche Strategien zu unterscheiden: 1. Ambivalenzen, die gezielt vermieden oder unterdrückt werden und der Aufrechterhaltung oder Verstärkung bestimmter Machtverhältnisse dienen. 2. Ambivalenzen, die verdeckt werden, um Überzeugungssysteme nicht in Frage stellen zu müssen. 3. Ambivalenzen, die unbewusst verdrängt werden, als Ausdruck von Angst, Ohnmacht und Hilflosigkeit. Ich kann dies im vorliegenden Zusammenhang nicht weiter ausführen. – Lüscher 2001 hat in der Darstellung der unterschiedlichen Modi auch unterschiedliche Strategien des Umgangs mit Ambivalenzen benannt (dazu oben I 4.).

4.1.1 Harmonisierungen, Idealisierungen – und Schönung der Konflikte

Dass Eltern (wie in der ersten Fallgeschichte) so lange wie möglich versuchen, das Bild einer harmonischen oder doch wenigstens «normalen» Familie aufrecht zu erhalten, ist keine aussergewöhnliche Erscheinung. Oft werden Bestattungen im engsten Familienkreis gewünscht, um dieses Bild nicht vor der Öffentlichkeit in Frage zu stellen. Das kann dort ein sinnvoller Schutz sein, wo Familien sonst einem unwürdigen Scherbengericht und diffamierendem Geschwätz ausgeliefert würden. Es kann aber auch Familiensysteme noch gründlicher erstarren lassen.

Harmonisierung kann sich als «Schönen» äussern. Greifbar wird es im *Kitsch* – als einer spezifischen Form der Ausblendung, des Unsichtbarmachens von Widersprüchen und Ambivalenzen.[64] Bei Bestattungsfeiern werden dann Lebensläufe entsprechend überschminkt. Alles, was disharmonisch wirken könnte, wird weggelassen. Die in einer harmonistischen kirchlichen Trauung verwendeten Bilder und Lieder sind prächtig und süss. Es dominiert eine eindimensionale Liebessemantik[65]. Gospel hat Konjunktur – ohne jede Erinnerung an die grausam-disharmonische Ursprungssituation. Wenn die Hochzeit der schönste und ungetrübteste Tag des Lebens sein muss, ist es unvermeidlich, Ambivalenzen auszublenden.[66] Die Vorstellung der intergenerationellen Beziehungen, die in Kitsch-Taufen gezeichnet wird, ist von Ambivalenzen wie Zuwendung – Aggression und Liebe – Hass «gereinigt». Die Mutterschaft wird idealisiert. Durch das Ideal von Konsens und Verantwortung wird die Ambivalenz von Beruf- und Familienanforderungen «wechselseitig versteckt» bzw. verdrängt.[67]

---

[64] Zum Verlust der Ambivalenz im Kitsch vgl. auch Ebach 1986, v. a. 100, Anm. 352. Knapp und treffend Hoffmann 2001: «Du sollst dir kein Bildnis noch irgendein Gleichnis machen» fordert das 2. Gebot des Dekalogs. Dieses Gebot betrifft den Kitsch, nicht die Kunst […] Kunst weist immer über sich hinaus, transzendiert Realität, bleibt fragmentarisch und vieldeutig» (465), zitiert und kommentiert bei Nicol 2002, 76.

[65] Neidhart 1984 hat dies durch eine Umformulierung von 1Kor 13 in pointierter Weise deutlich gemacht.

[66] Vgl. Albrecht 2006, 100.

[67] Becker-Schmidt 1993, 86.

Verwandt mit diesem Kitsch ist eine Version des «Hochkultursche-mas»[68], in dem das Distinguierte, Perfekte und Schöne das Bild prägt und das «Hässliche, Störende, das Leiden, das Unrecht und letztlich der Tod» ausgeklammert sind.[69]

Dass Tendenzen in Richtung Harmonisierung und harmonistischer Vereindeutigung vorliegen, kann sich an der theologischen Bearbeitung von biblischen Texten zeigen, in denen Widersprüche beseitigt und Ambivalenzen abgemildert werden. Wenn dies in Familiengeschichten besonders deutlich zutage tritt[70], wird dies kaum zufällig sein.

4.1.2 Stereotype und Klischees – und Diskriminierung der Pluralität

Aufschlussreich sind hier die Stereotype der nicht-ambivalenten Mutterschaft und der «normalen» Familie (a) – und die Rollenfixierungen, die Simone Fopp in der Schilderung der genderspezifischen Themen bei kirchlichen Trauungen herausgearbeitet hat (b).

(a) Die Wahrnehmung heftiger Aggressionen gegenüber dem Säugling und einer lähmenden Hilflosigkeit dem gegenüber, was dieses «Menschlein» anzurichten vermag, wecken Selbstvorwürfe und -zweifel und Gefühle der Scham und eines schlechten Gewissens. «Es darf doch nicht sein!» Was hier verleugnet wird und mit der Unterdrückung der Ambivalenzen an kreativen Potentialen verloren geht, hat aufschlussreich und pointiert Rozsika Parker beschrieben.[71]

(b) Im Bereich der Kasualie «Kirchliche Trauung» zeigen das Verschweigen der (in den Kirchen jahrhundertelang und z. T. bis heute praktizierten) Frauendiskriminierung[72] und die weitgehende Ausblendung der Gender-Problematik (z. B. die Art der Arbeitsteilung, die Regelung der Kinderbetreuung und der «Familienzeit»[73] usw.), mit welcher Macht sich Geschlechter-Stereotype sowohl in der Kasual-Theorie wie in der Praxis der kirchlichen Trauung bis heute auswirken. Dadurch wird

---

[68] Schulze 1993. Mir scheint zwar in dieser «Kultursoziologie» vieles konstruiert zu sein. Dass sie die Milieu-Diskussion herausgefordert und verstärkt hat, war aber auch für die Theologie lohnend und anregend.

[69] Schibler 1999, 306.

[70] Dazu der Aufsatz von Dietrich in diesem Band.

[71] Parker, 1995; dazu Lüscher/Heuft 2007, 226.

[72] Vgl. Fopp 2007, 26; 343–362; 401–409.

[73] Vgl. Radisch 2007, 178–185.

die Wahrnehmung von Ambivalenzen bei den Ritualleitern und bei den Paaren verhindert. Ein lebensfreundlicher Umgang mit Ambivalenzen wird blockiert.

Die Ausblendung von Widersprüchen und Ambivalenzen wird in der Regel noch religiös oder metaphysisch legitimiert. Ich nenne als Beispiele theologische Konstrukte wie die «Schöpfungsordnung»[74] und bestimmte Christologien[75] oder auch philosophische bzw. biologistische Behauptungen des «Natürlichen»[76], aufgrund derer die Über- und Unterordnung der Geschlechter legitimiert werden soll.

4.1.3 Privatisierung und Ausblendung sozialer und ökonomischer Rahmenbedingungen

Die kirchliche Trauung scheint besonders stark der Privatisierung ausgesetzt zu sein. Simone Fopp unterstreicht in ihrer Untersuchung die Gefahr, dass die kirchliche Trauung die Tendenzen zur Privatisierung und zum Rückzug aus der öffentlichen Reflexion verstärkt und verweist auf die durch das Ritual ebenfalls ermöglichten Aspekte der gesellschaftlichen Relevanz einer kirchlichen Trauung – und die dadurch gegebenen Möglichkeiten der Kritik an gesellschaftlichen Bedingungen von Ehe und Familie. Privatisierte Rituale tragen dazu bei, von den Gefährdungen unseres Menschseins, die von inhumanen Arbeits- und Wohnverhältnissen, struktureller Rücksichtslosigkeit gegenüber der Familie[77], ökonomischen Ideologien, ökologischen Zerstörungen und der Missachtung der Menschenrechte ausgehen, «abzulenken und das bestehende System zu stabilisieren»[78]. Negative Folgen sozialer und ökonomischer Rahmenbedingungen und ungleicher Machtverhältnisse werden als private Angelegenheit ausgegeben.[79] Karl Gabriel hat auf diese «in Krisenzeiten sich zuspitzende Tendenz von Wirtschaft und Politik» aufmerksam gemacht,

---

[74] Krass zeigt sich dies auch in den Stellungnahmen eines Grossteils der christlichen Kirchen (wie der Autoritäten in fast allen Religionen) zur Frage der Homosexualität.

[75] Kritisch dazu Janowski 1995.

[76] Vgl. Daniel 2001, 385; vgl. auch 32.404.412.419.425.

[77] Dazu Kaufmann 1999, 88.

[78] Vgl. Fopp 2007, 34, Anm. 112; vgl. weiter 348–353 und zu den Konsequenzen für eine reflektierte Praxis 403f.

[79] Vgl. Drehsen 1994, 188.

«die Folgen ihrer Krisenoperationen für die betroffenen Menschen in die Unsichtbarkeit einer erweiterten Privatsphäre abzuschieben».[80]

Auch bei der Bestattung sind Tendenzen der Privatisierung unübersehbar, und Taufen können zu Zeremonien werden, die nichts mehr mit den realen Bedingungen von Familien heute zu tun zu haben scheinen. Die gesellschaftliche Dimension von Widersprüchen, Brüchen und Ambivalenzen wird dabei unsichtbar gemacht.

Viele christliche Traditionen sind mit diesen Privatisierungstendenzen nicht kompatibel. Auf dem Hintergrund dieser Traditionen werden die Ritualleitenden die gegenkulturellen Potentiale[81] der Kasualien auch durch die Profilierung der Rituale als Ermöglichungsraum von Ambivalenzen ins Spiel bringen: vor allem von zentralen Ambivalenzen wie Intimität und Öffentlichkeit, Familiarität und Transfamiliarität sowie Ethik und Ästhetik.[82]

4.1.4 Moralisierung, Abwertung, Überforderung

(6) Also (.), wahrscheinlich bin ich einfach die letzte Mutter, dass mir dies (sc. die Beziehung zu ihrer kleinen Tochter) einfach so fehlt.

So äussert sich eine Mutter, als sie von den schwierigen ersten Monaten nach der Geburt erzählt.[83]

Eine andere Mutter sagt im Interview im Zusammenhang mit der schmerzlichen Erfahrung, ihr Kind, das sie doch liebe, geschlagen zu haben:

(7) Ich hatte dann immer das Gefühl, dass ich eine sehr schlechte, ungeduldige Mutter sei (lacht ein wenig) – und erst im Gespräch und im Austausch mit anderen Müttern habe ich gemerkt: Es geht anderen auch nicht anders. Und sie finden es auch nicht toll, und ihnen ist auch schon einmal irgendwie eine Hand ausgerutscht, um eins auf die Finger zu klopfen. Und es darf sein, es ist nicht gut, aber es darf auch einmal sein. [...] Manchmal braucht es Mut, selbst bei Freundinnen, dies anzusprechen, also auch mit sehr eng vertrauten Leuten, weisst du. Sozusagen: ‹Du (.), ich habe dem Micha auf die Finger gehauen. Und (.) ich weiss nicht mehr, was machen, und habe danach

---

[80] Gabriel 2006, 96.

[81] Diese «kontrakulturellen» bzw. ideologiekritischen Potenzen der Kasualien herauszustellen ist ein Charakteristikum der «Grundinformation Kasualien» von Grethlein 2007, v. a. 266; 305–307; 320–322.

[82] Ich äussere mich dazu ausführlicher in Müller 2007a.

[83] Vgl. oben 3.1.1.

selbst geweint.› Das sind Situationen, wo du dann eben alleine mit diesem
Kind zu Hause bist und denkst: Das darf nicht wahr sein!

Viele Pfarrerinnen erzählen in den ExpertInnen-Interviews, wie solche
Ansprüche, Wertungen und Abwertungen, in denen Widersprüche und
Ambivalenzen durch moralische Verurteilung unzugänglich gemacht
werden, zu Überforderungen und einem lähmenden Erwartungsdruck
führen. Sie wollen dies im kirchlichen Ritual nicht noch fördern:

> *(8)... dass es auch eine harte Zeit ist, oder. Also den Erwartungsdruck he-*
> *runternehmen, herunterschrauben. Nicht sagen: ‹In der Kirche geben wir*
> *eurer Freude noch eins drauf, denn es ist dann noch schöner!›[84]*

4.2 Perspektiven eines offenen und kreativen Umgangs mit Ambivalenzen

Die Wahrnehmung von Ambivalenzen kann tief verunsichern und Beziehungsmuster, Machtverhältnisse, Identitätskonstrukte und Weltbilder
in Frage stellen. Ambivalenzen werden deshalb abgewehrt, ignoriert,
verdeckt und abgebrochen.

Das In-Frage-gestellt-Werden kann aber auch als lebensförderliche
Herausforderung angenommen werden. Dies ist nicht selbstverständlich
und impliziert fundamentale Optionen. Ich nenne zuerst die Grundentscheidungen, von denen ich ausgehe (4.2.1). Anschliessend skizziere ich
Symbole, Symbolhandlungen, Rituale, Erzählungen, poetische Texte,
Kunst und schöpferische Gestaltungen als «Medien» für die Gestaltung
von Ambivalenzerfahrungen (4.2.2). Dadurch werden «Räume» zugänglich, in denen kreative Potentiale zum Zuge kommen (4.2.3) und
Menschen zu «religiöser Kompetenz» ermächtigt werden (4.2.4). Eine
besondere Rolle bei den Kasualien spielen die Ritualleitung und ihr Umgang mit Ambivalenzen (4.2.5).

4.2.1 Grundentscheidungen

Dass das In-Frage-gestellt-Werden durch Ambivalenzen auch als lebensförderliche Herausforderung angenommen werden kann, versteht sich

---

[84]   Zur hier abgelehnten kirchlichen Praxis vgl. Baumgartner 1990, 643 und 653.

nicht von selbst. Leitend sind immer bestimmte Grundentscheidungen und «belief systems»[85].

Ich verstehe christliches Leben als «Leben im Übergang», gekennzeichnet durch die elementare Ambivalenz von «schon» und «noch nicht»[86]: Die neue gerechte Welt ist schon angebrochen; es gibt starke Erfahrungen der guten Schöpfung. *Und* es ist «noch nicht erschienen, was wir sein werden» (1Joh 3,2); Lügen, Entwürdigung und Brutalität sind allgegenwärtig. Christlicher Glaube setzt in dieser Schwellenexistenz darauf, dass die Bitte um das Kommen der gerechten Welt handlungsfähig macht und dass die Erfahrung von Fenstern für das Überraschende der Gnade neue Perspektiven eröffnet.[87] Diesem Leben «im Übergang» entspricht ein «belief system», das von der Forderung entlastet, alles in ein definitives und eindeutiges Lehrsystem fassen zu müssen. «Wir erkennen nur Bruchstücke» (1Kor 13,9), sodass die Wahrheit des christlichen Glaubens «in der Gestalt des wissenden Nichtwissens» gesucht werden kann.[88] «Wahrheit» kommt dann als etwas in Sicht, das Menschen nie in den Griff bekommen – «veritas semper maior»[89]. Tragend ist das Vertrauen auf eine umfassende göttliche Geistkraft und einen «Segensraum»[90], der es ermöglicht, den offenen und kritischen Diskurs nicht zu scheuen[91] und in aller Vorläufigkeit nach einem gemeinsamen Leben in Würde und Gerechtigkeit zu suchen.[92] Ist die Schwellenexistenz durch

---

[85] Der Begriff bezeichnet «Grundannahmen über sich selbst und die Welt» (Dechmann / Ryffel 2002, 345). Es wird also nicht gleich eine Konnotation zu bestimmten Religionssystemen hergestellt und deutlich dargelegt, dass es sich um einen elementaren anthropologischen und erkenntnistheoretischen Sachverhalt handelt.

[86] Strecker 2004 hat die neutestamentliche Taufe in überzeugender Weise als ausdrucksstarkes Ritual des «Lebens im Übergang» gekennzeichnet.

[87] Ich möchte dies «Transambivalenz» nennen: Die Ambivalenzen werden nicht aufgehoben – und sie werden als vorläufige transzendiert. Ich kann dies hier nicht weiter ausführen.

[88] Neidhart 1995, 191.

[89] «Die Wahrheit ist stets grösser als unser Wissen von ihr»; dazu Schaeffler 1998, 240.244.284.313.322.330.

[90] Wagner-Rau 2000.

[91] Dieses Wissenschafts- und Theologieverständnis ist ausführlicher beschrieben in meinen Überlegungen in Müller 2003, 193–209. – Normative Implikationen sind unumgänglich; unwissenschaftlich sind sie dann, wenn sie verdeckt und nicht diskutabel gemacht werden.

[92] Diese Option ermöglicht auch die Wahrnehmung widersprüchlicher Wirklichkeit und die Suche nach einem lebensförderlichen Umgang mit Ambivalenzen. Dies

die elementaren Ambivalenzen von «schon – noch nicht» und «wissen – nicht wissen» gekennzeichnet, entsteht auch ein Spielraum an Möglichkeiten, «der die mit der Ambivalenz und Mehrdeutigkeit [...] auftauchenden Fragen aufnimmt und durchspielt».[93]

4.2.2 «Medien» für die Gestaltung von Ambivalenzerfahrungen

«Die Hoffnung und der Glaube der Menschen hängt auch davon ab, ob man sie dramatisieren und ins Spiel bringen kann, ob man ihnen eine Gestalt und eine Form geben kann.»[94] Auch Ambivalenzen brauchen eine «Gestalt», eine «Form», damit es zu einer «Erfahrung» und zu einem lebensförderlichen Umgang mit solchen Erfahrungen kommen kann. Ich nenne im Folgenden Symbole und Symbolhandlungen, Rituale, Erzählungen und poetische Texte.

Symbole und Symbolhandlungen

Symbole und Symbolhandlungen können zu Klischees werden, mit denen Ambivalenzen aufgespalten und abgewehrt werden.[95] Werden sie als Symbole in einem offenen Kommunikationsprozess verwendet, kann ihr eigenes ambivalentes Potential zum Zuge kommen: Bewusste *und* unbewusste, analoge *und* digitale[96], expressive *und* impressive Aspekte sind miteinander verbunden. Joachim Scharfenberg / Horst Kämpfer nennen als Grund-Ambivalenzen Autonomie *und* Partizipation, Regression *und*

---

[93] soll in den folgenden Fallgeschichten und Interview-Ausschnitten konkretisiert werden.
Luther 1992, 220 – in aufschlussreichen Überlegungen zu «Schwellen und Passage».

[94] Steffensky 1993, 3.

[95] Immer noch aufschlussreich: Lorenzer 1973. – An einem Beispiel aus dem theologischen bzw. kirchlichen Bereich: Müller 1999; anhand einer verbreiteten Predigtpraxis wird aufgewiesen, wie das Pharisäer-Klischee in vielen Predigten die rhetorische Funktion hat, innerchristliche Widersprüche und Ambivalenzen zu verdecken – durch Dichotomisierung und Projektion des Negierten auf den Gegner.

[96] Die Unterscheidung spielt in der Kommunikationswissenschaft eine wichtige Rolle: Sowohl eindeutig festgelegte wie bildhaft-offene Zeichen sind lebenswichtig. Dazu ist grundlegend: Watzlawick / Beavin / Jackson 2007. – Im Blick auf Rituale vgl. Roberts 1993, 41.44.

Progression und Realität *und* Phantasie.[97] Eben dieses ambivalente Potential scheint es auch in besonderer Weise möglich zu machen, dass Menschen kraft der symbolischen Sprache Widerfahrnissen von Ambivalenzen eine Gestalt zu geben vermögen, die anders nicht adäquat erfasst werden könnten.[98]

Ich beschränke mich auf wenige stichwortartige und nicht weiter erläuterte Hinweise zu Symbolen und Symbolhandlungen bei Taufe, kirchlicher Trauung und Bestattung. Die Hinweise sind deutungsbedürftig[99] und sollen lediglich als Anstoss dienen.

Bei der Taufe: Wasser (Leben ermöglichen und Leben gefährden), Kerze (leuchten und erlöschen), Kreuz (Leben verlieren und Leben gewinnen), Name (der eigene und der ‹fremde› trinitarische Name), Engel (begleitet und eigenständig sein), das Aus-den-Armen-Geben des Kindes (loslassen und Verantwortung übernehmen), Segen (gesegnet werden und selber segnen).

Bei der Trauung[100]: Ring (Verbundenheit und Individualität), die Hände ineinander legen (wissen und nicht wissen), Kuss (profan und heilig), Versprechen (Ja und Nein), Segen (heiter und ernst).

Bei der Bestattung[101]: Kreuz (Gottesfinsternis erleiden und göttliche Zuwendung erfahren), Kerze (leben und sterben), Blumen (blühen und verwelken), Stille (Sprache verlieren und Sprache gewinnen), Erdwurf (von der Erde und zur Erde zurück), Segen (Abschied nehmen und Beziehung bewahren).

---

[97] Scharfenberg / Kämpfer 1980, 170–197

[98] Die Literatur zum Thema «Symbol» ist uferlos geworden. Ich nenne nur drei Titel, die mir im Blick auf unser Thema neue Horizonte geöffnet haben: Langer 1965; Scharfenberg / Kämpfer 1980; Meyer-Blanck 2002.

[99] Ich gehe von einem Symbolverständnis aus, das nicht eine den Symbolen innewohnende (Ur-)Bedeutung unterstellt, sondern sie wie alle «Zeichen» in einem komplexen Zusammenspiel von Zeichenträgern, erfahrenden und deutenden Subjekten/Gruppen und Wirklichkeitsbezügen sieht. Symbole und Symbolhandlungen können so je nach Kontext sehr unterschiedliche Bedeutungen bekommen. Aufschlussreich ist hier die heftige Auseinandersetzung um die «17. Kerze» für den Täter im Erfurter Trauergottesdienst 2002 (dazu Friedrichs 2005, 146–149).

[100] Vgl. Fopp 2007, 383–384.

[101] Vgl. Stutz 1998; Bernhard / Kellner / Schmid 2003; Friedrichs, 2005, 146f.

160

Rituale

Rituale sind uns als Geflecht von Spannungsfeldern begegnet, durch welche die Wahrnehmung und Gestaltung von Ambivalenzen begünstigt wird.[102] Bei (liminal-)liminoiden Ritualen wird das Potential besonders deutlich, einen «intermediären» Raum und eine «intermediäre» Zeit zu erschliessen[103]. In dieser «Mittelstellung» können Menschen Ambivalenzen unterschiedlicher Qualität und Art erfahren, und diese Erfahrung kann auch gestaltet werden – analog zum Potential lebensförderlicher Symbole. Gerade auch in Bezug auf dieses Potential leuchtet es ein, Rituale als «Handlungsform von Symbolen»[104] zu verstehen, erfahrbar als Prozess, als Weg, als körperlich-sinnlich-geistliche Inszenierung[105].

Erzählungen, poetische Texte

In Kasualgesprächen zeigt sich oft, dass durch die Möglichkeit des Erzählens Strategien unterlaufen werden können, durch die Widersprüche, Brüche und Ambivalenzen ignoriert oder verleugnet werden. Das Verschweigen und Ausschweigen wird unterbrochen. Die Beteiligten entdecken dann manchmal auch, wie befreiend und wichtig für sie Gespräche mit Freundinnen und Freunden sind, in denen sie ohne Zensur erzählen können.

Als hilfreich erweisen sich biblische Erzählungen, poetische Texte (wie Psalmen oder Psalmen-Übertragungen, Gedichte), Gebete, Lieder, Aphorismen. Als «offene» Texte geben sie den Rezipientinnen einen Spielraum, eigene Erfahrungen, Fragen, Gefühle, Hoffnungen und Ängste einzubringen.[106]

---

[102] Das zeigt sich auch in den folgenden Beispielen.

[103] Dazu unten 4.2.3.

[104] Luckmann 1985, 535.

[105] Enzner-Probst 2008.

[106] In Bezug auf den seelsorglichen Bereich, der in allen Kasualien eine zentrale Rolle spielen kann, muss ich mich damit begnügen, auf die anregende und ebenso informative wie praxisnahe Arbeit von Schibler 1999 zu verweisen. Schibler verdeutlicht anschaulich und beindruckend, wie durch schöpferisches Gestalten Erfahrungen erschlossen und bearbeitet werden, die vorher verdeckt und verleugnet werden mussten. – Sehr anregend sind auch die Hinweise von Steinmeier 2000 zur «art brut» – im Kontext der Kommunikation mit Menschen mit Behinderungen.

Nicht wenige der Erzeltern-Erzählungen im AT sind komische Erzählungen.[107] In solchen komischen Erzählungen werden Ambivalenzen sichtbar und durch «erlösendes Lachen» neu zugänglich gemacht.[108]

In der ersten Fallgeschichte ist uns die Klage begegnet – als starke literarische Gattung auf der Grenze zwischen Sprache und Nicht-Sprache, zwischen Schrei und Verstummen, zwischen Ich und Zersplittern des Ich. Der folgende Text (frei nach Ps 77) soll als Beispiel dienen.

Klagepsalm

I rüefe so lut wien i cha,
alles i mir isch e Schrei.
Ghört mi Gott?
Gheit mys Rüefe i ds Lääre?

Mängisch
begryffen i nüt meh.
I bi wie ygmuuret
i däm, wo mi i Frag stellt,
wo mi quält
u mer ke Uswäg meh lat.

De bin i stumm,
ha d Sprach verloore,
bringe kes Wort me use.

Gott,
Du masch's mer schwär.
Wen i a Di dänke,
quält's mi erst rächt:
mys ändlose Frage.
I chumen i ds Grüble,
bis i nümm weiss, won i stah,
nümm gspüre, wär i bi.

---

[107] Vgl. den Beitrag von Dietrich im vorliegenden Band und den Hinweis von Lüscher oben I 2.2.2.
[108] Vgl. Berger 1998.

Und alles, won i säge,
dünkt mi läär,
für nüt
u dernäbe.

U de holt mi das y,
wo vergangen isch:
Erinnerige,
Erläbnis,
Ougeblicke vo Glück,
Momänte vo Freud.

Warum isch jitz alles so anders?

Mängisch gseht's so uus,
wie we nüt wahr wär,
wie we's das gar nid gäb:
Ougeblicke vo Glück,
d Neechi vo Gott,
e Bode, wo mi het.

Es isch guet,
dass i das alles cha use schreie:
my Chlag,
mys Im-Lääre-Drähje,
my Bitterkeit.

Du,
fystere Gott,
i sueche Di glych,
dür alles derdüür.
Du bisch ds Liecht,
und i gseh's nid.[109]

---

[109] Aus einer unveröffentlichten Sammlung von berndeutschen Übertragungen
biblischer Texte, die ich verfasst habe. – Übersetzung in die Standardsprache:
Ich rufe so laut wie ich kann / alles in mir ist ein Schrei. / Hört mich
Gott? / Fällt mein Rufen ins Leere? // Manchmal / begreife ich nichts
mehr. / Ich bin wie eingemauert / in dem, was mich in Frage stellt, / was mich

4.2.3 «Räume»

Ausgangspunkt ist ein Interview mit einer Seelsorgerin am Kinderspital. Manchmal wird in Extremsituationen etwas besonders deutlich sichtbar, das in Alltagssituationen weniger konturiert erscheint. Die hochambivalente Situation wird benannt und bekommt einen «Platz». Nichts soll ausgesperrt bleiben müssen. So entstehen ein «intermediärer Raum»[110] und eine «intermediäre Zeit» als Bedingungen der Möglichkeit, auch heftig bedrängenden Ambivalenzen eine Gestalt zu geben. Dass sich dies über verschiedene Phasen erstrecken kann, zeigt, dass es sinnvoll ist, die Kasual-Rituale nicht als isolierte Ritual-*Akte* (Tauf-Akt, Trau-Akt, Beerdigung) zu verstehen. Wenn berücksichtigt wird, dass die Vorbereitungen[111] ebenso wie ihre Vorgeschichte konstitutiv zu solchen Ritualen gehören und die Handlungen oft auch eine dem Ritual folgende Erinnerungs-, Vergegenwärtigungs- und Wirkungsgeschichte haben, die weit über das begrenzte Ritual hinausreichen, ist es auch sinnvoll, vom Ritual als einem umfassenderen Ritual-Zusammenhang zu sprechen. Innerhalb dieses umfassenden Zusammenhangs bekommen die einzelnen Ritual-Sequenzen ihre Bedeutung.

---

quält / und mir keinen Ausweg mehr lässt. // Dann bin ich stumm, / habe die Sprache verloren, / bringe kein Wort mehr heraus. // Gott, / Du machst es mir schwer. / Wenn ich an Dich denke, / quält es mich erst recht: / mein endloses Fragen. / Ich komme ins Grübeln, / bis ich nicht mehr weiss, wo ich stehe, / nicht mehr spüre, wer ich bin. // Und alles, was ich sage, / erscheint mir leer, vergeblich, / und daneben. // Und dann holt mich das ein, / was vergangen ist: / Erinnerungen, / Erlebnisse, / Glücks-Augenblicke, / Momente von Freude. // Warum ist jetzt alles so anders? // Manchmal sieht es so aus, / als ob nichts wahr wäre, / als ob es dies gar nicht gäbe: / Glücks-Augenblicke, / die Nähe Gottes, / ein Boden, der mich trägt. // Es ist gut, / dass ich das alles herausschreien kann: / meine Klage, / mein Im-Leeren-Kreisen, / meine Bitterkeit. // Du, / finsterer Gott, / ich suche Dich trotzdem, / durch alles hindurch. / Du bist das Licht, / und ich sehe es nicht.

[110] Ich rezipiere hier Winnicott; zum Verständnis des «intermediären Raumes» als «Segensraum» in den Kasualien: Wagner-Rau 2000, 107ff.

[111] Vgl. Roberts 1993, 23ff. 60; Davis 1993, 224.236.247; Josuttis 2000, 33.

Fallgeschichte 4 («Nottaufe»):

Es ist eine hochambivalente Situation. (..) Diese Eltern haben allesamt Freude, dass (.) – also sie gehen davon aus, dass das Kindlein lebendig auf die Welt kommt – es kommt lebendig, aber es ist schwer krank, es hat eine Behinderung und man weiss nicht, wie lange es noch leben wird. Ob es durchkommt oder nicht. Und dann ist beides da: Die Eltern freuen sich alle gigantisch auf dieses Kind. Und gleichzeitig ist die Sorge da, eine Angst, eine Verzweiflung. Manchmal eben: Schock. (.) Hoffnung. (.) Viel Hoffnung. (…) Und dies ist eigentlich (.), kann man sagen (…), diese Ambivalenz prägt jede Situation in irgendeiner Form. Manchmal ist die Freude grösser, und manchmal ist die Angst grösser, manchmal ist der Schock noch grösser. Aber dieses Gemisch (.), damit sind wir immer konfrontiert. [...] Und wir versuchen (..), nicht nur die Angst und vielleicht auch die Verzweiflung, die da sind (.), und den Schmerz zu thematisieren – wir wollen dies aber auch nicht verdrängen und sagen: ‹So schön, bist du jetzt da!› und eitel Freude – sondern beides zu thematisieren und beidem gerecht zu werden. Und dies ist extrem schwierig. [...] Wir wollen weder unnötig Sorgen verstärken (.), noch wollen wir Sorgen verdrängen. [...] Ja. Das ist schwierig (leise). [...] Es macht es einfach schwierig, weil (.), es sind einander so widerstrebende Gefühle da, so gegensätzliche Themen. Und diese dann in eine Taufe – in diese kleine Feier, die wir machen – hinein zu nehmen, dies dünkt mich immer eine ganz schwierige Gratwanderung.

Es ist schwierig für die Seelsorgerin – und es ist schwierig für die Betroffenen.

Und bei den Eltern (…) sie brauchen extrem viel Standvermögen! (.) Sie brauchen viel Kraft, ja (.), Mut, (..), Mut, in einer solchen Situation das Kind zu taufen (..). Die Fähigkeit, diese Spannung auszuhalten – ja: diese Freude zulassen und gleichzeitig diesen Schmerz zulassen, dies finde ich hoch anspruchsvoll. (…) Ja: sich da in einen halböffentlichen Kreis hinein zu trauen (.), wo sie wissen: ‹Da weine ich dann vielleicht und man sieht mich (…), es ist mir vielleicht unangenehm oder peinlich›, und ich weiss nicht: ‹Ich habe nicht alles unter Kontrolle›. Und sie machen es doch. (.) Da finde ich auch immer wieder: Dies braucht (..), es braucht viel Mut.

Die Seelsorgerin liest nun den Anfang einer Liturgie vor, die das Team für solche Situationen ausgearbeitet hat, in denen oft nur wenig Zeit für die Vorbereitung zur Verfügung steht.

Begrüssung

(sie richtet sich an die Eltern, ggf. auch an Verwandte, Pfleger und Ärztinnen)

Liturgische Eröffnung

Im Namen Gottes, der alles Leben geschaffen hat,
Im Namen Gottes, des Sohnes, der alles Leben bewahrt,
Im Namen des Heiligen Geistes, der alles Leben erneuert.

Einleitung/Beschreiben der Situation

Was uns hier zusammenführt, ist die kritische Situation von Jonas und der Wunsch seiner Eltern, Jonas zu taufen. Was uns hier zusammenführt, ist auch das Ringen um Hoffnung, dass Gott uns in dieser schweren Zeit nahe ist, uns begleitet und trägt. Diese Hoffnung und diesen Glauben wollen wir in unserer Tauffeier ausdrücken.

Jonas, deine Eltern haben auf dich gewartet und dich herzlich empfangen. Du bist am 12. April auf die Welt gekommen. Seit zwölf Tagen bist du da, die ganze Familie liebt dich sehr. Du bist noch ganz klein und kämpfst um dein Leben. Dein Herz und deine Lungen funktionieren nicht so, wie sie sollten. Immer wieder schwebst du in Lebensgefahr. Das ist kaum zu ertragen. In dieser schweren Zeit wollen wir dir nahe sein, deine Händchen in unsere Hand legen, deine Füsschen berühren, dich sehen, dich lieben. Wir wollen dich auch in die Hände Gottes legen und hoffen, dass er dich ins Leben begleitet, dass er mit uns allen trägt, was unerträglich ist.

Die Seelsorgerin erzählt dann von der Durchführung einer Taufe, die bei ihr tiefe Eindrücke hinterlassen hat.

> *Es war eine dieser Familien, mit denen wir in einen kleinen Nebenraum gehen konnten (.) – also nicht in der Intensivstation selbst. [...] Wir bildeten einen Kreis – dies weiss ich noch: Wir sind im Kreis gesessen. (..) Jemand hat das Kindlein gehalten. (.) Der Götti hat, glaube ich, die Kerze angezündet. (..) Und da war so eine (...) einfach so eine Kraft da. (.) Solch eine Kraft! (.) Solch eine Intensität (..), die in einer so ambivalenten Situation (..), es war Angst da, die Eltern waren beide zu Tode erschöpft. [...] Ich weiss noch: Die Mutter hat gesagt: ‹Ich weiss, dass ich nicht (..), ich weiss, dass ich (..) meinen Sohn vielleicht loslassen muss, (.) dass es alles andere als klar ist, ob*

er durchkommt.› Er hatte einen schweren Herzfehler, war etwa schon drei-
mal operiert worden. Irgendwie (.), pffff!! was weiss ich, in den ersten paar
Wochen schon. (.) Und sie hat gesagt: ‹Ich weiss es nicht, ob er wirklich leben
wird. Aber ich will dies ganz bewusst auf die Seite (.) schieben und will
meine ganze Kraft, die ich zur Verfügung habe, mein ganzes Hoffen, meinen
ganzen Glauben, auf meinen Sohn konzentrieren (.), dass er durchkommt.›
(.) Und ich hatte so wie das Gefühl, dass sich diese Kraft in diesem Ritual
wie so entfalten konnte, dass sie vervielfacht wurde. Sie hat sich im Raum
ausgebreitet als eine ganz grosse Kraft, die (…) […] So etwas wie ein grosses
Vertrauen war da, wo man sagen konnte: ‹Wir vertrauen, dass er durch-
kommt. Und wenn er nicht durchkommt, dann vertrauen wir (.), dass wir
dann nicht ins Bodenlose fallen.› So könnte man es übersetzen.

«Alles soll Platz haben» – «[…] es braucht viel Mut» – Einsicht in die eigenen Grenzen

Nichts, was die Eltern jetzt bewegt, soll ausgesperrt bleiben müssen. Die
Seelsorgerin setzt sich zum Ziel, die widersprüchliche Situation nicht mit
Schweigen oder Phrasen zu übergehen. Sie empfindet es als sehr schwierig und riskant. Es soll nicht nur die Hoffnung angesprochen werden. Es
soll auch nicht nur die Verzweiflung zum Ausdruck kommen. «Beides»
ist da. Beides wird benannt.[112]

Für die Betroffenen ist es «hoch anspruchsvoll»: Die Freude zulassen[113] – jetzt, wo die Situation so prekär und angespannt und das eben
erst geborene Kind lebensbedrohlich gefährdet ist? Wohin werden die
heftigen Emotionen sie treiben? Die Eltern «zeigen» sich, mit ihrer Sehnsucht und ihrem Schmerz. Sie riskieren es, die «Kontrolle» aus der Hand
zu geben. Sie sind erschöpft, und gleichzeitig braucht es viel Mut.

---

[112] Zur zentralen Bedeutung des Benennen-Könnens von Ambivalenzen – diesmal
im Kontext der Seelsorge im Strafvollzug – vgl. Ehmke-Pollex 2002; Bastian /
Greifenstein 2004.

[113] Man sollte nicht vergessen, dass es im Christentum keineswegs selbstverständlich ist, angesichts der Geburt eines Kindes der Freude Ausdruck zu geben. Über
viele Jahrhunderte wurden Geburt und Taufe von Theologie und Kirchen
primär mit «Sünde» verbunden. Ungetauft war das Kind nach der Kirchenlehre
(auch der evangelischen) ein verlorener «Heide». Vgl. dazu Brüschweiler 1926,
119.131f.255–259.260–280 (ungetaufte Kinder). Auch in der Theologie der
Reformation (und in massgeblichen evangelischen Bekenntnisschriften, auf die
noch heute PfarrerInnen in deutschen Kirchen ordiniert werden, ist das ungetaufte Kind gezeichnet von der «Physiognomie eines nicht sozialisierbaren
Verbrechers» (Moltmann-Wendel 2004, 86; vgl. auch ebd. 85–94.

Es ist ein entscheidender Ermöglichungsgrund, eine zentrale «enabling condition»[114]: dass Platz da ist für dunkle Gefühle, «für enttäuschte Hoffnungen, Wut über ohnmächtigen Schmerz»[115] – Platz auch für Schamgefühle angesichts der eigenen Hilflosigkeit.

Die Eltern werden rasch spüren, was geschieht, wenn sie nicht mehr völlig kontrolliert sind und sich verletzlich zeigen. Kann die Seelsorgerin es aushalten? Kann sie da sein, zuhören, nicht zu den «Lügen der Tröster»[116] Zuflucht suchen?

Wenn Pfarrerinnen in den ExpertInnen-Interviews erzählen, wie wichtig es ihnen ist, dass «alles Platz hat», sprechen sie auch die Herausforderung an, die mit dem «Aushalten» verbunden ist (s. unten zur Ritualleitung 4.2.5).

Es wird freilich wichtig sein, dass Seelsorger ihre Kompetenzen und Grenzen einschätzen können. Die kritische Begleitung der Arbeit durch Supervision bzw. Intervision sind ein Teil der Professionalität. Wie weit reichen die eigenen Möglichkeiten und Fähigkeiten? Wo ist es unabdingbar, mit einer Therapeutin zu kooperieren? Seelsorger würden ihren Auftrag verletzen, wenn sie sich als «Zauberlehrlinge» betätigen würden.

Das Ritual als «intermediärer Raum»

Die Ambivalenzen werden im Gespräch aufgenommen – und im Ritual benannt, gestaltet, inszeniert und verkörpert. «Gott» wird als Ort erahnbar, wo auch unerträgliche Ambivalenzen Raum bekommen. Sie werden nicht weggeredet. Die Spannung wird nicht aufgelöst.

Das Ritual gibt einen «Rahmen» vor – *und* es ermöglicht die eigene Beteiligung. Das Ritual ist vorgegeben – *und* es wird in einmaliger Weise neu gestaltet. Es ist als liminoides Ritual «mehrsprachig»[117] und offen für

---

[114] Meier-Seethaler 1997, 218 nimmt diesen Begriff aus der care/justice-Diskussion auf. – Ich gehe davon aus, dass (gerade auch religiöse) «Inhalte» und «Aussagen» mangelhaft und verzerrt wahrgenommen und kommuniziert werden, wenn nicht gleichzeitig nach den «enabling conditions» gefragt wird, unter denen sie zustande kommen, erfahren werden können oder Geltung gewinnen.

[115] Evangelische Frauenarbeit in Württemberg (Hg.), 2004, 30; in Bezug auf den Taufzusammenhang wird hier auch die Erfahrung von Übergriffen des medizinischen Personals genannt.

[116] Luther 1998.

[117] Mehrsprachig z. B. in den Textsorten, den Symbolisierungen von Frömmigkeit, den konkreten Ritualisierungen.

die eigenen Sprachen der Teilnehmenden. Der Raum kann zu einem «intermediären Raum» werden – die Zeit zu einer «Zeit in der Zeit», zu einer (wie ich sie nennen möchte) «intermediären Zeit»[118].

Die Möglichkeit, heftigen und widersprüchlichen Emotionen im Ritual eine Gestalt geben zu können, ist gleichzeitig die Möglichkeit, sie wahrnehmen und aushalten zu können. «Alles, was man wirklich will, worauf man wirklich hofft und woran man mit seinem Herzen glaubt, braucht seine Gestalt. Das Christentum gibt es nicht als reine Idee.»[119]

Eine Pfarrerin berichtet von einer Taufe, die einer zerbrochenen Familie Raum gab zur Gestaltung ihres schmerzlichen Hin- und Hergerissenwerdens, wie es bereits bei den vorbereitenden Taufgesprächen zum Ausdruck kam. Die in manchem quälende und spannungsvolle Vorgeschichte bekam «Platz». Die Taufe fand dann nicht wie üblich in einem Sonntagsgottesdienst statt. Für diese Familiensituation brauchte das Ritual auch einen besonderen Rahmen.

> *(9) Die Eltern waren getrennt. Schon während der Schwangerschaft hat sich diese Beziehung (..) die Mutter hat einen anderen Mann kennen gelernt – (..). Und ich hatte das Paar getraut, sie kannten mich deshalb und sind dann für die Taufe in unser Dorf gekommen – einfach, weil sie diesen besonderen Ort gesucht haben. Und ihnen war es total wichtig, und zwar beiden, dieses Kind trotzdem zu taufen. I.: Waren sie beide bei der Taufe dabei? Pfrn.: Sie waren beide dort, im Unterschied zu den Angehörigen – diese wollten nicht kommen, sie hätten es nicht ausgehalten. Aber sie (..), Gotte und Götti waren da, und beide Eltern, und das war ganz (..), es war wahnsinnig, ja. Das wäre nicht zumutbar gewesen in einem öffentlichen Gottesdienst. [...] Und es ist einfach sehr viel geweint worden an dieser Taufe, von allen (.). Und ich bin dann so damit umgegangen, dass ich versucht (.) habe, in der Ansprache irgendwie zu sagen, dass es jetzt so ist, und dass dies hier Platz haben soll. Dass es beides ist: Sowohl die Trauer und das Weinen, weil man nicht mehr zusammen ist – und gleichzeitig die Riesenfreude, dass es dieses Kind Franz gibt, und dass beide für ihr Kind das Beste wollen. Und dass das andere jetzt halt einfach mitschwingt – halt dass diese Traurigkeit (...), dass diese jetzt hier Platz haben darf. I.: Ja. Pfrn.: Ich habe es einfach angesprochen und gesagt: ‹Es ist, wie es ist, weint nur, und wir taufen den kleinen Franz trotzdem und wünschen ihm alles Gute.›*

Indem die Pfarrerin das Ritual unverwechselbar als gottesdienstliche Tauf-Liturgie gestaltete, konnte sie auch transfamiliäre Elemente einbeziehen. Die Taufe wurde nicht zu einer privatisierten Zeremonie. Die

---

[118] Ich spinne damit Gedanken von Leuenberger 1988, v. a. 117f.193.241, weiter.
[119] Steffensky 1984, 39.

leidvollen Ambivalenzen in der Paarbeziehung, die zu Bruch und Trennung geführt hatten, und das Hin- und Hergerissenwerden zwischen Freude und Traurigkeit in der Elternbeziehung mussten nicht verdeckt werden.

Ambivalenzen in Beziehungen sind oft in vielfältiger Weise miteinander verflochten – wie ein Wurzelwerk. Wenn eine Ambivalenz wahrgenommen und angesprochen werden kann, eröffnet sich die Möglichkeit, auch damit verflochtener anderer Ambivalenzen gewahr zu werden – und sie zudem voneinander zu unterscheiden. Es kann befreiend sein, gemeinsam zu entdecken, dass die Ambivalenzen (und vielleicht auch die Brüche) in der Paarbeziehung nicht identisch sind mit den Ambivalenzen der Elternbeziehung[120], und dass auch unterschiedliche Weisen des Umgangs gefunden werden können.

Interaktiv geführte Taufgespräche, das gemeinsam vorbereitete Ritual und auch die Gestaltung der weiteren Familiengeschichte können zu einer neuen Wahrnehmung und einer Transformation der Beziehungsambivalenzen verhelfen. Das begrenzte Ritual als Mikrosyntagma öffnet Zugänge zu den weiteren Zusammenhängen (zum Ritual als Makrosyntagma) – und umgekehrt.

In Bezug auf den grösseren Ritualzusammenhang der Säuglingstaufe bedeutet dies: Schwangerschaft und Geburt verändern auch die Gemeinschaft, in der die Eltern leben. «Jede Geburt ist eine Zäsur»[121] – für die Partnerschaft, für das weitere Familiensystem und für viele weitere wichtige Beziehungen. Die Mütter sind am stärksten betroffen, und nicht selten werden ihnen die meisten Veränderungen aufgebürdet und zugemutet. Wenn die oft krass ungleiche Verteilung der Lasten, Herausforderungen und Veränderungsmöglichkeiten beachtet wird, liegt es nahe, die Väter stärker «in diese tief greifende Wandlungserfahrung», die immer auch ein Umgehen mit neuen oder noch anspruchsvolleren Ambivalenzen beinhaltet, mit hineinzunehmen. Sie brauchen rituelle Gestaltungen ebenso sehr wie die Schwangeren und die Mütter. «Wird Geburt von den Mitlebenden und ‹Umstehenden› nicht als eine auch sie betreffende Transformation nachvollzogen, stellen sich leicht Gefühle der Verlassenheit und des Gekränktseins ein, die diese Beziehungen bedrohen.»[122]

---

[120] Vgl. Fopp 2007, 203f. 287–289.307.354f.
[121] Evangelische Frauenarbeit in Württemberg (Hg.) 2004, 31.
[122] Evangelische Frauenarbeit in Württemberg (Hg.) 2004, 31.

Wenn in Taufgesprächen und -gottesdiensten die Beziehungen zum Partner und die umfassendere Gemeinschaft angesprochen und inszeniert werden, ist die Chance grösser, dass auch die Ambivalenzen (bzw. das «Wurzelwerk» der Ambivalenzen) innerhalb der Partnerschaft, zwischen Paarbeziehung und Elternschaft, zwischen Elternschaft und Beruf[123] (in den jeweiligen gesellschaftlichen Kontexten) nicht ausgeblendet oder privatisiert werden.

Kirchliche Rituale, die als Orte offener Wahrnehmung von Ambivalenzen und eines risikobereiten Umgangs mit Ambivalenzen erfahren werden, setzen ein kreatives Potential frei und lassen weiterführende Deutungs- und Handlungsmöglichkeiten zu.[124]

Das Ambivalenz-Konzept ist kein Passepartout

In der Fallgeschichte 4 setzt die Mutter von Jonas ihre ganze Kraft und ihr ganzes Hoffen darauf, dass ihr Kind überlebt.

> *Ich weiss es nicht, ob er wirklich leben wird. Aber ich will dies ganz bewusst auf die Seite (.) schieben.*

Die Ambivalenz wird nicht verleugnet. *Und* es entsteht ein Raum, in dem die Ambivalenzen nicht mehr im Vordergrund stehen. Die Mutter des gefährdeten Kindes erfährt, wie sie der Seelsorgerin erzählt, *eine «ganz grosse Kraft», die sich «ausbreitet», und ein damit verbundenes «grosses Vertrauen».* Das unablässige Wahrnehmen-, Umgehen- und Reflektieren-Müssen würde zu einem Krampf, der das sinnvolle Umgehen mit Ambivalenzen wieder sabotierte.

4.2.4   Ermächtigung zu «religiöser Kompetenz»

Mit dem Begriff der «religiösen Kompetenz» nehme ich Überlegungen und Problemstellungen des Religionssoziologen Joachim Matthes auf. Bereits vor über 40 Jahren fragte er, ob es nicht angemessener sei, von

---

[123]   Dazu Becker-Schmidt 1993; Sommer 1998, 32.
[124]   In Bezug auf die Bestattung zeigt dies in eindrücklicher Weise Friedrichs 2008. Er nennt folgende Ambivalenzen: «ästhetisch die Spannung zwischen Fragment und Ganzheit, homiletisch die zwischen Vergewisserung und Beunruhigung, pastoraltheologisch die zwischen realitätsbezogener Gelassenheit und tiefenbiographischer Inanspruchnahme» (174).

einer Emigration der Kirche aus der Gesellschaft als von einer Emigration der Gesellschaft aus der Kirche zu sprechen.[125] Inwiefern haben die Kirchen die «religiöse Kompetenz» der Menschen wahr- und ernstgenommen – und nicht vielmehr beschädigt[126]?

Ich nehme hier noch einmal Bezug auf die Tauferzählung der Mutter Katjas (in der Fallgeschichte 2). Sowohl in den Interaktionen zwischen Mutter und Tochter, zwischen den beiden und dem Pfarrer, zwischen Katja und den Patenleuten als auch in der rituellen Gestaltung der Taufe bekommt die eigene religiöse Kompetenz der Beteiligten Raum. Katja und ihre Mutter können dem Heilen *und* dem Unheilen in ihrer Biographie selbst eine Gestalt geben. Dies geschieht durch die Auseinandersetzung mit dem Taufwunsch Katjas und während des Prozesses der Ritualvorbereitung. Verdichtet erscheint die eigene religiöse Kompetenz in der Szene vor dem offiziellen Taufgottesdienst, wo die Mutter zusammen mit ihrer Tochter in der Kirche für den abwesenden Vater Katjas eine Kerze anzündet. Sehr berührend kommt hier ihre noch nicht erstickte religiöse Selbstauslegung[127] zum Ausdruck.

I.: War der Vater denn auch an der Taufe? Frau M.: Nein. Das ist (.) das war ein bisschen ein wunder Punkt bei Katja. Er war (.) eh (.) im Oktober (.) ging er in die psychiatrische Tagesklinik in B. Er hatte Probleme mit Drogen und (.) einfach (.) wie die Verbindung zu sich selbst verloren (.) irgendwie (.) er war einfach nicht in der Realität (.) Er zweifelte dann auch die Vaterschaft an, sagte, er sei nicht der Vater von ihr (Bébé). (.) Und er kam ziemlich verletzend auf mich zu. Da merkte ich, das schaffe ich nicht. Ich schaffe es nicht, ihm in diesem Rahmen zu begegnen. Das ist mir nicht mög-

---

[125] Matthes 1964; vgl. auch Matthes. 1996, 154: «... dass nicht so sehr die Gesellschaft aus der Kirche emigriert, sondern umgekehrt die Kirche aus der Gesellschaft. Es ist freilich schwer, diesem Gedanken zum Zuge zu verhelfen.»

[126] Matthes 1996, 154f. nimmt Bezug auf ein Ergebnis der EKD-Mitgliedschaftsuntersuchungen, dass nämlich «die vielen unter unseren Kirchenmitgliedern, denen die Heimat Kirche in der Tat fremd geworden ist, keineswegs so einfach aus ihr verabschiedet werden wollen. Was sie wollen, ist eher, das zur Geltung zu bringen, was [...] ihre ‹religiöse Kompetenz› ausmacht. Der Anspruch auf sie lebt fort, trotz aller Beschädigung, die ihm durch die eigene Kirche zugefügt worden ist. Die Ausdrucksmöglichkeiten dieser Kompetenz sind mittlerweile arg beschnitten; der Zweifel an ihrer Legitimität ist aus dem ‹stahlharten Gehäuse› kirchlicher und theologischer Lehre längst auch in das religiöse Selbstverständnis der Menschen eingewandert und erzeugt dort jenes, ‹schlechte Gewissen› in Sachen ‹Religion›, das so kennzeichnend ist für unsere heutige volkskirchliche Wirklichkeit.»

[127] Vgl. Matthes 1996, 149.

lich (.). Und ich sagte es Katja. Sie war zuerst sehr traurig und (.) dann fragten wir: ‹Du, was können wir machen? (.) dass Papa trotzdem im Positiven dabei ist?› (.) Und wir nahmen dann noch eine Kerze mit, die ich anzündete, bevor wir einzogen, für den Vater. Das wusste Katja, das hatten wir zusammen abgemacht. Und ich nahm sie dann auch mit in den Raum. Und dann war er einfach so dabei. Und Katja sagte dann auch (.) wie sagte sie jetzt das? (.) wie sagte sie? (.) Irgend jemand fragte dann wegen dem Vater. Und dann sagte sie: ‹Ja, Papa war auch dabei.› Und ich dachte: Was? Und dann sagte sie: ‹Er hat durchs Kerzenlicht hindurchgespäht!› Das war so klar für sie. Wo ich merkte, doch sie konnte wirklich dann (.) einen guten Teil von ihm so mitnehmen.

Frau Matter hat die Idee eingebracht und umgesetzt. Katja kann sie auf ihre Weise mitvollziehen und interpretieren. Im Prozess der Tauf-Vorbereitung hat der Pfarrer die religiöse Kompetenz der beiden respektiert und gefördert. Katja und ihre Mutter sehen sich ermächtigt, in eigenständiger Weise den Kirchenraum und das Symbol der Kerze und des Lichts in die Taufe (als grösseren Ritual-Zusammenhang) einzubeziehen. Dabei wird das belastete und beschädigte Leben nicht verdeckt – und gleichzeitig eröffnen sich *in* dieser «irren und wirren» Situation unerwartete Perspektiven. Beides wird gestaltet: Tödliches und neues Leben.

Die religiöse Kompetenz erweist sich auch in der Befähigung, Widersprüche und Ambivalenzen wahrzunehmen und lebensfreundlich damit umzugehen.

4.2.5   Zur zentralen Bedeutung von Ambivalenzen für die Ritualleitung

Die Leitung von Kasualien ist durch den Umgang mit Ambivalenzen geprägt. Wenn die Ritualleitenden die Ambivalenzen nicht wahrnehmen und damit kreativ umzugehen lernen, resultieren gravierende Brüche. Diese verhindern eine offene Kommunikation und lassen die Rituale erstarren. Ich skizziere einige dieser Ambivalenzen.

Auftrag des Amtsträgers und *Erwartungen der Beteiligten*

Die Befürchtung oder auch die Erfahrung von Pfarrern, von den Beteiligten an Kasualien als blosse «Zeremonienmeister» missbraucht zu werden, hält sich hartnäckig. Die entsprechende Diskussion seit der Streitschrift von Rudolf Bohren und der Gegenposition von Walter Neidhart[128] interpretiere ich als Diskussion zwischen der Option, das Gegenüber von Auftrag des Amtsträgers und Erwartungen der Beteiligten als Widerspruch und Bruch (wie Bohren) oder aber als kreative Ambivalenz (wie Neidhart) zu interpunktieren. Die gegensätzlichen Optionen in der Wahrnehmung der Kasual-Situation (und dem daraus folgenden Umgang) entsprechen gegensätzlichen theologischen Sichtweisen. Theologische Entscheidungen implizieren eine bestimmte Sicht der Wirklichkeit und eine sich daraus ergebende Gestaltung der Interaktionen mit den Beteiligten (und entsprechende Rituale). Wenn die theologische Option als eindeutig und fraglos vorausgesetzt ist, wird es fast unmöglich, Wahrnehmung und Umgang noch kritisch reflektieren (und ggf. revidieren) zu können. Wenn z. B. der Pfarrer vom Vorurteil gefangen ist, dass die Taufeltern an einer theologischen Sicht der Taufe ohnehin desinteressiert sind, wird er ihnen entsprechend begegnen. Die Eltern spüren das, werden ihr Verhalten darauf einstellen – und der Pfarrer sieht sich in seinem Vorurteil bestätigt.[129] Der Abbruch der Ambivalenz hat eine (negative) sich selbst erfüllende Prophezeiung[130] zur Folge.

Die Ritualleiterin als Vertreterin der Kirche bzw. der christlichen «Botschaft» und die Authentizität der Ritualleiterin

Es geht um eine mit der eben skizzierten Ambivalenz verwandte Problematik. Auch hier führt der Bruch der Ambivalenz zur «self-fulfilling prophecy»: Wenn die Pfarrerin keine Möglichkeit sieht, die Spannung zwischen ihrem Verständnis der christlichen Botschaft und ihrer Subjektivität als eine kreative (und manchmal auch schwierige) Ambivalenz zu verstehen, wird sie immer wieder erfahren, dass beides auseinanderbricht.

Allparteilichkeit und *Parteilichkeit*

Ist die Ritualleiterin sensibel für systemische Spannungsfelder, lässt sie sich nicht dazu verleiten, für die Interessen oder die Bedürfnisse einzelner Betroffener (und gegen die Interessen und Bedürfnisse anderer) instrumentalisiert zu werden. Sie versucht, *allen* aufmerksam und sorgfältig zuzuhören und *aller* Sicht und Erfahrungen ernstzunehmen (also «all-

---

[128] Bohren 1960; Neidhart 1968.
[129] Vgl. dazu meine Beobachtungen bei Taufgesprächen in Müller 1988.
[130] Vgl. Rosenhan 1981; Watzlawick 1981; Schulz von Thun 1981, 77f.193.

174

parteilich»[131] zu sein). Diese Haltung wird mit der Herausforderung oszillieren, *parteilich* werden zu müssen, wenn Einzelne vor anderen geschützt oder einseitige Machtverhältnisse relativiert werden sollen – um auch die Allparteilichkeit nicht zu verlieren.[132]

Arbeiten und *geschehen lassen*

Kasualgespräche bedeuten oft anspruchsvolle ‹Arbeit›. Die Interaktionen würden aber einseitig machtförmig, wenn der Ritualleiter nicht auch «lassen» kann: Wenn die Beteiligten nicht Raum bekommen für eigene Mitverantwortung, eigenes Mittragen, das Einbringen der eigenen Kompetenzen; wenn die Einsicht der Ritualleiterin fehlt, «dass das, was über Menschenmögliches hinausgeht» und «die Menschen vollständig erkennt»[133], nicht ihre Sorge sein kann.

Die Einsicht, dass ein Ritual als Mikrosyntagma einbezogen ist in einen grösseren Zusammenhang (Makrosyntagma), kann das Ritual davon entlasten, ‹alles› leisten zu müssen. Der Ritualleiter kann dann etwas ‹leisten› *und* etwas ‹lassen›; er hält die Ambivalenz aus – und ermöglicht damit auch den am Ritual Teilnehmenden, diese Ambivalenz als befreiend und entlastend zu erfahren.

Präsentieren und *Intimität wahren*

Diese Ambivalenz ist für alle Kasualien als (halb-)öffentliche Anlässe zentral. Es ist verflochten mit der Ambivalenz von familiär *und* transfamiliär.

Ein Beispiel aus der Trau-Praxis: «Die Pfarrerin steht in der Ambivalenz, das Paar zu ermutigen, etwas von sich zu zeigen, unverschämt waghalsig zu sein, sich ins Spiel einzubringen, aus sich herauszugehen und auszuprobieren, und es aber auch dazu zu ermutigen, sich zu schützen und sorgfältig mit sich und anderen umzugehen.»[134]

Das Achten auf diese Ambivalenz wird in bestimmten Situationen zur kreativen Gestaltung unterschiedlicher Sequenzen in einem Ritual

---

[131] Ein Begriff aus der systemischen Familientherapie, vgl. Morgenthaler 1999, 149f.

[132] Dazu Fopp 2007, 378; zur Kompetenz der RitualleiterInnen, Ambivalenzen wahrzunehmen, vgl. ebd. 374–385.

[133] Vgl. Fopp 2007, 379.

[134] Fopp 2007, 378f.

oder zu unterschiedlichen Ritualen führen. So war es bei einer Taufe eindrücklich und entlastend, dass zuerst des Kindleins gedacht wurde, das als Frühgeburt gestorben war, bevor die Taufe seines Brüderchens gefeiert wurde. Dem Taufritual ging eine Kerzen-Sequenz voraus, die im Gebet wieder aufgenommen wurde.

Worte zum Kerzenritual

Wenn ein Kind auf die Welt kommt,
sind Tod und Leben nahe beieinander.
Manche Kinder kommen zu früh auf die Welt und sterben.
Früher sprach man kaum darüber,
obwohl es doch eine schmerzliche Erfahrung ist.

Manches können wir nicht verstehen.
Wir können nicht verstehen, warum es so ist.

Heute möchte ich zuerst in diesem Gottesdienst eine Kerze anzünden
für ein solches Kind.
Das kleine Geschwister von Yorick hätte vor ungefähr einem Jahr auf
die Welt kommen sollen.
Es ist vorher gestorben.
Wir denken heute auch an dieses Geschwister.

Anzünden der Kerze

Gebet

Gott, du Schöpfer des Lebens und auch des Todes und wieder des Lebens,
wir kommen zu dir.
Warum müssen kleine Kinder sterben?
Kinder, die noch gar nicht leben konnten.
Und mit ihnen all das, was die Eltern für sie und mit ihnen ausgedacht
haben?

Warum lässt du zu, dass Leben entsteht,
sich aber dann nicht entfalten kann mit all seinen Möglichkeiten?
Wo bist du da, Gott?

176

Wir bringen das alles vor dich,
was nicht sein konnte,
was nicht leben konnte,
was nicht so werden konnte, wie wir es erhofften.
Sei du mit uns,
Gott der Dunkelheit und des Lichts,
Sei du mitten unter uns.

Schick uns einen Engel voll Hoffnung,
der trägt
im Leben und im Tod und wieder im Leben.

Lesung Gen 28,10–19

«Siehe ich bin mit dir, wohin du auch gehst.» Dieser Vers aus der Geschichte des Traums von Jakob soll Yorick begleiten.

Durch das Achten auf die Ambivalenz von «präsentieren und Intimität wahren» kann in der Liturgie anderen Ambivalenzen Raum gegeben werden: Gefühlen von Liebe und von Wut, Gefühlen von Freude und Erschöpfung.

Nähe und *Distanz*

Beim Ritual im Kinderspital[135] ist deutlich geworden, wie die Seelsorgerin den Betroffenen Nähe schenkt und sich dadurch aussetzt. Sie kann dies nur, wenn sie auch Distanz wahrt. Sie bringt so die Kompetenz zum Ausdruck, sich abgrenzen zu können *und* empathisch zu sein.

> *Ich denke, es ist unproblematisch, wenn uns auch die Tränen kommen – und ich merke auch: Wenn ich erzähle, kommen sie wirklich auch immer wieder. Es sind immer Situationen, die mich sehr berühren, auch treffen. Und wo ich immer dreimal durchatmen und mich «anschnallen» muss, damit ich durch dieses Ritual leiten und die Übersicht behalten – und es würdig gestalten kann. Auch ein stückweit feierlich. Und die Situation im Auge behalten. (.) Und (..) ja: Es so machen will, wie ich dies machen möchte. Das ist für mich*

---

[135] Siehe oben 4.2.3 (Fallgeschichte 4), aus der auch der folgende Interviewtext stammt.

immer wieder neu eine Herausforderung. Also diese grosse Trauer, diesen Schmerz, der da ist, ich finde es sehr ansteckend. Und (.) ich möchte es ja auch spüren, ich möchte mich von diesem Schmerz berühren lassen. Und gleichzeitig muss ich auch ein wenig Distanz halten. Und das finde ich schwierig. (..) Es ist eine hohe Kompetenz. Ich glaube, wenn man ganz ab-blockt und es überhaupt nicht an sich herankommen lässt (.), kann man letztlich dieser Situation nicht gerecht werden. Und wenn man es zu nahe herankommen lässt, und dann fast nur heult, oder nicht mehr weiss, was man machen soll, weil man so berührt ist von allem, dann kann man es eigentlich auch nicht mehr.

Eigene Ambivalenz-Räume

Es ist nicht selbstverständlich, dass die Ritualleiterin selbst Räume findet, sich gönnt und geben lässt, die es ihr ermöglichen, die Widersprüche und Ambivalenzen auszuhalten und sich nicht in dichotomische Konzepte abzusetzen (oder in diesen aufgerieben zu werden[136]). Ich nenne einige dieser Räume:

- Die Seelsorgerin ist Ritualleiterin, aber es ist nicht ‹ihr› Ritual.
- Sie begibt sich selbst in den «Segensraum» gegenseitiger Ermächtigung, in der etwas von der göttlichen Ermächtigung spürbar werden kann. Der Segen ist nicht *ihr* Segen. Es wird ihr möglich, ihre Macht nicht zu verschleiern und sie zu teilen.[137]
- Als überaus hilfreich erweisen sich eine regelmässige Super- bzw. Intervision, in der konkrete Situationen (die der Pfarrer als wider-sprüchlich, irritierend und als Doppelbindung erlebt – und in die er sich verstrickt fühlt) sorgfältig und detailliert dargestellt und bespro-chen werden können.[138]

---

[136] Ich vermute hier einen wichtigen Grund für Burnout-Syndrome.

[137] Dazu Greiner 1998, 148–170. 185.

[138] Auf die Ambivalenzen, die sich dadurch ergeben, dass Ritualleiterinnen und Ritualleiter sich im Spannungsfeld zweier Institutionen befinden (z. B. zwischen Kirche und Spital oder zwischen Kirche und Gefängnis) kann ich hier nicht ein-gehen. Vgl. dazu die aufschlussreichen Überlegungen von Kaszó 2006 (zur Situation von Gefängnis-Seelsorgerinnen und -Seelsorgern) oder von Morgen-thaler 2008 zum Spannungsfeld der Seelsorge im Spital.

4.2.6 Das Ambivalenz-Konzept muss nicht eine allumfassende Geltung beanspruchen

Ambivalenz als Hin- und Hergerissenwerden kann Handeln blockieren. Ich gehe davon aus, dass dies oft unbewusst geschieht. Die lebensförderlichen und kreativen Umgangsweisen mit Ambivalenz, die ich oben beschrieben habe, lassen Ambivalenzen *bewusster* werden, was bereits eine Weise des Annehmens und Integrierens in das eigene Lebenskonzept bedeutet. Dadurch können auch andere – nicht polar, sondern polyvalent strukturierte –Spannungsfelder in den Blick kommen.

Für Frau Siegenthaler (Fallgeschichte 1) war es befreiend, neben der ihr geläufigen «hellen» auch «dunkle» Gotteserfahrungen zuzulassen und zum Ausdruck zu bringen, z. B. im Klagepsalm, der die Ambivalenz im Gottesbild zur Sprache brachte. Vielleicht wird sie auch mystische, personale und apersonale Gotteserfahrungen entdecken, welche das polare Gottesbild in eine Polyphonie transformieren – oder auch in ein «Stückwerk»-Mosaik.[139]

4.3 (Ab-)Brüche und Transformationen

Die Unterscheidung von Dichotomien, Brüchen und Ambivalenzen macht es möglich, Abbrüche von Ambivalenzen und Transformationen wahrzunehmen und zu benennen. Damit wird auch ein kreativer und lebensfreundlicher Umgang mit Dichotomien, Brüchen und Ambivalenzen möglich. Die folgende Typologie stellt den Versuch einer differenzierenden Wahrnehmung dar.

4.3.1 Ambivalenzen weichen anderen Konzepten (Bruch, Dichotomie)

Ich habe oben die Kontroverse in Bezug auf die Sicht der Liturgen als «Zeremonienmeister» als kontroversen Umgang mit einer Ambivalenz interpretiert: Das Spannungsfeld zwischen «Auftrag des Amtsträgers *und* Erwartungen der Beteiligten» wird bei Walter Neidhart als kreative Ambivalenz wahrgenommen – im Unterschied zu Rudolf Bohren, der das

---

[139] Dazu Bornhauser 2000, 15–17; 157–162.

Spannungsfeld nicht als Ambivalenz, sondern als Dichotomie in den Blick nimmt, als sich gegenseitig ausschliessende Polarität.

Ähnliche Beobachtungen und Kontroversen beziehen sich auf die Ambivalenzen «familiär *und* transfamiliär» oder «Überlieferung *und* Kontextualisierung».[140] Für viele Eltern sind diese Ambivalenzen wichtig, oft aber erscheinen sie ihnen in der Kasualpraxis zerbrochen: als Bruch zwischen «Familie» und «Kirche» oder als Bruch zwischen ihrer lebensweltlichen Erfahrung und einer (im liminalen Ritualverständnis) festliegenden «kirchlichen Tradition». Es kommt dann vor, dass Taufeltern dem Pfarrer im Taufgespräch das sagen, wovon sie denken, dass der Pfarrer es auf dem Hintergrund dieses Bruchs hören möchte. Oder umgekehrt versucht der Pfarrer, den Eltern, denen er blossen Volksbrauch oder «Folklore»[141] unterstellt, die nach seiner Meinung theologisch richtige Lehre darzustellen.[142]

Eine genauere Analyse zeigt, dass der Ambivalenz-Bruch (im Konzept von Rudolf Bohren) dadurch bedingt ist, dass er auf Seiten der Amtsträger eine Dichotomie (voraus-)setzt, die Dichotomie nämlich zwischen der vom Pfarrer zu repräsentierenden, wahrhaft christlichen Glaubenshaltung und einer als glaubensfern (und von Bohren als heidnisch-«baalisch») diskriminierten Kasualpraxis.

Von der in diesem Beitrag entfalteten Sicht aus *müssen* keine Dichotomien festgestellt werden. Vielmehr können «Familie – Kirche», «familiär – transfamiliär» oder «Überlieferung – Kontextualisierung» als Ambivalenzen wahrgenommen und damit als spannende Herausforderung aufgenommen werden – kommt doch eine theologische Grundentscheidung ins Spiel, die sich gemeinsam mit den Beteiligten in das Spannungsfeld von Glaube und lebensweltlicher Erfahrung hinein begibt.[143]

---

[140] Vgl. oben 3.1.2 und 3.1.3.

[141] So ein Pfarrer in einem ExpertInnen-Interview.

[142] Vgl. Friedrichs 2000, 418: Der vermeintliche Verlust soll nach dieser Verfahrensweise in Taufgesprächen (bei Beerdigungsgesprächen sind auch diese Amtspersonen dann zurückhaltender ...) dadurch kompensiert werden, dass «vor allem kirchlich-dogmatische> Fragen in den Vordergrund treten sollen» (Friedrichs zitiert W. Steck).

[143] Dazu treffend und pointiert Luther 1992, 13–17 – gegen eine theologische Reflexion, die «weithin immer auch Reflexion des Glaubens am alltagsfernen Ort intellektueller Gelehrsamkeit [heisst], an dem systematisch Erfahrungen des Widerspruchs ausgeblendet sind» (14).

Ich nenne zwei Beispiele, die präziser erfasst werden können, wenn sie als «Bruch» interpretiert werden.

a) Ein Paar kann im Blick auf das Spannungsfeld «Familie – Erwerbstätigkeit der Frau» plausible Vorstellungen haben. Mit dem Eintreten des Ernstfalls (z. B. nach der Geburt[144]) wird das Spannungsfeld als Ambivalenz erfahren. Vor allem die Frau fühlt sich hin- und hergerissen zwischen dem, was sie für die Familie einsetzen möchte, und ihren eigenen beruflichen Bedürfnissen. Die Ambivalenz kann auseinanderbrechen in die Resignation, in der die Frau ihre auf die berufliche Tätigkeit bezogenen Bedürfnisse zugunsten dessen aufgibt, was von ihr (vermeintlich oder wirklich) erwartet wird. Das Arrangement lässt Gefühle des Hin- und Hergerissenwerdens nicht mehr aufkommen. Die Ambivalenz ist gekappt und in ein (eindimensionales) Entweder-oder von Beruf und Familie auseinandergebrochen.

b) Es gehört zum Alltag der Ritualleiterin, dass sie zwischen Distanz und Nähe oszilliert. Durch eine sehr anspruchsvolle Situation (wie z. B. bei der Nottaufe in der Kinderklinik in der Fallgeschichte 4) wird sie die Ambivalenz aber als schmerzliches Hin- und Hergerissenwerden zu spüren bekommen: zwischen der Nähe von Tränen und Traurigkeit und der Distanznahme, ohne die ihr die Ritualleitung aus den Händen gleitet. Sie kann Wege finden, um dies auszuhalten und kreativ zu gestalten. Wenn dies scheitert, kann es zu einem Bruch kommen, indem sie nur noch auf Distanz geht oder sich umgekehrt überfluten lässt. In Metaphern: Wenn die Ambivalenz auseinanderbricht, nimmt die Ritualleiterin entweder eine Position der «Härte» und des Verlustes von Lebendigkeit ein – oder sie «verliert sich» und wird «überflutet».

---

[144] «Wie viele Studien gezeigt haben, verändern sich die anfänglich progressiven Einstellungen vieler junger Männer bezüglich Partnerschaft und Elternschaft schlagartig, sobald Kinder erst mal da sind. Umgekehrt sind Enttäuschungen bei vielen jungen Männern vorprogrammiert, wenn ihre zum Teil nach wie vor traditionellen Rollenvorstellungen mit den Bedürfnissen ihrer Partnerinnen nicht konvergieren» (Perrig-Quiello 2002, 2). – Das Problem kann sich auch später stellen, wenn es etwa um die Versorgung und Pflege der alt gewordenen Eltern geht; vgl. Lüscher 2001, 40f.

4.3.2 Mehrdeutigkeiten werden als Ambivalenzen «interpunktiert»

Ich gehe davon aus, dass diese Transformation häufig bei der Interpretation von Texten und von «living human documents» geschieht. Mehrdeutigkeiten werden als Ambivalenzen «interpunktiert»[145]. Im vorliegenden Beitrag habe ich dies in den Interpretationen von Interviews und Fallgeschichten öfters praktiziert. Wenn die Transformation bewusst bleibt, wird auch der «konstruktive» Charakter der Interpretation transparent. Das Ambivalenz-Konzept verhilft dazu, in konstruktiver Weise spezifische Aspekte zu fokussieren.

4.3.3 Brüche werden zu Ambivalenzen transformiert – eine andere Wirklichkeit wird entdeckt

Ich stelle diese Transformation an einer Situation im Kinderspital dar: Das Ehepaar hatte sich auf die Geburt gefreut. Die pränatalen Untersuchungen waren alle gut ausgefallen. Aber es kam ein schwer missgebildetes Kind auf die Welt. Der Vater war bei der Geburt dabei. Die Ärzte legten ihm das Kind in die Arme und gratulierten ihm.

> *(10) Sie strahlen über das ganze Gesicht: ‹Papa! So schön!› und so. Und er steht da und schaut dieses Kind an und hat das Gefühl, er sei im falschen Film. Und alles um ihn herum strahlt und ihm ist es zum Kotzen, oder? Zum Kotzen!*[146]

Dann wird ihm mitgeteilt, das Kind müsse in eine Spezialklinik transportiert werden. Die Mutter des Kindes zieht sich völlig in sich zurück.

---

[145] Mehrdeutigkeiten werden dadurch in einer bestimmten Weise in den Blick genommen bzw. fokussiert. Widersprüche können auch dadurch fassbar werden, dass sie unterschiedliche Deutungen erfahren, die (oft spannungsvoll) aufeinander bezogen und als «polyvalent» bezeichnet werden können. Demnach *können* Spannungsfelder als *polare* Spannungsfelder strukturiert werden. Das kann im Sinne einer Vereinfachung zweckmässig und sinnvoll sein, wie das Ambivalenz-Konzept vor Augen führt. Spannungsfelder *müssen* aber nicht als *polare* Spannungsfelder strukturiert werden. Sie werden dann nicht als Polaritäten, sondern als *Polygone* veranschaulicht. Eine Möglichkeit solcher Polyvalenz wird im Modell der *Komplementarität* konkretisiert. Dadurch kann es z. B. möglich werden, unterschiedliche bzw. widersprüchliche Gotteserfahrungen in ein komplementäres Spannungsverhältnis zu bringen (dazu Bornhauser 2000, 15–17; 157–162).

[146] So beschreibt es die Seelsorgerin im ExpertInnen-Interview.

182

Sie will nur noch «Ruhe». Der Vater sagt nach ein paar Tagen der Seelsorgerin im Gespräch,

> *er sei gar noch nicht richtig da, er sei wie absorbiert von dieser Geburtsszene, er sehe immer wieder dieses Kind vor sich und käme damit überhaupt nicht zurecht. Er habe bis jetzt nicht geschlafen.*

Er ist sehr unsicher, ob die Seelsorgerin ihm jetzt helfen kann. Da sie auch therapeutisch ausgebildet ist, macht sie ihm den Vorschlag, in einer psychodramatischen Szene zur Geburtsszene zurückzugehen und seinem Sohn noch einmal zu begegnen.

> *Er konnte dann formulieren, dass es für ihn ganz schwierig ist. Dass er Ekelgefühle hat, vor seinem Kind, dass er (.) Angst hat, dass er dieses Kind nicht annehmen kann – dieses Kind, auf das er sich so lange gefreut hatte. Und in dieser Begegnung – also dies war alles im Spiel, im Nachhinein (.), im psychodramatischen Spiel – konnte er dem Kind dann sagen, dass es für ihn ganz schlimm ist, dass er Ekel empfindet und dass er diesem Söhnlein eigentlich sagen möchte, dass es sein Söhnlein ist, und dass es willkommen ist. Und er hat zehn Minuten lang geheult – Rotz und Wasser. (.) […] Und als dann dieser Schmerz wirklich kommen konnte, und als er mit seinen Gefühlen diesem Sohn gegenüber ins Klare gekommen ist und sagen konnte: ‹Du bist mein Sohn, und ich habe mich auf dich gefreut, und du hast einen Platz in meinem Herzen – und da nimmt dich niemand mehr hinaus›, konnte er ins Hier und Jetzt kommen und diese dramatische Geburtsszene wirklich loslassen. (.) Und ja: konnte sich im Hier und Jetzt wieder verorten und auch schauen: Was ist jetzt nötig? und seiner Frau beistehen, sich diesem Söhnlein zuzuwenden.*

Die Reaktion der Ärzte ignoriert in ihrer Hilflosigkeit die unheimlich widersprüchliche Situation und wirkt ebenso absurd wie verletzend. Für den Vater bricht die Wirklichkeit auseinander: Intensive Freude und Ekel sind auf getrennten Kontinenten. Er droht sich selbst zu verlieren. Die Seelsorgerin findet dank ihrer Ausbildung und Erfahrung ein Setting, das es dem Vater möglich macht, sich dieser auseinandergebrochenen Wirklichkeit zu stellen, wieder Zugang zu seinen widersprüchlichen Emotionen zu finden und die Ambivalenz auszuhalten zwischen seinem Ekel und seiner liebevollen Zuwendung.

Die Gruppe feiert dann auf der Intensivstation eine elementare schlichte Taufe mit Kerze, Gebet und der Taufhandlung. Der Glaube als Beziehungsraum ermöglicht es, «Chaotisches und zutiefst Erschreckendes aufnehmen zu können, ohne zu zerbrechen. Darin liegt seine Verheissung»[147].

Die Transformation von Brüchen in Ambivalenzerfahrungen hat grosse Bedeutung für den *Trauerprozess*. Der Tod von Heinz (Fallgeschichte 1) kann zuerst für seine Eltern als definitiver Abbruch der Beziehung erscheinen. In der Trauer wird spürbar, dass die Beziehung nicht zu Ende ist. Der Verstorbene ist nicht einfach nicht-existent. Die Herausforderung liegt darin, dass der Tod nicht geleugnet wird *und* eine Neugestaltung der Beziehung erfolgen kann. Trauer impliziert so das offene Spannungsfeld der Ambivalenz als Oszillieren und oft auch als Hin- und Hergerissenwerden. Wenn es Herrn Siegenthaler möglich wird, zu trauern und den ambivalenten Gefühlen seinem Sohn gegenüber Raum zu geben, kann sich auch eine Neuinterpretation seiner Erinnerungen anbahnen. Diese müssen dann nicht mehr in die Dichotomie der zwei Welten gezwängt werden.[148]

Ich habe oben[149] darauf hingewiesen, dass der divergente Umgang mit Widersprüchen, Spannungsfeldern und Ambivalenzen des Trauerprozesses bei einem Paar oft zu Trennung und Scheidung führt.

---

[147] Wagner-Rau 2004, 7f., zitiert bei Roser 2007, 141.

[148] Ein provokatives Beispiel von Dichotomie findet sich bei Heym (1974), 103f. Der Obereunuch Amenhoteph sagt dort zum Historiker Ethan: «Wahrlich, Ethan, du erstaunst mich. Hast du, der du die Ereignisse der näheren und ferneren Vergangenheit durchforschst, denn nie bemerkt, dass das Denken der Menschen ganz sonderbar zwiegespalten ist, wie auch ihre Zunge? Ist es doch, als lebten wir in zwei Welten: in einer, die beschrieben ist in den Lehren der Weisen und Richter und Propheten, und einer anderen, die wenig Erwähnung findet, die aber nichtsdestoweniger Wirklichkeit ist; in einer, die eingezäunt ist durch das Gesetz und das Wort deines Gottes Jahweh, und einer anderen, deren Gesetze nirgends aufgezeichnet sind aber überall befolgt werden. Und gepriesen sei dieser Zwiespalt des Geistes, denn durch ihn kann der Mensch tun, was die Gesetze der wirklichen Welt erfordern, ohne deshalb den schönen Glauben an die Lehren der Weisen und Richter und Propheten aufgeben zu müssen: und nur jene enden in Verzweiflung, die in Erkenntnis des grossen Zwiespalts sich vornehmen, die Wirklichkeit den Lehren anzupassen.»

[149] Siehe 2.2.3.

184

5. Ausblick

Das Ambivalenz-Konzept erweist sich sowohl für die Kasualtheorie wie für die Kasualpraxis als aufschlussreich und ergiebig. Bei allen «klassischen» Kasualien (Bestattungen, Taufen und kirchlichen Trauungen) eröffnet das Ambivalenz-Konzept wichtige Perspektiven. Durch die Wahrnehmung von Ambivalenzen werden eingespielte (auch religiöse bzw. christliche) Weltbilder, (schein-)eindeutige Überzeugungen, Machtverhältnisse, Beziehungsmuster und Identitätskonstrukte in Frage gestellt. Dies kann tief verunsichern. Ambivalenzen werden deshalb oft ignoriert, verdeckt oder abgewehrt.

Das In-Frage-gestellt-Werden durch die Wahrnehmung von Ambivalenzen kann aber auch als lebensförderliche Herausforderung erfahren werden. Das Suchen nach einem lebensfreundlichen Umgang mit Ambivalenzen kann gerade in anspruchsvollen und schwierigen Konstellationen kreative Suchprozesse ermöglichen. Es eröffnen sich überraschende Selbstbegegnungen, neue Orientierungen und Handlungsmöglichkeiten. «Gott» wird als Ort erahnbar, wo auch unerträgliche Ambivalenzen Raum bekommen. Christliches Leben wird als «Leben im Übergang» erfahrbar – gekennzeichnet von den elementaren Ambivalenzen «schon – noch nicht» und «wissen – nicht wissen».

Als besonders hilfreich erweist sich der Zugang zu ambivalenten Erfahrungen durch die Möglichkeit des Erzählens, durch Symbole, Symbolhandlungen und poetische Texte. Dadurch können Strategien unterlaufen oder unterbrochen werden, durch die Widersprüche, Brüche und Ambivalenzen geschönt, ignoriert oder verleugnet werden.

Ein zentraler Aspekt aller Kasualien sind die damit verbundenen Rituale. Der Verlust kirchlicher Ritual- und Deutungsmonopole und die Auflösung von fraglos und als verpflichtend vorgegebenen Ritual-Ordnungen erweisen sich als grosse Chance: Kasual-Rituale können als strukturierte und zur Mitbeteiligung ermächtigende Inszenierung von Symbolen und symbolischen Handlungen verstanden werden. Rituale sind durch ambivalente Spannungsfelder gekennzeichnet. Die Betroffenen sind an diesen Ritualen beteiligt und können ihre religiöse Kompetenz ins Spiel bringen, sodass ein kreatives Potential freigesetzt wird – ein «Segensraum» für die Wahrnehmung und das Aushalten von Ambivalenzen und damit für weiterführende Deutungs- und Lebensmöglichkeiten. Die Ritualleiterinnen und Ritualleiter übernehmen in diesen auf zentrale christliche Traditionen zurückgreifenden und gleichzeitig situationsbezogenen und konkret gestalteten Ritualisierungen eine besondere Verantwortung.

Literatur

Albrecht, Christian, Kasualtheorie. Geschichte, Bedeutung und Gestaltung kirchlicher Amtshandlungen, Tübingen 2006.

Bastian, Christiane / Greifenstein, Karin, «... angenommen mit all' dem Schrecklichen, was ich getan und was ich erlebt habe». Im Gespräch mit Magdalene L. Frettlöh über Schuld und Strafe, Sühne und Vergebung und das Leben mit den Inhaftierten im Frauengefängnis Frankfurt-Preungesheim: J. Ebach / H.-M. Gutmann / M. L. Frettlöh / M. Weinrich (Hg.), «Wie? Auch wir vergeben unsern Schuldigern?» Mit Schuld leben (Jabboq 5), Gütersloh 2004.

Baumgartner, Isidor, Pastoralpsychologie. Einführung in die Praxis heilender Seelsorge, Düsseldorf 1990.

Becker-Schmidt, Regina, Ambivalenz und Nachträglichkeit: Perspektiven einer feministischen Biographieforschung: M. Krüger (Hg.), Was heisst hier eigentlich feministisch? Zur theoretischen Diskussion in den Geistes- und Sozialwissenschaften, Bremen 1993, 80–92.

Berger, Peter L., Erlösendes Lachen. Das Komische in der menschlichen Erfahrung, Berlin 1998.

Bernhard, Marlies / Kellner, Doris / Schmid, Ursula, Wenn Eltern um ihr Baby trauern. Impulse für die Seelsorge – Modelle für Gottesdienste, Freiburg/Basel/Wien 2003.

Bodenheimer, Aron Ronald, Warum? Von der Obszönität des Fragens, Stuttgart 1984.

Bohren, Rudolf, Unsere Kasualpraxis – eine missionarische Gelegenheit? (Theologische Existenz heute 147), München 1960 [⁵1979].

Bornhauser, Thomas, Gott für Erwachsene. Ein Konzept kirchlicher Erwachsenenbildung im Zeichen postmoderner Vielfalt (Praktische Theologie heute 51), Stuttgart et al. 2000 [³2002]

Brüschweiler, Albert, Jeremias Gotthelfs Darstellung des Berner Taufwesens, volkskundlich und historisch untersucht und ergänzt, Bern 1926.

Burri, Petra, Taufe von älteren Kindern. Erfahrungen aus der Praxis, Examensarbeit, Bern 2001.

Cornehl, Peter, Taufe VIII. Praktisch-theologisch: TRE 32 (2001), 734–741.

Daniel, Ute, Kompendium Kulturgeschichte. Theorien, Praxis, Schlüsselwörter (stw 1523), Frankfurt a. M. 2001.

Davis, Judith, Mazel Tov: Bar Mizwa als ein generationsübergreifendes Ritual der Veränderung und Kontinuität: E. Imber-Black / J. Roberts / R. A. Whiting, Rituale in Familien und Familientherapie, Heidelberg 1993, 211–247.

Dechmann, Birgit / Ryffel, Christiane, Vom Ende zum Anfang der Liebe. Ein Leitfaden für die systemische Beratung und für Paare, die zusammenbleiben wollen, Weinheim/Basel, ³2002.

Drehsen, Volker, Die Heiligung von Lebensgeschichten. Zur gesellschaftstheologischen Theorie der kirchlichen Amtshandlungen: Drehsen, Volker, Wie religionsfähig ist die Volkskirche? Sozialisationstheoretische Erkundungen neuzeitlicher Christentumspraxis, Gütersloh 1994, 174–198.

Dubach, Alfred, Unterschiedliche Mitgliedschaftstypen in den Volkskirchen: R. J. Campiche (unter Mitarbeit von R. Broquet, A. Dubach und J. Stolz), Die zwei Gesichter der Religion. Faszination und Entzauberung, Zürich 2004, 129–177.

Dücker, Burckhard, Rituale. Formen – Funktionen – Geschichte. Eine Einführung in die Ritualwissenschaft, Stuttgart 2007.

Ebach, Jürgen, Arbeit und Ruhe. Eine utopische Erinnerung: Ebach, Jürgen, Ursprung und Ziel. Erinnerte Zukunft und erhoffte Vergangenheit. Biblische Exegesen, Reflexionen, Geschichten, Neukirchen-Vluyn 1986, 90–110.

Ebeling, Gerhard, Glaube und Unglaube im Streit um die Wirklichkeit: Ebeling, Gerhard, Wort und Glaube I, Tübingen 1960, 393–406.

Ehmke-Pollex, Klaudia, Die «Heilige Familie» und die subtile Gewalt ... Impressionen aus der Justizvollzugsanstalt: Zeitschrift für Gottesdienst und Predigt 20 (2002), Heft 4, 13–14.

Enzner-Probst, Brigitte, Frauenliturgien als Performance. Die Bedeutung von Corporealität in der liturgischen Praxis von Frauen, Neukirchen-Vluyn 2008.

Evangelische Frauenarbeit in Württemberg, Ins Leben eintauchen! Feministisch-theologische Beiträge zur Taufe (edition akademie 8), Bad Boll 2004.

Fopp, Simone, Trauung – Spannungsfelder und Segensräume. Empirisch-theologischer Entwurf eines Rituals im Übergang (Praktische Theologie heute 88), Stuttgart 2007.

Förster, Till, Victor Turners Ritualtheorie. Eine ethnologische Lektüre: Theologische Literaturzeitung 128 (2003), 703–716.

Friedrichs, Lutz, «Ein bissele Engel – das sind wir schon!» Plädoyer für das Taufgespräch: Pastoraltheologie 89 (2000), 418–434.

Friedrichs, Lutz, Dem Unbegreiflichen Sprache geben. Zivilreligiöse Kasualgottes-dienste als Herausforderung an Kirchen heute: I. Mildenberger / W. Ratzmann (Hg.), Liturgie mit offenen Türen. Gottesdienst auf der Schwelle zwischen Kirche und Gesellschaft, Leipzig 2005, 139–152.

Friedrichs, Lutz, Kasualpraxis in der Spätmoderne. Studien zu einer Praktischen Theologie der Übergänge (Arbeiten zur Praktischen Theologie 37), Leipzig 2008.

Gabriel, Karl, Auf dem Weg in den öffentlichen Raum. Zur Zukunft der Religion in Europa: G. Kretzschmar / U. Pohl-Patalong / Chr. Müller (Hg.), KIRCHE MACHT KULTUR, Gütersloh 2006, 81–96.

Graf, Claudia, ‹Gotte und Götti›. Eine empirisch-theologische Untersuchung zur Taufpatenschaft, Bern 2007 [Dissertation an der Christkatholischen und Evangelischen Theologischen Fakultät der Universität Bern]. www.theol. unibe.ch/ipt/documents/07graf_c.pdf

Greiner, Dorothea, Segen und Segnen. Eine systematisch-theologische Grundle-gung, Stuttgart et al. 1998 [³2003].

Grethlein, Christian, Grundinformation Kasualien. Kommunikation des Evan-geliums an Übergängen des Lebens (UTB 2919), Göttingen 2007.

Heym, Stefan, Der König David Bericht. Roman (Fischer Taschenbuch), Frankfurt a. M. 1974.

Hoffmann, Andreas, Jeder Pfarrer ein Künstler. Kirche als Gesamtkunstwerk: Geist und Leben 74 (2001), 463–466.

Hofrichter, Claudia, Täglich neu in die Taufe hineinkriechen. Ein Monopol als pastorale Chance: B. Kranemann / G. Fuchs / J. Hake (Hg.), Wiederkehr der Rituale. Zum Beispiel die Taufe, Stuttgart et al. 2004, 119–142.

Janowski, J. Christine, Zur paradigmatischen Bedeutung der Geschlechterdifferenz in K. Barths «Kirchlicher Dogmatik»: H. Kuhlmann (Hg.), Und drinnen waltet die züchtige Hausfrau. Zur Ethik der Geschlechterdifferenz, Gütersloh 1995, 140–186.

Josuttis, Manfred, Segenskräfte. Potentiale einer energetischen Seelsorge, München 2000.

Kaszó, Gyula, Systemtheoretische Überlegungen zur Situation der Gefängnisseel-sorger im System «Gefängnis»: European Journal of Mental Health, Volume 1 (2006), 1–2, 87–104.

Kaufmann, Franz-Xaver, Wo liegt die Zukunft der Religion?: M. Krüggeler / K. Gabriel / W. Gebhardt (Hg.), Institution – Organisation – Bewegung. Sozial-formen der Religion im Wandel, Opladen 1999, 71–97.

Klessmann, Michael, Einleitung: Seelsorge in der Institution «Krankenhaus»: Klessmann, Michael, Handbuch der Krankenhausseelsorge, Göttingen 1996, 13–27.

188

Kramer, Anja / Ruddat, Günter / Schirrmacher, Freimut (Hg.), Ambivalenzen der Seelsorge. Festschrift für Michael Klessmann, Neukirchen-Vluyn [Arbeitstitel, erscheint 2009].

Laing, Ronald D., Phänomenologie der Erfahrung, Frankfurt a. M. 1969.

Langer, Susanne K., Philosophie auf neuem Wege. Das Symbol im Denken, im Ritus und in der Kunst, Frankfurt a. M. 1965.

Lettke, Frank / Lüscher, Kurt, Generationenambivalenz – Ein Beitrag zum Verständnis von Familie heute: Soziale Welt 53 (2002), 437–465.

Leuenberger, Robert, Zeit in der Zeit. Über das Gebet, Zürich 1988.

Lorenzer, Alfred, Sprachzerstörung und Rekonstruktion. Vorarbeiten zu einer Metatheorie der Psychoanalyse, Frankfurt a. M. 1973.

Luckmann, Thomas, Riten als Bewältigung lebensweltlicher Grenzen: Schweizerische Zeitschrift für Soziologie 11 (1985), 535–550.

Lüscher, Kurt, Soziologische Annäherungen an die Familie, Konstanz 2001.

Lüscher, Kurt / Heuft, Gereon, Ambivalenz – Belastung – Trauma: Psyche 61 (2007), 218–251.

Luther, Henning, Religion und Alltag. Bausteine zu einer Praktischen Theologie des Subjekts, Stuttgart 1992.

Luther, Henning, Die Lügen der Tröster. Das Beunruhigende des Glaubens als Herausforderung für die Seelsorge: Praktische Theologie 33 (1998), 163–176.

Matthes, Joachim, Die Emigration der Kirche aus der Gesellschaft, Hamburg 1964.

Matthes, Joachim, Die Mitgliedschaftsstudien der EKD im Spiegel asiatischer Gesprächspartner: Pastoraltheologie 85 (1996), 142–156.

Meier-Seethaler, Carola, Gefühl und Urteilskraft. Ein Plädoyer für die emotionale Vernunft (Beck'sche Reihe 1229), München 1997.

Meyer-Blanck, Michael, Vom Symbol zum Zeichen. Symboldidaktik und Semiotik, Rheinbach 2002.

Moltmann-Wendel, Elisabeth, Was war am Anfang: Sünde oder Segen? Die Erbsünde als Voraussetzung der Taufe?: Evangelische Frauenarbeit in Württemberg, Ins Leben eintauchen! Feministisch-theologische Beiträge zur Taufe (edition akademie 8), Bad Boll 2004, 85–94.

Morgenthaler, Christoph, Systemische Seelsorge. Impulse der Familien- und Systemtherapie für die kirchliche Praxis, Stuttgart et al. 1999 [⁴2005].

Morgenthaler, Christoph, Gemeinde – Gesellschaft: A. Kramer / G. Ruddat / F. Schirrmacher (Hg.), Ambivalenzen der Seelsorge. Festschrift für Michael Klessmann, Neukirchen-Vluyn [Arbeitstitel, erscheint 2009].

Müller, Christoph, Beteiligung von Eltern und Taufpaten bei der Vorbereitung und Durchführung der Taufe: Theologia Practica 23 (1988), 115–123.

Müller, Christoph, Die Pharisäer. Zu einem Klischee christlicher Predigtpraxis: W. Dietrich / M. George / U. Luz (Hg.), Antijudaismus – christliche Erblast, Stuttgart et al. 1999, 127–142.

Müller, Christoph, Theologie als Wissenschaft in einer Zeit der Leicht- und Wissenschaftsgläubigkeit: P. Rusterholz / R. Moser (Hg.), Wege zu wissenschaftlichen Wahrheiten. Vermutung – Behauptung – Beweis, Bern et al. 2003, 193–209.

Müller, Christoph (2007a), Zum Verhältnis von Ästhetik und Ethik in der Praktischen Theologie. Perspektiven der Kasualpraxis: Th. Schlag / Th. Klie / R. Kunz (Hg.), Ästhetik und Ethik. Die öffentliche Bedeutung der Praktischen Theologie, Zürich 2007, 95–109.

Müller, Christoph (2007b), Kasualien: Erwartungen heutiger Menschen an die Kirchen – und was dies für Pfarrerinnen und Pfarrer bedeuten könnte: H. Kocher (Hg.), Schatzkammer «Kasualien», Bern 2007, 107–118.

Müller, Christoph (2007c), Taufe: W. Gräb / B. Weyel (Hg.), Handbuch Praktische Theologie, Gütersloh 2007, 698–710.

Neidhart, Walter, Die Rolle des Pfarrers beim Begräbnis: R. Bohren (Hg.), Wort und Gemeinde. Probleme und Aufgaben der praktischen Theologie. Eduard Thurneysen zum 80. Geb., Zürich 1968, 226–235 [wieder abgedruckt in: Neidhart, Walter, Aporien aushalten – dennoch handeln. Gesammelte Aufsätze zur Praktischen Theologie, Stuttgart et al. 1997, 210–219].

Neidhart, Walter, Das paulinische Verständnis der Liebe und die Sexualität: Theologische Zeitschrift 40 (1984), 245–256 [wiederabgedruckt in: Neidhart, Walter, Aporien aushalten – dennoch handeln. Gesammelte Aufsätze zur Praktischen Theologie, Stuttgart et al. 1997, 77–89].

Neidhart, Walter, Die Auseinandersetzung mit dem Sterben im Kontext des weltanschaulichen Pluralismus: Neidhart, Walter, Aporien aushalten – dennoch handeln. Gesammelte Aufsätze zur Praktischen Theologie, Stuttgart et al. 1997, 180–192 (Erstabdruck 1995).

Nicol, Martin, Einander ins Bild setzen. Dramaturgische Homiletik, Göttingen 2002 [2., korr. u. überarb. Aufl. 2005].

Parker, Rozsika, Mother Love, Mother Hate. The Power of Maternal Ambivalence, New York 1995.

Peirce, Charles S., Collected Papers 2, Cambridge 1931–1935.

Perrig-Quiello, Pasqualina, Zwischen Fun und bitterem Ernst: moneta Nr. 2, 17.6.2002.

Radisch, Iris, Die Schule der Frauen. Wie wir die Familie neu erfinden, München 2007.

190

Riess, Richard, Die Krisen des Lebens und die Kasualien der Kirche. Zur pasto-ralpsychologischen Konzeption der kirchlichen Amtshandlungen: Riess, Richard, Sehnsucht nach Leben. Spannungsfelder, Sinnbilder und Spiritualität der Seel-sorge, Göttingen 1987, 115–127 [zuerst Evangelische Theologie 35 (1975) 71–79].

Roberts, Janine, Den Rahmen abstecken: Definition, Funktion und Typologie von Ritualen: E. Imber-Black / J. Roberts / R. A. Whiting, Rituale in Familien und Familientherapie, Heidelberg 1993, 16–72.

Rosenhan, David L., Gesund in kranker Umgebung: P. Watzlawick (Hg.), Die er-fundene Wirklichkeit, München 1981, 111–137.

Roser, Traugott, Spiritual Care. Ethische, organisationale und spirituelle Aspekte der Krankenhausseelsorge. Ein praktisch-theologischer Zugang, Stuttgart 2007, 141.

Schaeffler, Richard, Das Gebet und das Argument. Zwei Weisen des Sprechens von Gott. Eine Einführung in die Theorie der religiösen Sprache, Düsseldorf 1998.

Scharfenberg, Joachim / Kämpfer, Horst, Psychoanalytische Randbemerkungen zum Problem der Taufe: Theologische Quartalschrift 154 (1974), 3–9.

Scharfenberg, Joachim / Kämpfer, Horst, Mit Symbolen leben. Soziologische, psychologische und religiöse Konfliktbearbeitung, Olten 1980 (v. a. 170–197).

Schibler, Gina, Kreativ-emanzipierende Seelsorge. Konzepte der intermedialen Kunsttherapien und der feministischen Hermeneutik als Herausforderung an die kirchliche Praxis (Praktische Theologie heute 43), Stuttgart et al. 1999.

Scholem, Gershom, Offenbarung und Tradition als religiöse Kategorien im Juden-tum: Scholem, Gershom, Über einige Grundbegriffe des Judentums, Frankfurt a. M. 1970, 90–120.

Schori, Kurt, Das Problem der Tradition. Eine fundamentaltheologische Unter-suchung, Stuttgart et al. 1992.

Schroeter-Wittke, Harald, Übergang statt Untergang. Victor Turners Bedeutung für eine kulturtheologische Praxistheorie: Theologische Literaturzeitung 128 (2003), 575–588.

Schulz von Thun, Friedemann, Miteinander reden. 1. Störungen und Klärungen. Allgemeine Psychologie der Kommunikation (rororo Sachbuch 7489), Reinbek 1981.

Schulze, Gerhard, Die Erlebnisgesellschaft. Kultursoziologie der Gegenwart, Frankfurt a. M./New York 1993.

Simon Fritz B., Beyond Bipolar Thinking: Patterns of Conflict as a Focus for Diag-nosis and Intervention: Family Process 37 [1998], 215–232.

Sommer, Regina, Lebensalltag und gelebte Religion von Frauen. Konsequenzen einer geschlechtsspezifischen Betrachtungsweise für die Praktische Theologie: K. Fechtner / M. Haspel (Hg.), Religion in der Lebenswelt der Moderne, Stuttgart et al. 1998, 28–47.

Steffensky, Fulbert, Segnen. Gedanken zu einer Geste: Pastoraltheologie 82 (1993), 2–11.

Steffensky, Fulbert, Feier des Lebens. Spiritualität im Alltag, Stuttgart 1984 [zahlreiche Neuauflagen].

Steinmeier, Anne M., Diakonie als Wahrnehmung des Lebendigen. Kunst, ästhetische Praxis und Integration. Gedanken zur Integration behinderter Menschen in Gesellschaft und Kirche: Pastoraltheologie 89 (2000), 395–410.

Strecker, Christian, Auf den Tod getauft – ein Leben im Übergang. Erläuterungen zur lebenstransformierenden Kraft des Todes bei Paulus im Kontext antiker Thanatologien und Thanatopolitiken: M. Ebner et al. (Hg.), Leben trotz Tod, Neukirchen-Vluyn 2004, 259–295.

Stutz, Pierre (mit e. Beitrag v. Thomas Merz-Abt), Gottesdienst feiern mit Trauernden. Neue Modelle, Luzern 1998.

Thilo, Hans-Joachim, Die therapeutische Funktion des Gottesdienstes, Kassel 1985.

Turner, Victor, Das Liminale und das Liminoide in Spiel, «Fluss» und Ritual. Ein Essay zur vergleichenden Symbologie: Turner, Victor, Vom Ritual zum Theater. Der Ernst des menschlichen Spiels, Frankfurt a. M. 1989, 28–94.

Von der Groeben, Annemarie, Was sind und wozu brauchen Schulen «gute» Rituale?: Von der Groeben, Annemarie (Hg.), Rituale in Schule und Unterricht, Hamburg 2000, 11–20.

Wagner-Rau, Ulrike, Segensraum. Kasualpraxis in der modernen Gesellschaft, Stuttgart et al. 2000.

Wagner-Rau, Ulrike, Komplexe Wirklichkeit. Über die Kunst, sie in der Predigt zur Sprache zu bringen: U. Pohl-Patalong / F. Muchlinsky, Predigen im Plural. Homiletische Aspekte, Hamburg 2001, 116–132.

Wagner-Rau, Ulrike, «… viele tausend Weisen, zu retten aus dem Tod». Praktisch-theologische Reflexionen über Trost und Trösten: Pastoraltheologie 93 (2004), 2–16.

Watzlawick, Paul, Selbsterfüllende Prophezeiungen: Watzlawick, Paul (Hg.), Die erfundene Wirklichkeit, München 1981, 91–110.

Watzlawick, Paul / Beavin, Janet H. / Jackson, Don D., Menschliche Kommunikation. Formen, Störungen, Paradoxien, Bern et al. [11]2007.

IV Diskussion

Walter Dietrich – Kurt Lüscher – Christoph Müller

Der Titel dieses Kapitels ist mit Bedacht gewählt: Es ist der Versuch, Elemente einer Diskussion über die vorausgehenden Kapitel zusammenzufügen. Wir erörtern darin einzelne Aspekte in der Sichtweise unserer jeweiligen Disziplin (und in persönlicher Sichtweise) und versuchen gleichzeitig der Leserschaft unser gemeinsames Anliegen zu verdeutlichen. Überdies nehmen wir implizit Bezug auf Anregungen, welche uns die in der Einleitung des Buches genannten kritischen Leserinnen und Leser des Manuskripts gemacht haben. Stets im Blick hatten wir auch die Praxis.

Im ersten Kapitel wurde vorgeschlagen, das Konzept der Ambivalenz als eine Perspektive zur Analyse von Beobachtungen und Beschreibungen der Dynamik menschlichen Fühlens, Denkens, Wollens, sozialer Beziehungen und gesellschaftlicher Ordnungen zu nutzen. Es soll dazu dienen, unvoreingenommen Spannungsfelder zwischen Gegensätzen zur Sprache zu bringen, insbesondere auch dort, wo sie gern übersehen, verdrängt oder verschwiegen werden. Eine wichtige Absicht dabei ist, Lebensnähe zu erzielen: Nicht nur, was wir auf der Vorderbühne das Alltags sehen, interessiert, sondern auch die Hinterbühne. Was in den Zeilen der biblischen Texte steht, verdient ebenso Aufmerksamkeit wie das, was dazwischen steht und was ausgeschlossen wird.

Damit soll weder gesagt werden, dass Ambivalenzen immer und überall vorkommen, noch, dass es sich lohnt, ihnen überall nachzuspüren. Doch in jenen Verhaltensweisen, in jenem Tun und Lassen, die für den Einzelnen und für Gemeinschaften bedeutungsvoll, sinnhaft und sinnstiftend sind, scheint Aufmerksamkeit für Ambivalenzen angebracht. Dafür sprechen denklogische Erwägungen ebenso wie alltägliche Beobachtungen. Auf diese Weise kommen wichtige Prozesse der Suche nach Sinngebung in Gang.

Diese Absicht legt nahe, das Konzept der Ambivalenz differenziert zu entfalten, also verschiedene Arten von Ambivalenzen zu unterscheiden, beispielsweise durch Typenbildung, wie sie im Modul (Kap. I 4.2)

193

beschrieben wird. Damit verbindet sich gleichzeitig die Frage nach durchgängigen Gemeinsamkeiten, mithin nach theoretischen Begründungen sowie nach begrifflichen Abgrenzungen. Die Arbeit mit dem Konzept der Ambivalenz erfordert somit empirische wie theoretische Anstrengungen. Angesichts des Postulats der Lebensnähe verbindet sich beides mit einem Interesse an der Praxis, jener der Wahrnehmung und Erfahrung von Ambivalenzen ebenso wie jener des Umgangs damit und der Möglichkeit, Ambivalenzen bewusst zu nutzen – beispielsweise als Mittel zum tieferen Verständnis von Texten und zur Gestaltung von Handlungen, Begegnungen, Rollen, Situationen, Erzählungen und Ritualen.

1. Sensibilität für Ambivalenzen

Aus soziologischer Sicht bestätigen, bekräftigen, modifizieren und ergänzen die theologischen Analysen die Tragweite und Fruchtbarkeit der Idee der Ambivalenz. Um mit einem allgemeinen Sachverhalt zu beginnen: In der hier zum Ausdruck gebrachten Lesart steht sie für «Differenziertheit». Diese mag für die Arbeit der meisten Theologinnen und Theologen selbstverständlich sein. Doch es gibt auch Erwartungen an den Gottesdienst und an kirchliche Feiern, die dem entgegenstehen. Hier eröffnen sich fruchtbare Alternativen, wenn Ambivalenzen anerkannt und gestaltet werden. Insbesondere beinhaltet dies eine Absage an fundamentalistisch-rechthaberisches Denken und Argumentieren. Dies wird unten in Abschnitt 6 aus theologischer Sicht noch ausführlicher dargelegt. Gerade im Hinblick auf die Praxis der Arbeit mit Ritualen und mit Texten ist eine erhöhte Sensibilität für Ambivalenzen wünschenswert.[1] Sie ist aus soziologischer Sicht in beiden theologischen Beiträgen sozusagen durchgängig erkennbar.

Diese Sensibilität für Ambivalenzen äussert sich im *alttestamentlichen Kapitel* vorab in der Verwendung von Wörtern und Satzkonstruktionen, die auf «das eine *und* das andere», auf Zwiespältigkeiten und Dualitäten hinweisen. Um nur einige Beispiele zu nennen:

---

[1] Hiermit korrespondiert indirekt auch die Kennzeichnung von Ambivalenz als «sensibilisierendes Konzept», siehe hierzu I 4 f.

- Die Jakob-Laban-Erzählungen zeigen «zerklüftete Charaktere» (II 2.1); *einerseits* dient Jakob Laban, *andererseits* bereichert er sich; Jakob fühlt sich zwischen «Mühlsteinen».
- An anderer Stelle wird formuliert: «Wie in einer Familie Schwiegerväter und Schwiegersöhne, Väter und Töchter sowie Schwestern untereinander sich zanken *und* vertragen, so war es auch zwischen Israel und Aram: Man mochte sich *und* hasste sich, man versuchte sich zu helfen *und* zu schaden.» (II 2.3)
- Hinsichtlich der Dynamik der Entwicklung ist im Verhältnis von Israel/Juda und Edom (s. oben II 3.2) von «Wechselbädern» die Rede.

Vielleicht lässt sich verallgemeinern: Gute Literatur – gewiss auch die biblische – ist in sich ambivalenzträchtig. Sie zeichnet keine groben, simplen Linien, fällt oder evoziert keine einfachen, platten Urteile, malt keine eindimensionalen, schwarz-weissen Charaktere, sondern bildet die Wirklichkeit so vielfältig ab, wie sie ist (oder noch hintergründiger, aufwühlender). Je kunstvoller Literatur, je weniger kitschig oder plakativ, desto ambivalenzhaltiger ist sie. Ist Faust gut oder böse?

Noch eine weitere Dimension kommt aus exegetischer Sicht hinzu: Das Ambivalenzhafte in der Literatur weckt bei den Lesenden, wenn sie sich darauf einlassen, Erinnerungen, Erfahrungen, Ahnungen, Assoziationen selbst erlebter, noch erinnerbarer oder tief ins Unterbewusste abgesunkener ambivalenter Situationen und Prägungen. Wenn ich Rebekka/Jakob und Isaak/Esau anschaue, werden in mir Saiten angeschlagen, die mit meiner eigenen Kind-Eltern-Beziehung oder meinen eigenen Vater-Kinder-Beziehungen zu tun haben. Wenn ich Esau/Edom betrachte, denke ich an Konkurrenzsituationen, Freund-Feind-Bilder, Kampf-Versöhnungs-Erfahrungen, die sich mir eingeprägt haben.

Die Fallbeispiele im praktologischen Beitrag zeigen grosse Nähe zu konkreten ambivalenten Erfahrungen bzw. Empfindungen. Demgegenüber ist die Bibel Literatur, Ambivalenzen begegnen nur in literarischer Verdichtung, vielleicht auch Verfremdung, Verstärkung, zuweilen evtl. Verharmlosung. In den Texten spiegelt sich wohl Realität, aber kaum einmal die des unmittelbar Erlebten, sondern die vom Autor (und Leser) im Text gesehene, wohl auch von ihnen hineingelegte. Die Frage «Hat die historische Sara gegenüber Hagar wirklich so gedacht und gehandelt?» ist verfehlt.

Auch Protokolle aus der kirchlichen Praxis reichen nur bis auf die Aussageebene der betreffenden Person zurück, nicht (immer) bis zu deren tatsächlichen Gefühlen usw. Die mündliche und erst recht die schriftliche Vermittlung von Ambivalenzen an andere birgt immer schon Deutung, evtl. auch Verfälschung. Bei den Erzelterngeschichten muss man sich in dieser Hinsicht gar keinen Illusionen hingeben. Doch birgt die Literarizität auch Vorzüge: Ambivalenzen können zwischen historisch und fiktiv, sie können zwischen eindimensional und vieldimensional liegen.

Wiederum aus soziologischer Sicht kommt im *praktisch-theologischen Kapitel* das generelle Sensorium für Ambivalenzen in der durchgängigen Multiperspektivik auf Feiern und Rituale zum Ausdruck. Das kann für alle bedeutsam sein, die daran beteiligt sind. Ihre möglicherweise unsicheren, zwiespältigen Erwartungen können, wenn sie eingestanden werden, Anstösse für das Gelingen oder Misslingen der Rituale bieten. Im praktisch-theologischen Kapitel kann man diese Zugangsweise schon vor der eigentlichen Analyse erkennen, nämlich in der Auswahl und der Schilderung der Fallbeispiele und Episoden. So gibt der Bericht über die Beerdigung (III 2.1) Aufschluss über die Betroffenheit und Erwartungen der Mutter, des Vaters, der Freunde und des Pfarrers und öffnet sich so – gewissermassen wie von selbst – für die Schilderung von Spannungsfeldern und Zwiespältigkeiten.

Beiden theologischen Texten lässt sich – beinahe beiläufig – ein Sachverhalt entnehmen, der als solcher in der Ambivalenzanalyse anscheinend noch kaum benannt worden ist: Es gibt so etwas wie *verdichtete Beschreibungen von Ambivalenzen*, d. h. solche, in denen eine Kumulation von ambivalenzträchtigen Gegebenheiten zur Sprache kommt. Ein Beispiel dafür ist die bereits erwähnte Fallgeschichte 1 im Beitrag von Christoph Müller. In den Jakob-Erzählungen werden zwei ambivalente Beziehungen miteinander verknüpft: diejenige Jakobs zu seinem Onkel Laban und die zu seinem Bruder Esau; auf diese Weise kreuzen und verdichten sich die jeweiligen Ambivalenzen gegenseitig.

Damit verwandt ist eine Beobachtung, die insbesondere in der psychotherapeutischen Arbeit gemacht wird, dass nämlich Ambivalenzerfahrungen weitere Ambivalenzerfahrungen generieren können. Beispielsweise können Erfahrungen des Hin- und Hergerissenseins in der Eltern-Kind-Beziehung Anlass zu Ambivalenzen in der Paarbeziehung sein oder umgekehrt. Analoges lässt sich in der seelsorgerischen Arbeit beobachten.[2] (Vgl. hierzu ebenfalls die Fallgeschichte 1). Diese Einsichten dienen zur Charakterisierung des Rituals «als Geflecht von Spannungsfeldern» – und dadurch als «Ermöglichungsraum» für Ambivalenzen.

Im zweiten, exegetischen Kapitel dieses Buches wird deutlich, dass eine eingehende und sorgfältige Textanalyse immer Deutungen impliziert. Diese Deutungen liegen nicht einfach im Text verborgen, sodass sie nur herausgefiltert werden müssten. Sie werden möglich durch die intensive Auseinandersetzung zwischen dem Text, der Wirkungs- und Auslegungsgeschichte, die immer schon im Spiel ist, dem interpretierenden Subjekt (und all dem, was es an Kenntnissen, Kompetenzen, Prägungen und Erfahrungen mitbringt) – und den Lesenden, an die sich die Exegese richtet. Das ergibt eine ganze Palette von neuen Spannungsverhältnissen, möglichen Ambivalenzen und Widersprüchen. In der Auseinandersetzung mit schwierigen und sperrigen Texten wird dies besonders deutlich sichtbar. Ein Beispiel ist die Geschichte von Isaaks «Bindung». Aus der Sicht Praktischer Theologie wird diese exegetische Auseinandersetzung dadurch für heutige Lesende und ihren Zugang zu diesem Text (sei es in der eigenen Lektüre oder im Kontext von Religionsunterricht, Erwachsenenbildung, Gottesdienst und Seelsorge) aufschlussreich und weiterführend, dass der Exeget Einblick in *seine* Auseinandersetzung gibt (gerade auch was die gegensätzlichen und anstössigen Gotteserfahrungen betrifft), in *sein* Suchen, Anstossen, Finden und Neu-Suchen – und damit auch in sein Hin- und Hergerissenwerden.

2.   Formaltheoretische Strukturen

Ungeachtet aller Auffächerungen und Offenheit beinhaltet Ambivalenz eine starke theoretische bzw. logische Vereinfachung, nämlich die Fundierung in einer Zweiteilung als Polarität oder Dualität. Diese ist nicht deckungsgleich mit dualistischen Vorstellungen über das Wesen der Welt, des Menschen, der Natur oder deren gegenseitiges Verhältnis. Allerdings gibt es weltanschaulich geprägte philosophische Entwürfe (meist älteren Datums), die auf derartigen inhaltlichen Dualitäten aufbauen und das Konzept in diesem Sinne nutzen, also als ein konstitutives

---

[2]   Die psychotherapeutische Thematik der «Übertragung» kann hier nicht näher erörtert werden.

197

Charakteristikum «der Welt» postulieren, oder – populärer ausgedrückt – darin eine «Weltformel» sehen.

Im Vergleich dazu ist unser Verständnis bescheidener, aber dennoch anspruchsvoll. Wir verstehen zuallererst Ambivalenz als ein methodologisches Instrument. Es dient dazu zu klären, inwiefern es für die Analyse menschlichen «Handelns»[3] und darüber berichtender Texte förderlich ist, (a) Dualitäten anzunehmen, (b) dafür empirische Korrelate zu bezeichnen, (c) die Dynamik im Umgang der in diesem Zusammenhang für den Einzelnen und Sozietäten entstehenden Spannungsfelder systematisch zu erfassen und (d) diese mit weiteren Sachverhalten kontextuell oder gar ursächlich zu verknüpfen. Damit verbinden wir eine weitere Annahme, diejenige nämlich, dass auf diese Weise der Umgang mit Kontingenzen und die Entstehung von Neuem in der Gestaltung menschlichen Zusammenlebens wenn nicht «erklärt», so doch erhellt werden kann.[4]

Diese Absicht wiederum erfordert eine bestimmte Annahme hinsichtlich der Einschätzung des «Sinns» oder des «Werts» von Ambivalenzen, also der normativen «Färbung» der Arbeit mit dem Konzept. An verschiedenen Stellen sprechen wir mehr oder weniger ausdrücklich davon, dass wir sie – im Unterschied zu weit verbreiteten alltagssprachlichen Vorstellungen – nicht von vornherein als negativ (lästig, störend, defizitär) verstehen möchten. Wir gehen auf einer abstrakten – eben einer methodologischen – Ebene mit einem positiven Verständnis des Konzepts insofern nämlich, als wir überzeugt sind, dass die Arbeit damit sinnvoll und fruchtbar sein kann. Dies ist der Nährboden einer Sensibilität für Ambivalenzen.

Diese Argumentation lässt sich verlängern, indem die Beobachtung hinzugefügt wird, dass wir im Alltag häufig auf Gegensätze rekurrieren, eben mittels Redeweisen wie «einerseits – andererseits» oder dem Hinweis, jede Sache habe ihre zwei Seiten, oder Vor- und Nachteile seien gegeneinander abzuwägen. Gewiss: Dabei handelt es sich nicht notwendigerweise um Ambivalenzen im hier gemeinten Sinn. Doch kann man im Umstand, dass wir Menschen gewissermassen gewohnt sind, in Ge-

---

[3] Worunter hier also Fühlen, Denken, Wollen, Beziehungsgestaltung und das Organisieren des Zusammenlebens fällt.

[4] Dieser Gedanke wird in Bezug auf die Prozesse der Sozialisation ausführlich entfaltet in: Liegle, Ludwig / Lüscher, Kurt, Generative Sozialisation: Hurrelmann, Klaus / Grundmann, Matthias / Walper, Sabine (Hg.), Handbuch Sozialisationsforschung, Weinheim / Basel ⁷2008, 141–156.

gensätzen zu denken und zu argumentieren, einen der Gründe sehen, warum aus dem psychiatrischen Fachterminus ein umgangssprachliches Wort werden konnte – um den Preis allerdings Einbusse an spezifischem Gehalt. Darum lohnt es sich – auch im Hinblick auf die praktische Arbeit – festzuhalten: Gegensätze lassen sich als eine notwendige, jedoch nicht hinreichende Bedingung für Ambivalenzen verstehen.

Selbstverständlich gibt es ernst zu nehmende Einwände gegen die formale Reduktion auf Dualitäten. Die Wirklichkeiten sind offensichtlich vielfältiger; sie sind – wie auch gesagt wird – «polyvalent». Demgegenüber geben wir wiederum zu bedenken, dass es durchaus möglich ist, Dualitäten miteinander zu verknüpfen und Polyvalenzen sozusagen stufig zu erfassen. Das wird in der Erläuterung eines Moduls zur differenziellen (und zugleich mehrstufigen) Ambivalenzanalyse in Kap. I 4. dargelegt und in den folgenden Abschnitten veranschaulicht.

Ein wichtiger Sachverhalt (bzw. eine wichtige Denkfigur) in diesem Zusammenhang ist der Widerspruch. Sein Verhältnis zu dem, was wir unter Ambivalenz verstehen, kommt im «praktologischen» Kapitel zur Sprache (oben Kap. III). Aus soziologischer und auch aus praktologischer Sicht ist daran das Folgende wichtig. Der Widerspruch dient dazu, auf die grundsätzliche Möglichkeit von Alternativen, zugespitzter ausgedrückt, *eines* «anderen» hinzuweisen. Darin bieten sich Anschlussmöglichkeiten an jene aktuellen Diskurse, die sich auf die Idee der Kontingenz und Derridas Figur der «différance» beziehen.[5] Im Kontext sozialer Beziehungen und Organisationen drückt ein faktischer «Widerspruch» aus, dass die Macht, eine Situation zu definieren und Handeln zu regulieren, in Frage gestellt wird. Im Zusammenhang der Kasualien zeigt sich dies in der Infragestellung von Ritual- und Deutungsmonopolen, wie sie von den Kirchen wie selbstverständlich über viele Jahrhunderte in Anspruch genommen wurden. Der Praktologe sieht darin die Chance einer Wiederentdeckung des befreienden Potentials christlichen Glaubens und der konkreten Wahrnehmung des «allgemeinen Priestertums aller Gläubigen».

Werden in der Erfahrung, im Denken und Handeln Widersprüche zugelassen, eröffnet sich auch die Möglichkeit, bestimmte Widersprüche als ambivalente Spannungsverhältnisse zu deuten. Daraus ergibt sich eine

---

[5] Siehe hierzu stellvertretend für viele: Angehrn, Emil, Interpretation und Dekonstruktion. Untersuchungen zur Hermeneutik, Weilerswist 2003, insbesondere 245–270.

Öffnung, in deren Horizont sich auch Neues abzeichnen kann. Das ist hinsichtlich der Gestaltung von Ritualen – etwa bei Taufe und Trauung – sozusagen doppelt bedeutsam: nämlich hinsichtlich des Einbezugs neuer Elemente, wodurch eine aktive Beteiligung der Betroffenen ermöglicht wird. Überdies kann dadurch auch der symbolische Gehalt des Rituals als «Übergang» bzw. «Aufbruch» unterstrichen werden. «Widerspruch» kann deshalb – zweitens – auch eine Geste bei der Gestaltung des Rituals der Abdankung sein. Dabei ist festzuhalten: Der Widerspruch selbst «ist» nicht «ambivalent», ist nicht gleichbedeutend mit «Ambivalenz», denn es fehlt das Moment des Oszillierens. Indessen kann sich eine grosse Nähe dann ergeben, wenn die Beteiligten hin- und herschwanken, ob Widersprüche überhaupt zuzulassen sind. Und: Widersprüche können einen wichtigen «Nährboden» für die Wahrnehmung von Ambivalenzen und somit für kreative Prozesse bilden.

Hier nun öffnet sich – aus soziologischer Sicht – eine interessante Lesart jener Stellen im alttestamentlichen Kapitel, in denen vom Widerspruch der Menschen gegen den Willen Gottes die Rede ist. Dass dies überhaupt der Fall ist (d. h., dass er in kanonisierte Schriften aufgenommen wurde), ist an sich bemerkenswert. Als sozusagen nächster Schritt bietet es sich an, diesen Widerspruch in Verbindung mit der Erfahrung des «Zweifelns» zu sehen. Dieses nun ist gewiss ein ambivalentes Geschehen, nämlich ein Hin- und Hergerissensein von existentieller Tragweite.

3. Ambivalenzen in Generationenverhältnissen und Generationenbeziehungen

Im soziologischen Kapitel wird dargelegt, dass vieles für die Annahme spricht, die Erfahrung von Ambivalenzen sei besonders ausgeprägt in Generationenbeziehungen.[6] Dafür bieten die beiden theologischen Kapitel reiches Anschauungsmaterial. Im Hinblick auf die Praxis fällt selbstverständlich das Ritual der Taufe in den Blick. Hier zeigt sich, was für die

---

[6] Mit Generationenverhältnissen sind hier die demographischen, sozialen und politischen Strukturen zwischen zwei und mehr Generationen gemeint, mit Generationenbeziehungen die dynamische Gestaltung dieser Verhältnissen in Interaktionen. Für eine Einführung in die soziologische Generationentheorie und -forschung siehe Lüscher, Kurt / Liegle, Ludwig, Generationenbeziehungen in Familie und Gesellschaft, Konstanz 2003.

200

praktische Arbeit von Belang ist: dass die Ambivalenzerfahrungen sich über einen längeren Zeitraum erstrecken, beginnend bereits mit der Schwangerschaft. Man könnte – mit Blick auf die Literatur zum generativen Verhalten – hinzufügen, dass oft das Hin- und Hergerissensein in der Entscheidung für oder gegen Elternschaft mit dazu gehört. Und schliesslich kann die Geburt selbst als ambivalent erfahren werden.

Hier lassen sich markant die drei «Ebenen» von Ambivalenzen veranschaulichen, auf die im soziologischen Kapitel mehrfach hingewiesen wird, nämlich solche im inneren Dialog mit sich selbst (Eigne ich mich zur Mutter, werde ich eine gute Mutter sein können?), mit signifikanten Anderen, namentlich dem Partner (Inwieweit bin ich ihm, inwieweit dem Kind verpflichtet?) und generalisierten Anderen (Welchen Normen an Frauen als Mütter kann bzw. will ich entsprechen?). Das Ritual der Taufe kann so gestaltet werden, dass für diese Ambivalenzen ein Raum geschaffen wird, sie also direkt oder indirekt (symbolisch) eingestanden und ausgedrückt werden können.

Die Dichte der Ambivalenzerfahrungen (und Dichte meint hier nicht nur Stärke, sondern eine qualitative Komplexität) verstärkt sich bei einer Nottaufe (Fallgeschichte 4). Sie verlangt eine komplexe Gestaltung des Rituals, erfordert Kräfte des Aushaltens und schafft – was eine wichtige Folge, sozusagen ein Ertrag des offenen und gekonnten Umgangs mit Ambivalenzen sein kann – unter den Beteiligten ein besonderes, durchaus differenziertes, das Fühlen und Denken umfassendes Bewusstsein für Zusammenhalt und Schicksalsverbundenheit – eine Erfahrung, die unter bestimmten Umständen weitergegeben werden kann und auf diese Weise übergreifend Sozialität schafft.

Sinngemäss das Gleiche trifft zu, wenn eine Taufe unter besonderen familiären Bedingungen stattfindet (III 4.2.3) und auch hier ein gelingender Modus des Umgangs mit Ambivalenzen gefunden werden kann, beispielsweise vom Typ «Emanzipation».[7] Dieses Beispiel ist über-

---

[7] Beiläufig sei festgehalten, dass aus soziologischer Sicht der historische Hinweis in Müller, Anm. 113 von Interesse ist, «dass es im Christentum keineswegs selbstverständlich ist, angesichts der Geburt eines Kindes der Freude Ausdruck zu geben». Dies ist ein Indiz, welches die These stützt, das Verhältnis zum Kind weise ein hohes Mass an Ambivalenzpotential auf. Siehe hierzu ausführlicher Lüscher, Kurt, Kinderpolitik. Die Ambivalenzen der Rolle des Kindes gestalten. Entwurf einer Typologie, in: Kränzl-Nagl, Renate / Mierendorff, Johanna / Olk, Thomas (Hg.), Kindheit und Wohlfahrtsstaat, Frankfurt a. M. 2003, 333–362.

dies eine wichtige Veranschaulichung des Umstands, dass die rituelle ebenso wie die faktische Gestaltung von Ambivalenzen in die Spannungsfelder des sozialen Umfelds eingebettet ist.

In soziologischer Sicht, die ja immer auch einhergeht mit dem wissenssoziologischen Interesse an der Methodologie, weckt die Frage besondere Aufmerksamkeit, wie die Idee der Ambivalenz fruchtbar gemacht werden kann, um den Sinn einer so schwierigen Erzählung wie jener von «Isaaks Bindung» (s. oben II 5.1) zu ergründen. Die Schwierigkeiten sind verschiedener Art. Sie liegen in der Zumutung, die an Abraham herangetragen wird. Doch zeigt nun eine, wenn man so sagen kann, durch die Ambivalenzperspektive (eingeschlossen deren zeitliche Dimension) für Zwischentöne geschärfte Sichtweise, dass der Text nicht nur als Schreckens-, sondern auch als Vertrauensgeschichte gelesen werden kann. Das hat – wie an verschiedenen Stellen des alttestamentlichen Kapitels gezeigt wird – Implikationen für die Frage der Theodizee, ja für das Gottesbild[8] wie das Menschenbild überhaupt. Besonders letzteres ist interessant, weil es interdisziplinäre Horizonte eröffnet; die Idee der Ambivalenz ist dazu ein gutes Mittel. Mit guten Gründen lässt sich nämlich die Auffassung vertreten, allen humanwissenschaftlichen Arbeiten lägen teils offen, teils verdeckt menschenbildliche Annahmen zu Grunde. Dabei stellt sich die Frage, einfach formuliert, ob sie Ambivalenzen zulassen oder nicht, und wenn ja, in welcher Weise.

Neben diesen überaus anspruchsvollen Themen soll allerdings auch Raum bestehen, um festzuhalten, dass soziologisch (und darüber hinaus möglicherweise für eine weitere nichttheologische Leserschaft) eine gewisse Anziehungskraft von dem Umstand ausgeht, wie sehr durch die Herausarbeitung des Widersprüchlichen, des Schwankens und des Lavierens die Auslegung der bisweilen schwer zugänglichen alttestamentlichen Geschichten an Lebensnähe gewinnen kann. Zugleich zeigt sich: Dem Konzept der Ambivalenz ist zwar, wie in Abschnitt 1 dieses Kapitels aus-

---

[8] Für den Nichttheologen liegt bezüglich des Gottesbildes die Feststellung nahe, Ambivalenz sei geeignet, dessen «Kontingenzen» zu erhellen. Vgl. hierzu Holzinger, Markus, Der Raum des Politischen. Politische Theorie im Zeichen der Kontingenz, München 2006, 42: «Die Welt müsste nicht existieren, weil die Schöpfung in den Händen eines frei entscheidenden Gottes liegt. Die Kontingenz der göttlichen Entscheidung ist letztursächlich für die Kontingenz der Schöpfung. Die voluntative Kontingenz des göttlichen Verursachens ist die Basis der operativen Kontingenz der Schöpfung.»

geführt, eine starke formaltheoretische Struktur eigen. Doch mit Sensibilität kann es auf unmittelbare Lebensvollzüge angewandt werden. Nicht umsonst ist die Schilderung von Ambivalenzen ein zwar oft übersehenes, bisweilen verkanntes, aber ungemein gegenwärtiges Mittel des Erzählens.[9] Familiengeschichten sind erfahrungsgemäss besonders ambivalenzbehaftet. Das sieht der wache Blick heute – und das dachten die Autoren der Erzelterngeschichten damals. Sie hätten vielleicht auch eine reine Stammes- oder Volksgeschichte schreiben können, doch kleideten sie die Anfänge Israels (und seiner Nachbarn) in eine Familiengeschichte, und auch später, wo die Bibel Volks- und Völkergeschichte erzählt, fokussiert sie immer und immer wieder auf einzelne Gestalten, oft in ihrem familiären Umfeld (schon Noah und seine Söhne, dann etwa Gideon und sein ‹Sohn› Abimelech, Saul und seine Söhne, David und seine Frauen und Kinder, Ahab und seine Gattin Isebel u. a. m.). In all solchen Texten geht es natürlich nicht nur um Individuen in ihrem familiären Umkreis; vielmehr sind sie paradigmatisch für noch viele und vieles andere. Das heisst, wo komplexe Beziehungen geschildert werden sollen, bietet sich der Rückgriff auf Familienbeziehungen an.

4. Individuelle und kollektive Akteure

Um erneut die soziologische Sichtweise zu bemühen: Ein besonderer Reiz von Walter Dietrichs Kapitel liegt in dem doch recht kühnen Versuch, Analogien zwischen den Beziehungen in Familie und Verwandtschaft, also individuellen Akteuren, und jenen zwischen kollektiven Akteuren, also Stämmen, Völkern und «Staaten» zu ziehen. Das geschieht unter der Bezeichnung des «Paradigmatischen». Gemeint dürfte Folgendes sein. *Erstens*: Die Schilderung der familialen, verwandtschaftlichen Beziehungen vermittelt in hohem Masse Anschaulichkeit und Le-

---

[9] Um es – mit Verlaub – etwas salopp auszudrücken: Der Nichttheologe gewinnt hier den Eindruck, eine «Anleitung» zum Aufspüren und Benennen von Ambivalenzen wäre geeignet, Predigten zur Aufmerksamkeit auch bei medienverwöhnten Zeitgenossen zu verhelfen. – Der Einbezug gestalteter Ambivalenzen kann auch eine Alternative zur Inszenierung von Ritualen in den Medien sein, beispielsweise der «Traumhochzeit» (1990–2000 im RTF und ab 2008 als Remake im ZDF), deren übersteigerte Idealisierungen keine Zwiespältigkeiten und Zweifel zulassen und gerade deswegen lebensfremd sind.

bensnähe. *Zweitens* kann man geltend machen, dass diese Beziehungen und namentlich die generativ-genealogischen Beziehungen konstitutiv für Gesellschaftlichkeit sind.

Allerdings legt soziologisches Denken auch eine gewisse Vorsicht nahe. Zwischen Individuum und Kollektiv liegt der Bereich der Institutionen. Als solche gelten selbstverständlich Verwandtschaft, Haushalt, Familie und Ehe (wobei die historische Bedingtheit dieser Kategorien im Auge zu behalten ist). Doch das Handeln von Stämmen und erst recht von Völkern und Staaten weist noch andere Züge auf, namentlich den Einsatz kriegerischer, also kollektiver Gewalt und die – in den behandelten Erzählungen allerdings anscheinend wenig gewichtige – Rolle der Bürokratie. Sie beinhalten überdies Macht und Herrschaft und deren Legitimation sowie Verfahren der Durchsetzung. Diese Dimensionen könnten in anderen Erzählungen – etwa denen der Samuel- oder Königsbücher – noch stärker herausgearbeitet werden, weil sie dort offensichtlicher bzw. bedeutsamer sind.

Versteht man schliesslich die Analogie zwischen mikrosozialen und makrosozialen Ambivalenzen als ein Mittel für die Plausibilisierung der Dynamik historischer Entwicklungen und deren differenzierte Darstellung, die auch Verwerfungen berücksichtigt, ist der Erkenntnisgewinn augenscheinlich. Es zeichnet sich so etwas wie die Möglichkeit einer übergeordneten Perspektive ab, einer solchen nämlich, welche die ganze Spannweite des individuellen und kollektiven Handelns unter Einschluss des Wirkens Gottes in Blick nimmt. Es ist dies zugleich eine Perspektive, die das Geschehen, den biblisch-historischen Erzähler, dessen Kommentator und – reflexiv – den Autor Walter Dietrich selbst im Blick hat. Das wiederum hat zur Folge, Inkonsistenzen zwischen diesen als Zeichen einer lebendigen, immer wieder neu ansetzenden Exegese zu verstehen.

In gewisser Weise trifft dies auch für das praktisch-theologische Verständnis des Rituals zu. Dabei ist zunächst allerdings offensichtlich: Das Ritual lässt sich sehr wohl als Bindeglied zwischen individuellem und kollektivem Handeln verstehen, also als sozialer Raum, in dem sich beides trifft und – das wiederum ist sozusagen das Neue, das Faszinierende, das Ertragreiche an der Arbeit mit dem Konzept der Ambivalenz – sich auch reibt. In der soziologischen Synthese der begriffsgeschichtlichen Analyse und deren theoretischer Aufarbeitung, die in der vorgeschlagenen Definition und deren Erläuterung kulminiert (oben I 3.1), wird hervorgehoben, dass sich Ambivalenzerfahrungen im Schnittpunkt des Individuellen und des Institutionalen verorten lassen.

Spiegelbildlich dazu lässt sich sagen: Die Offenheit für das Element der Ambivalenz kann dazu beitragen, das Ritual als dynamisches, spannungsvolles Geschehen zu verstehen und zu gestalten. Das Ritual wird – wenn das Wort gestattet ist – sozusagen «verlebendigt». Diese Einsicht dürfte sich weitgehend mit Christoph Müllers Rede vom Ritual als «Ermöglichungsraum» treffen. Das ist zentral für das Verständnis des Ritualleiters und der Ritualleiterin. Sie können Allparteilichkeit und Parteilichkeit praktizieren, arbeiten und geschehen lassen, präsentieren und Intimität wahren, neue Wirklichkeiten schaffen.

Taufrituale werden im praktologischen Kapitel (III) als zugleich familiär und transfamiliär erlebt und geschildert. Aus exegetischer Sicht lässt sich das gleiche Phänomen auch in biblischen Texten beobachten: nicht nur an den Erzelterngeschichten, sondern etwa auch an den David- oder Jeremiaerzählungen sowie an den Psalmen. Da werden einerseits Individuen in ihrem sozialen Nahbereich (Familie) porträtiert, doch zugleich gilt das über sie Gesagte nicht nur von ihnen – und schon gar nicht gilt es nur ihnen. Vielmehr sind die porträtierten Figuren immer auch repräsentativ für und transparent auf andere. Abraham ist der Vater Isaaks und Ismaels, der Israeliten und der Araber. David ist König Israels und vorbildhafter Sänger und Beter. Jeremia leidet exemplarisch an Gott und für Gott. Psalmisten sind die für andere Klagenden und Jubelnden. Überdies richten sich die Erzählungen und Gedichte an ein Auditorium, an eine Leserschaft, die sich in die Texte hineindenken, sich (einschliesslich eigener ambivalenter Erfahrungen und Empfindungen) in ihnen wiederfinden soll – um die Systematik des Praktologen aufzunehmen: gleichzeitig familiär und transfamiliär eben.

5. Zur Methodologie

Kritiker werden vielleicht einwenden wollen, dass der begriffslogische Status des Konzepts der Ambivalenz, wie wir es verwenden, noch Fragen offen lässt. Das ist bei einem interdisziplinären Projekt möglicherweise unvermeidlich. Auch ist es oft einfacher, d. h. erleichtert das Lesen, wenn von Ambivalenzen auch verdinglicht die Rede ist.

Darum möchten wir nochmals hervorheben, woran uns gelegen ist und was wir vermeiden möchten. Um mit Letzterem zu beginnen: Bei der Präsentation unseres Vorhabens sind wir wiederholt darauf angesprochen worden, ob nicht letztlich alle Beziehungen ambivalent seien und wir in unserem Alltag nicht ständig Ambivalenzerfahrungen machen, ob sich nicht überall in der Dichtung, der Kunst und Musik Ambivalenzen ausmachen lassen, der Mensch eben ein durch und durch «ambivalentes Wesen» sei. Eine solche Frage ist angesichts der weiten Verbreitung des Wortes durchaus berechtigt.

Wir verbinden mit dem Begriff keine Seins-Aussagen. Wir verwenden ihn – wie wir verschiedentlich dargelegt haben – «heuristisch», also als eine *generelle Hypothese*, die uns bei der Beobachtung sozialer Beziehungen, bei Ritualen und in der Exegese von biblischen Erzählungen leitet und sich für die Analyse menschlichen Verhaltens, Formen des Zusammenlebens und die Gestaltung und Erklärung von Texten als fruchtbar erweist. Diese Hypothese besagt, dass sich dabei polare Gegensätze ausmachen lassen, die gleichzeitig in einem inneren Zusammenhang zueinander wahrgenommen werden, sich gegenseitig jedoch ausschliessen, jedenfalls solange der jeweilige Handlungskontext besteht oder eine damit zusammenhängende Aufgabe zu lösen ist.

Das Oszillieren zwischen diesen Gegensätzen ist unter diesen Annahmen ein Aspekt der Suche nach dem Sinn des Handelns der beteiligten Akteure (oder der in den Texten dargestellten Akteure) und in eben dieser Weise verknüpft mit den Prozessen der Konstitution und der Artikulation persönlicher und kollektiver Identitäten. Das impliziert (und insofern stützen wir uns auf eine anthropologische Prämisse): Menschliche Identität konstituiert sich mittels einer grundsätzlich ständigen, wenngleich zu bestimmten Zeiten besonders intensiven, zu anderen Zeiten weniger ausgeprägten Vergewisserung des Selbst im Verhältnis zu den Anderen. Grundsätzlich wird für kollektive Akteure dasselbe angenommen.

Man kann diesem Verständnis von Ambivalenz durchaus ein paradoxes Element zuschreiben: Die auf den ersten Blick statische Annahme von Polaritäten wird als Folie genutzt, um die stete Dynamik des Selbst zu analysieren. In eben dieser Weise handelt es sich jedoch um eine heuristische Hypothese, deren allgemeine Fruchtbarkeit und Tragfähigkeit postuliert wird. Dies muss sich in den daran anschliessenden Umsetzungen, Verdeutlichungen und «Operationalisierungen» und den Ergebnissen zeigen. Diese Vorgehensweise umschliesst die bereits erwähnte Annahme der Fruchtbarkeit eines «unvoreingenommen-positiven» Verständnisses von Ambivalenz. Es enthält ebenfalls paradoxe Begleittöne. Diese heuristische Haltung kann man bezogen auf das damit gemeinte wissenschaftliche und praktische Handeln auch «pragmatisch» nennen, in dem Sinne, dass es um aufgabenorientiertes Handeln und Reden geht. Das beinhaltet gewissermassen von selbst die Notwendigkeit, von Anbeginn das Konzept differenziert zu verwenden. Wir reden von einem elaborierten Verständnis. In der Definition werden mehrere Elemente genannt, die je nach Fragestellung von Belang sein können.

Zu diesem Beizug unterschiedlicher Dimensionen gehört auch, dass sich zwischen den einzelnen Kapiteln Unterschiede in der Verwendung des Konzepts ausmachen lassen, obgleich wir grundsätzlich vom gleichen Verständnis ausgehen. Diese Unterschiede ergeben sich aus dem Kontext sowie daraus, dass unsere interdisziplinäre Zusammenarbeit auch einen explorativen Charakter hat.

In der soziologischen Analyse (oben Kap. I) wird mit Blick auf die Generationenbeziehungen, die als wichtiges Beispiel der soziologischen Anwendung dienen, ein Diagramm in Form eines «Moduls» skizziert. Es dient dazu, sozusagen grundsätzlich darzulegen, dass es fruchtbar ist, von Ambivalenzen im Plural zu sprechen, also Typen von Ambivalenzen zu unterscheiden. Dabei zeigt sich, dass das Modul auch bei der Analyse von Texten und jener von Verhaltensweisen in Ritualen beigezogen werden kann. Als Typologie lässt es sich – wie entsprechende Erfahrungen zeigen – auch in der praktischen Arbeit verwenden. Sie kann genutzt werden, um eine «Situation» oder ein Beziehungsgeflecht zu strukturieren, beispielsweise in der Seelsorge und der therapeutischen Arbeit. Im Weiteren können die typologischen Charakterisierungen Orientierung für künftige Handlungsstrategien bieten.

Im praktisch-theologischen Kapitel wird noch eine weitere Perspektive methodologisch entfaltet, jene einer begrifflichen Ausdifferenzierung von «Ambivalenz» im Unterschied zu «Widerspruch», «Dichotomie», «Bruch», «Zwiespalt» u. a. Auch wird gezeigt, wie mit Ambivalenzen umgegangen werden kann, beispielsweise durch Vermeiden, Ignorieren und Verdecken, durch Bruch und Profilierung, vor allem aber auch durch eine gekonnte Gestaltung von ambivalenzträchtigen Situationen, unter denen die Rituale eine herausragende Stellung einnehmen. Überdies wird als eine wichtige Bekräftigung für unser (um den paradoxen Grundton beizubehalten) «unvoreingenommen-positives» Verständnis gezeigt, dass und wie sich dadurch andere Wirklichkeiten entdecken lassen.

Eine wiederum andere methodologische Facette der Arbeit mit dem Konzept zeigt das alttestamentliche Kapitel. Dort wird es für verschiedene Strategien der «Auslegung», der Arbeit also an den Texten genutzt. In soziologischer Sichtweise lassen sich vier Ebenen unterscheiden. Die *erste* betrifft das Aufspüren und Beschreiben von Ambivalenzen in der Schilderung der Personen, ihrer Beziehungen und Handlungsweisen. Ein wichtiges Mittel ist dabei die vorhin schon angesprochene sprachliche Sensibilität für Ambivalenzen. Die *zweite* Ebene ergibt sich aus den zusätzlichen Interpretationen durch den Ausleger in der Rolle des sachkundigen Lesers. Ein Beispiel dafür sind die Ausführungen in Kap. II 2. Hier werden auch verschiedentlich treffende Zuordnungen zum Modul vorgenommen, ebenso kommen unterschiedliche Strategien im Umgang mit Ambivalenzen zur Sprache. Die *dritte* Ebene ist jene, auf der der Exeget als – kritischer – Theologe sich mit bisherigen Kommentaren und insbesondere mit den theologischen «Glättungen» innerhalb der Texte auseinandersetzt. Schliesslich gibt es eine *vierte* Ebene, in der der Autor seine Exegese im Kontext der aktuellen theologisch-exegetisch-methodologischen Entwicklungen verortet.

Ergänzend ist dem aus exegetisch-theologischer Sicht Folgendes beizufügen: Es gibt im Hebräischen kein dem Wort «Ambivalenz» auch nur von ferne entsprechendes Äquivalent. Es ist, wie ja auch Kurt Lüscher im begriffsgeschichtlichen Teil seines Beitrags zeigt, ein dezidiert moderner, vielleicht schon postmoderner Begriff. Diese Begrifflichkeit ist also an die biblischen Texte von aussen herangetragen. Das bedeutet noch keineswegs ein Verdikt. Sehr viele, wenn nicht alle arrivierten Methoden der Exegese sind weniger aus den Texten selbst als vielmehr aus den Bedürfnissen der jeweiligen Ausleger und ihrer Zeit entwickelt. Das gilt ohnehin für die allegorische oder die typologische Exegese der Antike wie für die Midraschim jüdischer Ausleger (obwohl man die Bemühung schon der frühen Bibelexegese um den Wortsinn der Texte nicht unterschätzen sollte). Es gilt aber auch noch für die moderne historisch-kritische Exegese, deren vorrangiges Ziel es war (und ist), die Texte vor vorschnellem, ideologiegeleitetem Zugriff zu bewahren und sie unbedingt ihr eigenes Wort sagen zu lassen. Doch das Bestreben, um jeden Preis den Autor des jeweiligen Textes zu ermitteln, ihn in einem bestimmten historischen Milieu festzumachen und seine Aussageabsicht zu seiner Zeit zu erheben, verdankt sich unverkennbar der europäischen Aufklärung und lässt manche Fragen offen: Lässt sich der Jahrtausende breite historische Graben wirklich überwinden? Hat das damals Gemeinte heute Relevanz? Wollten die Autoren wirklich zeitgebundene Mitteilungen machen?

Oder, so fragt sich aus praktologischer Sicht: Wären denn zeitgebundene Mitteilungen irrelevant? Kann die historische Distanz in Analogie zu anderen Differenzen (kulturellen, religiösen, sozialen, ökonomischen usw.) nicht als Erfahrung von «Fremdheit» (Alterität) neue Wahrnehmungen, Erfahrungen, Einsichten und Fragen ermöglichen? Würden wir ohne die Auseinandersetzung mit solchen Überlieferungen nicht unglaublich verarmen?

Die gewisse Trockenheit und Dürre, die der historisch-kritisch dominierten Fachexegese zuweilen anhaftet, hat man durch verschiedene Neben- und Gegenmethoden zu beleben versucht. Neben die Frage nach dem Autor, seiner Zeit und seiner Absicht trat mehr und mehr die nach dem Text und seiner Gestalt – gewissermassen ungeachtet der genauen historischen Entstehungsbedingungen; strukturalistische, literatur- und rezeptionsästhetische, kontextuelle und intertextuelle Betrachtungsweisen wurden und werden zunehmend geübt. Zu den autor- und den textbezogenen Ansätzen kommen solche, die bewusst von der Zeit der Auslegung und den in ihr jeweils vorherrschenden Fragestellungen ausgehen: etwa der Genderfrage (feministische Exegese) oder der politisch-sozialen Frage (materialistische oder sozialgeschichtliche Exegese) oder den durch die moderne Psychoanalyse aufgeworfenen Fragen (tiefenpsychologische Exegese). Man könnte diese Zweige der Bibelinterpretation «explizit perspektivische Exegese» nennen.

Damit zeichnet sich das Umfeld der im Beitrag zu den Erzelternerzählungen erprobten «ambivalenzorientierten Exegese» ab. Vielleicht lässt sie sich als eine Unter- bzw. Zwischenform psychologischer und sozialgeschichtlicher Exegese verstehen. Sie hat indes eine weitere grosse Schwester: die so genannte «existentiale Interpretation», wie sie von Rudolf Bultmann – einem Meister historischer Kritik – entwickelt wurde. Ihn leitete die aufgeklärte Modernität historischer Exegese zu der Erkenntnis, dass das Denken vieler, wenn nicht aller biblischen Autoren von einer vor-modernen, «mythologischen» Geistigkeit und Weltsicht geprägt war, die dem modernen Menschen nicht mehr ohne weiteres zugänglich ist. Es gilt sie zu «entmythisieren» und die «existentiale» Dimension in ihr wahrzunehmen. Um ein einfaches Beispiel zu nehmen: Die Erzählung von der Speisung der Fünftausend durch fünf Brote und zwei Fische will gemäss diesem Interpretationsmodell etwas besagen über die Macht des Christus über die existentiellen Nöte, denen Menschen ausgesetzt sind.

So gesehen lässt sich die Annahme begründen, «Ambivalenz» sei etwas wie ein Grund-Existential menschlichen Daseins – freilich nicht eines zeitlos-abstrakten, sondern eines kontextuell verankerten «Existentials». Heutiges Leben, und zwar individuelles wie kollektives, ist von zahlreichen Ambivalenzen geprägt – und genauso war es schon in biblischer Zeit. Heute gibt es eine ausgebildete Begrifflichkeit und ein methodisches Instrumentarium zur Erfassung des Phänomens. Es auf biblische Texte anzuwenden, bedeutet kein textfremdes Ansinnen, sondern dient dazu, tief in den Texten liegende Erfahrungen sichtbar zu machen und mit analogen Erfahrungen heute in Berührung zu bringen. Beides belebt und beleuchtet sich gegenseitig: die ambivalenten Situationen, Haltungen und Handlungen der biblischen Autoren und ihrer Figuren und heutige Ambivalenzerfahrungen.

Nun ist das in der Auswirkung nicht unbedingt beruhigend. Das Wahrnehmen und Zulassen von Ambivalenzen wirkt – jedenfalls zunächst – beunruhigend, verunsichernd. Die einfachen, klaren Lösungen geraten ins Zwielicht, Widersprüchlichkeiten und Spannungen erschweren die Orientierung und die Entscheidung. Dies ist eine Grunderfahrung der neueren und neusten Exegese. ‹Modern› waren die klaren, schnittigen Lösungen der aufgeklärten historisch-kritischen Wissenschaft. Doch in der zweiten Hälfte des letzten Jahrhunderts wurde zunehmend unsicher, was einst als gesicherte Erkenntnis galt. Die grossen, fast kanonisch gewordenen Hypothesen gerieten ins Wanken, und es wollten sich keine rechten, grossen Gegenhypothesen einstellen. Die Bibelwissenschaft ist in eine Phase des Tastens, Erprobens, Fragens, Differenzierens usw. geraten. Methodologisch macht sich das (wie bereits gesagt wurde) in der Entdeckung und Erprobung sehr verschiedener Zugänge zu den Texten bemerkbar. Die historisch-kritische Methode büsst ihren klaren Vorrang ein (den sie jedenfalls im deutschen Sprachraum hatte). So genannt synchrone, holistische, kanonische, strukturalistische, rezeptionsästhetische, intertextuelle Annäherungsweisen werden hoffähig (sind es anderswo – etwa in der jüdischen oder der amerikanischen Exegese – schon längst). So wird das Licht wissenschaftlicher Textanalyse diffuser bzw. die Lichtquellen vielfältiger, die Schattenwürfe nicht mehr so prägnant, die Ergebnisse differenzierter, auch widersprüchlicher. Wer heute Exegese betreibt, befindet sich also bereits in einer ambivalenten (bzw. polyvalenten) Situation!

Hierzu eine Beobachtung aus praktologischer Sicht: Es ist wohl der Bereitschaft des Exegeten zur offenen Auseinandersetzung mit biblischen Texten und ihrer Auslegungs- und Wirkungsgeschichte sowie dem damit implizierten Ernstnehmen des Textes zu verdanken, dass auch innerbiblische Auseinandersetzungen in den Blick kommen. Sorgfältiges Lesen lässt deutlich werden, dass die Erzählungen (wenn wir bei dem Textkorpus bleiben, das hier im Zentrum steht) keineswegs nur einmal erzählt, darauf gleich schriftlich fixiert und anschliessend nur noch abgeschrieben wurden. Sie wurden erzählt, wieder erzählt, neu erzählt, in andere Erzählungen aufgenommen und um-erzählt, redigiert usw. Was geschah in diesem Überlieferungsprozess, der in der Bibel selbst offensichtlich wird? Was geschah mit Widersprüchen, Spannungen, Ambivalenzen? Und wie wurde in der Auslegungs- und Wirkungsgeschichte damit umgegangen?

Die exegetischen Analysen machen sichtbar, wie in diesen Prozessen Widersprüche manchmal auch beseitigt oder harmonisiert wurden. Es wurde dann versucht, sperrige Spannungen durch «theologische» Erklärungen und Einordnungen in ein Lehr-System aufzulösen. Ambivalenzen, die für ein bestimmtes Frömmigkeitsbild als störend empfunden wurden, wurden geglättet. «In der nachbiblischen Wirkungsgeschichte – der jüdischen wie der christlichen – wurde die Gestalt Esaus zunehmend eingeschwärzt und damit ihrer Ambivalenzen beraubt» (II 3.2). Die biblischen Texte wurden durch krasse antijüdische Klischees in «erschreckender» Weise verstellt. Dies geschah offenbar nicht selten durch die Arbeit von religiösen Fachleuten, wie aus der verwendeten Sprache erschlossen werden kann. Es ist eine spannende Frage, welche Theologien sich hier durchsetzten – und wo dies zu Konflikten, zu Kompromissen, zu einem Nebeneinander-stehen-Lassen unterschiedlicher Konzepte oder zur Häretisierung führte.

Auf dem Hintergrund einer empirisch ausgerichteten Praktischen Theologie und der Beschäftigung mit «Laien-» und auch «Kinder-Theologien» stellt sich hier die Frage, was es bedeutet, wenn der Exeget im Zusammenhang seiner Analyse alttestamentlicher Erzählungen dort von «dezidiert theologischen» Aussagen aus «höherer Warte» spricht, wo eine

Begrifflichkeit gebraucht wird, die für professionelle Theologen bezeichnend erscheint. Welche Autorität hatten solche «theologischen» Aussagen? Welche Konsequenzen ergaben sich aus dieser Deutungsmacht? Welche Folgen hatte es, wenn die in offenen Erzählungen implizierten Theologien (die ja, wie die exegetischen Analysen zeigen, *auf ihre Art* auch von einem intensiven theologischen Nachdenken zeugen können) der professionellen Deutung untergeordnet wurden?

6. Anthropologische Erwägungen

Der systematische Theologe Emil Brunner (der wie Bleuler an der Universität Zürich tätig war) stellt seine «Anthropologie» unter den Titel «Der Mensch im Widerspruch». Darin findet sich folgende Passage, die im Übrigen die Frage nahe legt, ob Brunner, was durchaus denkbar wäre, die Arbeiten von Bleuler gekannt hat: «Der Mensch ist bei sich nicht zu Hause; er hält es mit sich, so wie er ist, nicht recht aus. Er will der sein, sich auswirken als der, der er ist, und will doch auch gerade der nicht sein, der er ist. Darum drapiert er sich mit seinen Idealen. [...] Die ‹harmonische› Menschennatur, die ganz in sich ruht, ist ein Grenzfall, der nicht wirklich existiert, während der andere Grenzfall sehr wohl existiert: der Mensch, der so zerspalten ist, dass sein inneres Wesen keine Einheit mehr findet, der Schizophrene, der Verrückte. Die Gespaltenheit aber gehört, wegen jenes Gegensatzes zwischen dem, was er ist, und dem, was er sein soll oder will, zum Wesen alles uns bekannten Menschenlebens. Ein jeder kennt diesen Sprung in der Glocke und die Misstöne, die er verursacht. Der Mensch ist das widerspruchsvolle Wesen, in dem dreifachen Sinne: das Widersprüche in sich trägt, das darum weiss und daran leidet und das sich selbst, um dieses Widerspruches willen, widerspricht und sich ihm vergeblich zu entreissen sucht»[10].

Werden Ambivalenzen bewusst, entschwindet das Eindeutige, Kausale, Folgerichtige. Eine Situation kann in sehr verschiedene Anschlusssituationen führen. Eine Erfahrung kann auf sehr verschiedenen Vorerfahrungen beruhen. Etwas für falsch Gehaltenes kann sich als richtig erweisen, und umgekehrt. Doch gerade so hat das Vorhandensein – und erst recht das Erkennen – von Ambivalenzen nach der im ersten Beitrag

---

[10] Brunner, Emil, Der Mensch im Widerspruch, Zürich 1941, 6f.

dieses Bandes gegebenen Definition etwas mit Identitätsfindung zu tun; sie soll Handlungsbefähigung und Gesellschaftlichkeit aus sich heraussetzen. Das widerspricht herkömmlichen Denkgewohnheiten. Das Klare und Eindeutige, die Starken und Selbstsicheren sind dazu bestimmt, sich durchzusetzen. So mag es sein – so sollte es aber nicht sein. Vielmehr gilt: Eine ausbalancierte und zugleich dynamische Identität, eine Befähigung zu gelassenem und starkem Handeln (oder Verzichten), die Bereitschaft zu sozialem Verhalten (ohne Unterdrückung des Selbst oder des Anderen): all das gedeiht vielleicht nur auf ambivalenzgepflügtem Boden. Unerträglich als Personen und als Mitglieder einer Gemeinschaft sind die allzeit Siegreichen, die nicht an sich Zweifelnden, die durch nichts zu Irritierenden in den Banken oder an den Pulten oder an den politischen Schalthebeln. Wohltuend wirken die nachdenklich Gewordenen, nicht gar so Selbstgewissen. Wer Ambivalenzen ins Auge schaut und ihnen standhält, hat am ehesten die Chance, ein sich selbst und anderen erträglicher Mensch zu werden.

Wie für Individuen, so gilt dies auch für Kollektive. Unerträglich die Gruppen und Völker, die es gewohnt sind, Selbstzweifel zu unterdrücken. Es sollte ja längst klar sein: An keinem nationalen Wesen soll die Welt genesen, und keine Partei hat immer Recht. Was die Erzählungen der Genesis betrifft, ist es wohl kein Zufall, dass die Erzeltern nicht nur Individuen und Angehörige einer Familie sind, sondern zugleich Vorfahren und Repräsentanten von Völkern. Vielleicht lassen sich Aussagen über Kollektive, gar ambivalenzhaltige, besser an – und sei es: fiktiven – Einzelfiguren entwickeln als an den Gesamtgruppen.

Wichtig erscheint auch der Erfahrungsbezug des hier vorgeschlagenen Ambivalenz-Konzepts. Wohl handelt es sich bei diesem um ein theoretisches Konstrukt; doch lebensnah wird es durch konkrete Erfahrung. Für die Praktische Theologie liegt das auf der Hand (und wird ja auch an eindrücklichen Fallbeispielen demonstriert). In der Bibel ist es eigentlich ebenso. Sie ist ja keineswegs vom Himmel gefallen, sondern wurde von konkreten Menschen aufgrund kontingenter Erfahrungen verfasst. Sie birgt gleichsam geronnene Erfahrung vieler Generationen und nicht zählbarer Individuen. Dabei treten die Autoren allermeist hinter das von ihnen Mitgeteilte zurück. Sie wollen nicht selbst im Rampenlicht stehen, sie wollen auf etwas weisen, das ihnen wichtig ist. Und nicht von ungefähr schildern sie so oft ambivalente Situationen, Verhaltensweisen, Figuren – und keineswegs nur in den Erzelterngeschichten.

Der Praktologe betont in seinem Beitrag (oben Kap. III), um wie viel wertvoller und weiterführender das Wahrnehmen, Aushalten und Fruchtbarmachen von Ambivalenzen ist als ihre Leugnung, Verdrängung, Schönung, Verkitschung usw. Er könnte sich dafür auch auf zahllose biblische Beispiele berufen: nicht nur alt-, sondern auch neutestamentliche – man denke etwa an die Sanftmut *und* Härte Jesu, an die Gutwilligkeit *und* Feigheit des Petrus oder an die Peristasenkataloge des Paulus (z. B. 2Kor 6,10: «wie Trauernde, doch stets voller Freude, wie Bettler, die dennoch viele reich machen, wie Besitzlose, die alles besitzen»).

Bedenkenswert ist aus exegetischer Sicht weiterhin das vom Praktischen Theologen verwendete Begriffspaar «Allparteilichkeit und Parteilichkeit» (namentlich im Blick auf die Haltung und das Verhalten von SeelsorgerInnen gegenüber ihren KlientInnen). Beides ist unabdingbar: dass der Pfarrer, die Pfarrerin einerseits über den Fronten und Ambivalenzen steht, welche Familienbeziehungen so oft kennzeichnen, dass er oder sie sich nicht blenden oder einspannen lässt zugunsten der einen Sichtweise gegenüber der anderen; andererseits darf dies aber nicht ausarten in emotionale Unnahbarkeit, mangelnde Zugewandtheit, verweigerte Solidarität gegenüber solchen, die Nähe und Stützung brauchen. Die Erzelterngeschichten sind darin paradigmatisch. Die (israelitischen) Erzähler stehen klar auf der Seite Isaaks (gegenüber Ismael) oder Jakobs (gegenüber Esau) – sie lassen sich aber nicht hinreissen zu chauvinistischer Parteinahme, zur Überhöhung der eigenen und zur Verunglimpfung der anderen Seite. Ismael bekommt einen grossen Segen, Esau ist ein Muster an Versöhnlichkeit. Ähnliches liesse sich an Saul und David zeigen: Natürlich stehen die (judäischen) Geschichtsschreiber, die die Darstellung der Samuelbücher grundlegend geprägt haben, auf der Seite Davids – aber weder verherrlichen sie ihn noch verteufeln sie Saul. Man spürt sogar zuweilen ein Erschrecken über den ‹Helden› und Sympathie für den ‹Antihelden›. Die Bibel verfällt kaum je in den Jargon platter Politpropaganda. Sie leitet vielmehr dazu an, die Ambivalenzen auszuhalten, die den allermeisten geschichtlichen Gestalten und Geschehnissen innewohnen.

Durch die Anwendung des Ambivalenzen-Moduls kommen neue Sinnpotenzen der Jakob-Esau-Geschichten in den Blick – wie umgekehrt durch die Konkretisierung an den Geschichten neue Aspekte des Moduls sichtbar werden. So zeigen sich Veränderungen und Bewegungen: z. B.

als Verschiebung von der «Kaptivation» zur «Solidarität» oder bei der Wahl der «Emanzipation», wobei dies sehr verschieden und in provokativer Weise geschehen kann. Am Anfang wird «Emanzipation» durch einen Betrug möglich, der die selbstverständlich geltenden (und für die Gemeinschaft lebenswichtigen) Konventionen des Erbrechts punktuell zerbrechen lässt. Andererseits wird von einer einvernehmlichen Emanzipation erzählt, wenn Jakob und Esau am Schluss des Erzählzyklus auseinander gehen. So wird nicht durch das Aufrechterhalten einer Gemeinschaft um jeden Preis, sondern durch eine Trennung der Abbruch der brüderlichen Beziehungen verhindert und ihre Bewahrung (in der Distanz) möglich. Oder: Eine «Atomisierung» muss nicht ausschliesslich negativ bewertet werden. Sie kann auch eine höchst schwierige Situation noch einigermassen erträglich machen, sofern sie auch «Achtung atmet» (Walter Dietrich bezieht sich auf das Segenswort für den noch nicht geborenen Ismael). Das unverbundene Nebeneinander kann sinnvoller sein als das Bestreben, über tiefe kulturelle Gräben zu rasch und unbedacht Brücken schlagen zu wollen.

Angesichts einer in kirchlichen (und nicht nur kirchlichen) Kreisen populären ambivalenzblinden Liebessemantik kann das Zitat aus Dtn 23,8 («Einen Edomiter sollst du nicht verabscheuen, denn er ist dein Bruder») befreiend wirken. In der Tat: Es steht nicht da, dass Israel die Edomiter lieben müsse. Und der Exeget fügt bei: «Esau bleibt eine ambivalente Figur, und das Verhältnis zu Edom ambivalent: nicht mehr, aber auch nicht weniger. (Und in Wahrheit ist das sehr viel!).»

7. Perspektiven weiterer Arbeit an und mit dem Konzept der Ambivalenz

7.1 Alttestamentlich-exegetische Perspektiven

Eine ambivalenz-bewusste Exegese kann an vielen Stellen des Alten Testaments fündig werden. Hierfür sollen sieben Beispiele aufgeführt (und dazu jeweils in Fussnoten einige wenige Literaturhinweise gegeben) werden.

(1) Im *Buch Josua*[11] finden sich zwei Versionen von der Landnahme Israels in Kanaan: eine (eher die dominierende), nach der Israel das Land in einem einzigen Kriegszug vollständig besetzt und seine bisherigen Bewohner vollzählig getötet oder vertrieben habe, und eine zweite (hier und da nachgetragene), wonach diese Besetzung nicht komplett gewesen und die Bewohnerschaft teilweise noch im Land verblieben sei. Textgenetisch erklärt sich der Sachverhalt wohl so, dass in der Zeit des babylonischen Exils ein Traumbild ungefährdeten Landbesitzes entworfen wurde – ein Gott, ein Volk, eine Führung, ein Land! –, während man sich in der nachexilischen Zeit, als die Provinz Jehud zu einem kleinen Bestandteil des riesigen persischen Vielvölkerreichs geworden war, damit abzufinden hatte, dass man wohl nie mehr die volle Souveränität über das Land erlangen würde. Die beiden Sichtweisen wurden gewissermassen zu einem Vexierbild zusammengefügt: Israel – einmal alleiniger Herr im Land, dann wieder neben anderen. Die Leserschaft, die jüdische zumal, findet sich hin- und hergerissen zwischen Hoffnung und Enttäuschung, zwischen Wunsch und Wirklichkeit.

(2) Das Bild des *Königs David*[12] in der Bibel und ihrer Wirkungsgeschichte weist fast zahllose Facetten und auch einige Ambivalenzen auf. Letztere sind im prachtvollen, marmornen Fussbodenmosaik des Doms von Siena in klassischer Weise zum Ausdruck gebracht. Die dortige David-Darstellung besteht aus drei, in Wahrheit eigentlich zwei Teilen. Das Mittelbild zeigt den König als Harfenisten, umgeben von vier Psalmisten, beim Gotteslob. Zwei kleinere Seitenbilder zeigen links David beim Schleuderwurf und rechts Goliat, wie ihm der Stein in die Stirn dringt. David also Beter *und* Krieger, sanft und hart, gottergeben und kampferprobt. In der Hebräischen Bibel entspricht das etwa dem Gegenüber von Psalmen und Samuelbüchern. Allerdings erscheint David im Psalter wie in den Samuelbüchern sowohl als Siegender (z. B. Ps 18; 2Sam 8) als auch als Leidender (z. B. Ps 22; 2Sam 19,1). Und selbst in der Goliat-Geschichte, auf die im Dom von Siena angespielt wird, ist David nicht so sehr ein strahlender Held, der schlau und stark einem überlegenen

---

[11] Vgl. Smend, R., Das uneroberte Land, in: G. Strecker (Hg.), Das Land Israels in biblischer Zeit, 1983 (GTA 25), 91–102. – Noort, E., Das Buch Josua. Forschungsgeschichte und Problemfelder, 1998 (EdF 292).

[12] Vgl. Dietrich, W., Von David zu den Deuteronomisten, Stuttgart 2003 (BWANT 156). – Dietrich, W., David. Der Herrscher mit der Harfe, Leipzig 2006 (Bibl. Gestalten 14).

Feind den Garaus macht, als vielmehr ein Prediger, der verkündet, dass Krieg und Sieg Sache Gottes, nicht der Menschen sind (1Sam 17,45–47). Und die Kriegsrüstung, die König Saul ihm anlegen will, weist er zurück (1Sam 17,38f.); sein Sieg wird nicht der eines Kriegers, sondern er wird ein Wunder sein.

(3) Das *Jesajabuch*[13] ist eine über wohl ein halbes Jahrtausend angewachsene Schrift. Die Hauptwachstumsstufen fallen ins 8. Jahrhundert (Zeit der assyrischen Krise des Königreichs Juda, sog. Erster Jesaja, Jes 1–39), ins 6. Jahrhundert (Zeit des Babylonischen Exils, sog. Zweiter Jesaja, Jes 40–55) und ins 5. Jahrhundert (nachexilische Zeit, sog. Dritter Jesaja, Jes 56–66). Trotz seiner langen Entstehungsgeschichte mit ihren sehr unterschiedlichen zeitgeschichtlichen Hintergründen bildet das Buch kein heterogenes Textgeschiebe; vielmehr wurden durch sorgfältige Redaktionsarbeit die verschiedenen Teile durch Klammern, Querbezüge und thematische Längsfäden miteinander verbunden. Eine dieser thematischen Linien ist die Rede von der «Verstockung» Israels. Am Anfang stand der schauerliche Auftrag an den Ersten Jesaja, das Volk zu «verhärten», d. h. sein «Herz träge», seine «Ohren schwer» und seine «Augen verklebt» zu machen, damit es rettungslos in sein Unheil rennt (Jes 6,9–11, vgl. auch Jes 28,21; 29,9f.). Diese ungeheuerliche Aussage hat die Jesaja-Tradenten nicht ruhen lassen. Immer wieder ist sie aufgenommen und neu bedacht worden. Einerseits wird sie bekräftigt: Ja, das Volk ist bzw. war verblendet, lief «blind» ins Unglück (Jes 42,18–20; 43,8; 44,18). Andererseits aber wird sie hinterfragt und ihre Rücknahme in Aussicht gestellt: In Jes 63,17 fragt das Volk fast vorwurfsvoll: «Gott, warum hast du uns verhärtet?», während in Jes 29,18; 32,3f.; 35,5; 48,4–6; 51,6f.; 61,1 verheissen wird, die Blinden sollten wieder sehen usw.

(4) *Jeremia*[14] hat unter den alttestamentlichen Propheten die härtesten Konflikte mit Gott ausgetragen. Besonders eindrücklich geschieht dies in fünf Texten (Jer 11,18–12,6; 15,10–21; 17,12–18; 18,19–23; 20,7–18), die sich aus ihrem Kontext herausheben und in der Forschung den Namen «Konfessionen Jeremias» tragen (wobei strittig ist, ob sie von Jeremia

---

[13] Vgl. Höffken, P., Jesaja. Der Stand der theologischen Diskussion, Darmstadt 2004. – Evans, C. A., To See and Not Perceive. Isaiah 6.9–10 in Early Jewish and Christian Interpretation, Sheffield 1989 (JSOT.S 64).

[14] Vgl. Herrmann, S., Jeremia. Der Prophet und das Buch, Darmstadt 1990 (EdF 271). – Bak, D. H., Klagender Gott – klagende Menschen. Studien zur Klage im Jeremiabuch, Berlin 1990 (BZAW 193).

selbst stammen oder ihm redaktionell zugeschrieben worden sind). Sie enthalten nicht eigentlich prophetische Verkündigung, sondern Gebete. Diese folgen alle einem bestimmten Aufbau, der demjenigen der «Klagelieder des Einzelnen» in den Psalmen ähnlich ist. Sie geben der Leserschaft Einblick in das leidende Ich des Propheten, in seine äusseren und inneren Nöte. Jeremia zeigt sich nicht als fraglos funktionierendes Sprachrohr Gottes, sondern als verwundbares und verwundetes, gegen menschliche und göttliche Zumutungen sich zur Wehr setzendes Individuum. Er beklagt Nachstellungen durch Feinde in seiner Umgebung, selbst in seiner eigenen Familie, und erbittet für sie die gerechte Strafe – was ihm verwehrt wird. In den letzten beiden «Konfessionen» (Jer 15 und 20) rückt sein Leiden am prophetischen Beruf ins Zentrum: Als getreuer Bote eines – zornigen! – Gottes hat er sich das ganze Volk zum Feind gemacht; er ist völlig allein und sieht sich obendrein noch von Gott im Stich gelassen (vgl. das harte Wort vom «Trugbach» in Jer 15,18). Am Ende wünscht er, gar nicht erst geboren zu sein – ein unverkennbar suizidaler Gedanke (Jer 20,14–18). Mitten durch die prophetische Existenz geht ein tiefer Riss: auf der einen Seite die Verzweiflung eines Vereinsamten, auf der anderen das Rechnen auf göttliche Gerechtigkeit; einerseits die fast süchtige Abhängigkeit von Gott und seinem Wort, andererseits der Aufschrei eines, der sich von Gott vergewaltigt (! Jer 20,7) und dann verstossen fühlt. Und Gott? Gott tadelt seinen Propheten – hält ihn aber in seinem Dienst fest und spricht ihm Mut zu. Wie könnte Ambivalenz eindringlicher ausgedrückt werden?

(5) Das 11. Kapitel der Prophetenschrift *Hosea*[15] zeigt Gott in einem schweren inneren Konflikt. Er erscheint hier in der Rolle einer treusorgenden Mutter, die ihr Kind – Israel – mühsam und behutsam grossgezogen hat, jetzt aber von ihm bitter enttäuscht wird: «Mein Volk ist verstrickt in die Abkehr von mir» (Hos 11,7). Nichts hat Mutter Gott unversucht gelassen, um Israel zurückzugewinnen – vergeblich. Hilflos muss sie mitansehen, wie ihr Kind in sein Unheil läuft. Ihre Emotionen sind stürmisch. Sie ist fassungslos, empört, wütend. Wenn Israel sich nicht zur Umkehr bewegen lässt, dann muss eben Gewalt eingesetzt werden. «In seinen Städten wird das Schwert seine Runden ziehen» (11,5). Doch

---

[15] Vgl. Jeremias, J., Hosea und Amos, Tübingen 1996 (FAT 13), bes. 76–83. – Jeremias, J., Die Reue Gottes. Aspekte alttestamentlicher Gottesvorstellung, Neukirchen-Vluyn ²1997 (BThSt 31), bes. 52–59.

bei näherem Nachdenken wird Gott klar, dass Israel offenbar nicht anders *kann*, als so zu sein, wie es ist. Es ist gar nicht unwillig, es ist unfähig zur Umkehr. So verdient es eigentlich nicht Strafe, sondern Mitleid: «Wie könnte ich dich preisgeben, Efraim, wie dich ausliefern, Israel? [...] Mein Herz sträubt sich, all mein Mitleid ist erregt» (11,8). Gott kann sein Volk nicht hassen – allenfalls ohnmächtige Wut kann in ihm aufkommen. Doch als diese im Begriff ist, die Oberhand zu gewinnen, bricht sich die alte Liebe wieder Bahn. Sie erträgt es nicht, Israel untergehen zu sehen. «Meinem glühenden Zorn werde ich nicht freien Lauf lassen. Efraim werde ich nicht noch einmal vernichten, denn ich bin Gott und kein Mann[16], heilig in deiner Mitte» (11,9). Ambivalenzen also mitten im Gottesbild!

(6) Der *Psalter*[17] ist das grosse Lieder- und Gebetbuch des Alten Testaments. Es vereint poetisch geformte Texte aus verschiedensten Zeiten und unterschiedlichster Art. Die beiden dominanten Gattungen sind die Klage- und die Loblieder. Aufs Ganze gesehen herrschen in der ersten Hälfte des Psalters (namentlich in den beiden ersten David-Psaltern: Ps 3–41; 51–72) die klagenden, fragenden, zweifelnden, gar verzweifelten Töne vor, während etwa ab Ps 90 die hellen, jubelnden, dankenden, preisenden Töne zunehmen, die in ein vielstrophiges Halleluja einmünden (Ps 146–150). Offenbar wollte die Endredaktion dem Psalter die Grundharmonik «von Moll nach Dur» geben. Und tatsächlich liest sich der Psalter von Ps 3 bis Ps 150 *cum grano salis* wie ein Aufstieg aus düsteren Tälern zu lichten Höhen, vom Zorn zur Gnade Gottes, von der Vergänglichkeit zur Ewigkeit. Man könnte auch sagen: Das menschliche Leben ist zwischen solche Pole eingespannt, es ist von der Ambivalenz zwischen Licht und Dunkel durchdrungen. Dies findet Ausdruck auch in einzelnen Psalmtexten. So gut wie alle Klagelieder – sowohl die individuellen wie die kollektiven – finden am Ende zu Vertrauensaussagen und zu Lobpreisungen hin. Es ist, als seien sich die Beter mitten im Leid schon künftiger Freude gewiss. Oder anders

---

[16] Früher übersetzte man gern: «Denn ich bin Gott und kein Mensch». Doch im hebräischen Text steht eindeutig «Mann». Die – sonst hochrangige – neue Übersetzung der Zürcher Bibel (2007) sagt bedauerlicherweise: «Denn ich bin Gott und nicht irgendwer».

[17] Vgl. Zenger, E. (Hg.), Neue Wege der Psalmenforschung, Freiburg i. Br. 1994 (HBS 1). – Janowski, B., Konfliktgespräche mit Gott. Eine Anthropologie der Psalmen, Neukirchen-Vluyn 2003.

formuliert: Gegen leidvolle Erfahrungen wird die Hoffnung auf Hilfe und Heilung mobilisiert (vgl. z. B. Ps 3, Ps 6, Ps 13, Ps 22 usw.).

(7) Das Buch des sog. «Predigers Salomo» – hebräisch: Qohelet[18], «der Rufer» – ist in seiner Art einzig im Alten Testament. Es ist eine Weisheitsschrift (und darin dem Sprüche-Buch verwandt). Die Weisheitsschriften in Israel und überhaupt im Alten Orient waren das Mittel der damaligen Gebildeten, ihre Lebensumwelt so präzise wie möglich zu beschreiben und ihre Gesetzmässigkeiten zu erfassen, um auf diese Weise Leitlinien für ein gesichertes und gelungenes Leben zu gewinnen. Der innerste Nerv weisheitlichen Denkens ist die Vorstellung des sog. Tun-Ergehen-Zusammenhangs: Das Tun eines Menschen oder einer Gruppe bewirkt ein entsprechendes Ergehen. Etwa: Wer weise ist, hat Erfolg, der Unweise erntet Misserfolg. Der Fleissige wird wohlhabend, der Faule arm. Anstand und Ehrlichkeit zahlen sich am Ende besser aus als Rücksichtslosigkeit und Raffgier. Sentenzen dieser Art finden sich auch bei Qohelet: «Der Weise hat Augen im Kopf, aber der Tor geht in der Finsternis» (Qoh 2,14). «Mehrt sich das Gut, so mehren sich auch die, die es verzehren» (Qoh 5,10). «Ein lebendiger Hund ist besser als ein toter Löwe» (Qoh 9,1). «Gott hat den Menschen recht gemacht, sie aber suchen grosse Erkenntnisse» (Qoh 7,29). Im letzten Satz wird freilich schon ein merkwürdiger Unterton hörbar: Ist Erkenntnissuche nicht Aufgabe des Weisen? Qohelet verspricht sich davon nicht viel: «Wie dem Toren, kann es auch mir ergehen. Wozu bin ich denn so weise geworden?» (Qoh 2,15) Oder: «Ich sprach: Ich will Weisheit erlangen. Sie aber blieb mir fern. Fern ist, was war, und tief, tief – wer könnte es begreifen?» (7,23f.) Die Weisheit also: unerreichbar – und am Ende auch unnütz. In die Weisheit des Qohelet mischt sich Skepsis, ja es übertönt sie ein fast erschreckendes Mass an Skepsis. Nichts auf der Welt hat Bestand, nichts, was geschieht, lässt sich wirklich erklären, nichts lässt sich sicher erreichen und festhalten. Am Ende bleibt nichts als ein *Carpe diem*: «Auf, iss dein Brot mit Freude und trink deinen Wein mit frohem Herzen [...] Jederzeit seien deine Kleider weiss, und an Öl auf deinem Haupt soll es nicht fehlen [...] Denn weder Tun noch Planen, weder Wissen noch Weisheit gibt es im Totenreich, dahin du gehst» (Qoh 9,7–

---

[18] Vgl. Michel, D., Qohelet, Darmstadt 1988 (EdF 258). – Tamez, E., «Da hasste ich das Leben». Eine Lektüre des Buches Kohelet, Luzern 2001.

10). So ist das Buch Qohelet gekennzeichnet durch Konventionalität und Unkonventionalität zugleich: auch dies eine Form der Ambivalenz.

Ich hoffe, diese kleinen Skizzen haben hinreichend deutlich gemacht, dass und inwiefern eine ambivalenz-bewusste Exegese in vielen Textbereichen des Alten Testaments fündig werden kann. Es scheint mir lohnend, dieses Instrument in der Bibelinterpretation zur Anwendung zu bringen.

7.2 Praktisch-theologische Perspektiven

Ich gehe bei den folgenden Forschungsperspektiven zuerst vom praktisch-theologischen Interesse an der Sicht, den Erfahrungen und Problemstellungen der an den Kasualien Beteiligten aus (1). Es folgen Fragen, die sich aus der Zusammenarbeit mit dem Exegeten (2) und dem Soziologen (3) ergeben haben.

(1) Es besteht ein Interesse der Praktischen Theologie an der «gelebten Religion», also auch an den Wahrnehmungen, den Erfahrungen, dem Suchen, Fragen und Finden der Menschen, die nicht professionelle TheologInnen und KirchenvertreterInnen sind.

Untersuchungen, in denen aus der Perspektive der Betroffenen nach den Kasualien gefragt wird, sind noch rar, erst recht Untersuchungen, in welchen die Kasualien mithilfe des Ambivalenz-Konzeptes genauer in den Blick genommen und erforscht werden. Es wäre zweifellos lohnend, hier gezielter und intensiver weiterzufragen. Die interdisziplinäre Beschäftigung mit dem Ambivalenz-Konzept hat sichtbar gemacht, in wie vielfältiger Weise dies geschehen könnte. Der vorliegende Beitrag ist höchstens ein fragmentarischer Anfang.

Ich beschränke mich auf einige wenige Hinweise zu den Kasualien.

a) Alle Kasualien haben auch (und nicht nur nebenbei) mit Generationenbeziehungen zu tun. Generationen-Ambivalenzen sind ein Forschungsgebiet, das, wie Kurt Lüscher skizziert, intensiv bearbeitet wird. Welche Chancen und Herausforderungen zeigen sich, wenn die Kasualien daraufhin untersucht werden, in welcher Weise sie Generationen-Ambivalenzen wahrnehmen, damit umgehen und sie gestalten? Wie und wodurch kann dies in den Interaktionen mit den Betroffenen geschehen, die unabdingbar mit den Kasualien verbunden sind? Welche Potentiale liegen in den Kasual-Feiern?

b) Was zeigt sich, wenn Kasual-Liturgien mithilfe des Ambivalenz-Konzepts analysiert werden – und wenn auch ihre Rezeption (oder Nicht-Rezeption) durch die Beteiligten berücksichtigt wird?

c) Ich habe versucht, Kurt Lüschers Modul unter verschiedenen Aspekten auf die Taufe anzuwenden. Daraus hat sich ein noch sehr hypothetisches Raster ergeben, das nun in der Praxis auf seine Reichweite erprobt werden müsste.[19]

---

[19] Ausser auf Kurt Lüscher beziehe ich mich auf meine Interpretation der Survey-Ergebnisse aus einer gemeinsam mit dem Schweizerischen Pastoralsoziologischen Institut St. Gallen durchgeführten Befragung (im Rahmen des NFP 52-Forschungsprojektes); 1344 Eltern von 6- resp. 8-jährigen Kindern gaben Auskunft. Die Einzelfallstudien und die Umfrageergebnisse ergaben kombiniert ein mehrperspektivisches Bild von Ritualen und ihrer Bedeutung für Kinder und Eltern. Ich rezipiere dabei auch Kategorien von: Dubach, Alfred, Unterschiedliche Mitgliedschaftstypen in den Volkskirchen: R. J. Campiche (unter Mitarbeit von R. Broquet, A. Dubach und J. Stolz), Die zwei Gesichter der Religion. Faszination und Entzauberung, Zürich 2004, 129–177.

	Solidarität	Emanzipation	Atomisierung	Kaptivation
Umgang mit Ambivalenzen (siehe oben I 4.2)	Ambivalenzen werden angesichts der starken Betonung von Gemeinsamkeit zurückgedrängt	Ambivalenzen kommen – soweit sie erkannt werden – offen zur Sprache	Ambivalenzen werden negiert	Ambivalenzen sind manifest und werden intensiv erfahren, aber nicht reflektiert und besprochen
Taufe in Familie und Kirche	Taufe als Familienfeier mit transfamiliären Bezügen, auch zur Kirche als Ort der Bewahrung christlicher Tradition	Taufe als Familienfeier mit starken transfamiliären Bezügen, auch zur Kirche als Ort der Begegnung mit wichtigen christlichen Traditionen und als Forum und «Arena» von Entdeckungshermeneutik (Relevanz heute), religiöser Kompetenz und Innovationen	Taufe soll ohne erkennbaren Zusammenhang mit der Lebenswirklichkeit der Familie und den intergenerationellen Beziehungen stattfinden. «Ritualistisch-formeller» Charakter und lebenswelt-distanzierte «Kirchen»-Sprache sind erwünscht.	Taufe soll so durchgeführt werden, dass die Über- und Unterordnungen klar sind oder es alle so verstehen können, wie es ihrem Hierarchie-Konzept entspricht. «Ritualistisch-formeller» Charakter und lebenswelt-distanzierte «Kirchen»-Sprache sind erwünscht.
Wann?	Sobald alle Familienmitglieder und die Patenleute teilnehmen können	Wenn der «richtige» Zeitpunkt gekommen ist	Die Taufe soll möglichst rasch und funktional absolviert werden; oder sie wird «vergessen»	Wer am meisten Macht hat, bestimmt den Zeitpunkt

	Solidarität	Emanzipation	Atomisierung	Kaptivation
Intergenerationell	Taufe als Generationenvertrag mit Solidarität als zentraler Dimension Zusammen sind wir stark	Taufe als Generationenvertrag; offene und faire Auseinandersetzung mit Ambivalenzen als zentraler Dimension	Übergreifende Orientierung; «individuelle Nutzenoptimierung»	Taufe als kirchliche Schablone (was als sehr «kirchengläubig» erscheinen kann). Instrumentalisierung des Kindes
Schlüsselszenen	Taufe - als Beheimatung - als Feier der Zugehörigkeit zur Familie und zu einer weiteren Gemeinschaft - als Segen und Schutz	Taufe - als Zeichen des Respektes vor der Unverfügbarkeit des Kindes - als Zeichen des Willens zu existentieller Auseinandersetzung - als Erzähl- und Möglichkeits-Raum	Überzeugung, dass die Taufe für die meisten Leute doch nur blosse Formalität oder eine Heuchelei ist Taufe isoliert auf «sakrale» Sonderwirklichkeit	Taufe - als Akt des Gehorsams gegenüber (kirchlicher) Tradition - als Ausführung des «Tauf-Befehls»

Ritual-Typ	Solidarität	Emanzipation	Atomisierung	Kaptivation
	Die Feier soll schön und harmonisch gestaltet sein	Gemeinsames Vorbereiten; Konflikte kommen zur Sprache. Partizipative Durchführung der Taufe: Ritual auch als Ort der Benennung von Ambivalenzen und eines sinnvollen Umgangs mit Ambivalenzen	Möglichst funktional und voll ritualisiert	Familie soll als feste Ordnung erscheinen, als uneinnehmbare Burg
Vorbereitung	Taufe wird verschoben, wenn es in der Familie Konflikte gibt	Taufe steht im Zusammenhang eines partizipativen Stils auch der religiösen Sozialisation. Das kann für die Säuglingstaufe sprechen, möglicherweise möchten die Eltern aber dem Kind die Möglichkeit geben, selbst mitzuentscheiden	Wenn irgend möglich das Taufgespräch auf eine Formalität begrenzen oder es auslassen	Taufgespräch als Möglichkeit, den Pfarrer oder die Pfarrerin für die eigenen Interessen und Bedürfnisse zu gewinnen

	Solidarität	Emanzipation	Atomisierung	Kaptivation
Die PfarrerInnen identifizieren sich über das jeweilige Modul	Entsprechendes Bild von Glaube, Kirche, Amt, Gott usw.: harmonisch-solidarisch	Ambivalenzen werden beachtet; ein offener Umgang mit ihnen ist charakteristisch, auch im Blick auf Glaube, Kirche, Amt, Gottesbild usw.	Es ist alles eindeutig – und es ist «klar», was «christlich» ist, was «Taufe» ist, was «Familie» ist, was «wahre Kirche» ist usw.	Gehorsam als christliche Grundkategorie gerade auch für die Taufe
Erwartungen an kirchliche RepräsentantInnen	Darstellung der Familie als Solidargemeinschaft für den neuen Erdenbürger	Empowerment zur eigenen religiösen Kompetenz	Die Sache möglichst funktional zu erledigen und einen in Ruhe zu lassen. Alles hat seinen definierten und abgegrenzten Ort.	Die Sache so abzuwickeln, wie es «die Familie» wünscht

d) Aufschlussreich wären Untersuchungen zum Ambivalenzpotential, das sich daraus ergibt, dass PfarrerInnen sehr oft im Schnittbereich unterschiedlicher Institutionen arbeiten – z. B. als SpitalseelsorgerInnen, welche von der Institution Kirche als Amtsperson eingesetzt und oft von der Institution Spital angestellt sind).

(2) Wegen der Spezialisierung der theologischen Disziplinen ist die Gefahr gross, dass wechselseitiges Interesse, gegenseitige Herausforderungen und gemeinsames Forschen (gerade auch von Praktischer Theologie und Exegese) Seltenheitswert bekommen. Ich habe es sehr geschätzt, dass wir durch das gemeinsame Seminar und dann vor allem auch durch das gemeinsam konzipierte und erarbeitete Buch ein Stück interdisziplinäres Forschen praktizieren konnten. Einige sich daraus ergebende Forschungsfragen:

a) Walter Dietrich zeigt in seinen obigen «Perspektiven», wo überall im AT eine ambivalenz-bewusste Exegese fündig werden kann. Er erweitert dies durch den Einbezug der Auslegungs- und Wirkungsgeschichte. Ich vermute, dass die entsprechende Analyse dieser unabsehbar reichen Quellen spannende Einsichten zeitigen und darlegen wird, wie unterschiedlich Ambivalenzen wahrgenommen (bzw. nicht wahrgenommen), wie mit Ambivalenzerfahrungen umgegangen wurde – und welche Faktoren dabei welche Rolle spielten. Zum Beispiel: Wie wurden die Herausforderungen durch Ambivalenzerfahrungen in unterschiedlichen sozialgeschichtlichen, kulturellen und religiösen Kontexten durch unterschiedliche Rezeptionen der religiösen Traditionen aufgenommen? Wie veränderte sich der Zugang zu Ambivalenzerfahrungen durch die Veränderung der Kontexte und Rezeptionsperspektiven (die Lektüre der Geschichte von Isaaks «Bindung» erfolgt in einer akuten Diskriminierungs- und Untergangssituation zweifellos anders als es aus der Position eines angesehenen Wissenschaftlers heraus geschehen kann). Welche Rollen spielten professionelle TheologInnen und «Laien»-Gruppen – mit welchen Auswirkungen? Wie könnte dies für den Umgang mit Ambivalenzerfahrungen in heutigen Kontexten fruchtbar gemacht werden?

b) Erzählungen, poetische und fiktionale Elemente können in einer mit qualitativen Methoden[20] arbeitenden praktisch-theologischen Forschung eine richtungsweisende Bedeutung bekommen. Sie sind auch für die Exegese wichtig. Exegese und Praktologie könnten also (gerade weil

---

[20]   In Abgrenzung zu quantitativer Forschung.

ihre «Gegenstände» und das methodische Vorgehen auch wieder sehr unterschiedlich sind) voneinander lernen und einander Impulse geben. Wie könnte das konkret aussehen? Unsere Diskussion zur Ambivalenz-Thematik hat bereits einige Anstösse in dieser Richtung gegeben.

c) Viele Menschen wissen um das Oszillieren (und manchmal auch Hin- und Hergerissenwerden) zwischen Glauben und Zweifel. In vielen biblischen Texten kommt gleichzeitig die Hoffnung zum Ausdruck, dass Menschen gerade in ihrem Hin- und Hergerissenwerden von Gott gehalten werden. Walter Dietrich schreibt im Zusammenhang der Geschichte von der «Bindung» Isaaks von Abraham als dem «zutiefst auf Gott Vertrauenden». Ich spreche hier von «Transambivalenz»: Ambivalenzen werden wahrgenommen und ausgehalten – und dies wird möglich im Vertrauen auf «etwas», das diese Ambivalenzen transzendiert. Dem wäre noch eingehender nachzugehen.

(3) Auch die interdisziplinäre Zusammenarbeit mit dem *Soziologen* hat sich als perspektivenreich erwiesen. In der Diskussion dieses Kapitels lässt sich der Soziologe auf theologische Fragestellungen ein und die Theologen auf soziologische. Wie fragt ein Soziologe «theologisch»? Wie fragen TheologInnen «soziologisch»? Ein solches dialogisches Nachfragen wird in beiden Wissenschaften bisher zu selten geübt. Zwei Einzelheiten möchte ich besonders hervorheben:

a) Der Soziologe geht davon aus, dass Wissen (das theologische Wissen bildet da keine Ausnahme) auch eine «soziale Tatsache» und in seinen vielen Ausprägungen und Anwendungen von den sozialen Umständen beeinflusst ist. Ebenso ist es umgekehrt: Wissen beeinflusst soziale Strukturen und Prozesse. Es spielen also Interessen, Macht, Herrschaft und deren Begründungen eine grosse (wenn auch oft verdeckte) Rolle, und nicht selten wird dazu auf religiöse Traditionen rekurriert. Was bedeutet dies für das Ambivalenz-Konzept? Wie könnten bzw. müssten Fragen nach Interessen, Macht, Herrschaft einbezogen werden? Eine Konkretisierung: Wenn ich oben (Kap. III 3.2) zwischen liminalen und liminoiden Ritualen unterschieden und dieser Differenz ein grosses Gewicht gerade auch bei der Anwendung des Ambivalenz-Konzepts gegeben habe, argumentierte ich dabei mit tiefgreifenden gesellschaftlichen Veränderungen – auch mit der Veränderung von Machtverhältnissen. Es wäre spannend, dieses Problemfeld noch stärker mit soziologischen Mitteln anzugehen.

b) Kurt Lüscher verwendet in seiner Ambivalenz-Definition (s. oben I 3.) den Begriff des «Oszillierens». Die Metapher vom Hin- und Hergerissenwerden lässt er beiseite, um den Ambivalenz-Begriff von dem gängigen eher negativen Vorverständnis zu entlasten. Dies schliesst selbstverständlich nicht aus, dass zu Ambivalenzerfahrungen auch Schwieriges und Schmerzliches (eben z. B. Erfahrungen des Hin- und Hergerissenwerdens) gehören, dass aber gerade dies sich als lebensförderlich erweisen kann.

7.3 Soziologische Perspektiven

Die Darlegungen in den Kapiteln II und III veranschaulichen auf mannigfache Weise die Fruchtbarkeit des Arbeitens mit dem Konzept der Ambivalenz. Diese Einsicht liegt durchaus auf der Linie der Begriffsgeschichte, wie sie in Kapitel I nachgezeichnet worden ist. Darüber hinaus zeigt sich, wie wichtig es ist, Schritt für Schritt ein differenziertes Verständnis des Konzepts zu entfalten. Dabei kann es zunächst durchaus als allgemeines Deutungsmuster dienen. Als solches trägt es dazu bei, vermeintliche Eindeutigkeiten und Gewissheiten in Frage zu stellen. Damit wird eine wichtige Voraussetzung geschaffen, um sich neugierig, überlegt, kritisch, auch selbst-kritisch den biblischen Texten und ihrer Wirkungsgeschichte anzunähern. Gleichermassen bietet diese Sichtweise die Möglichkeit, die Bedeutung von kirchlichen Ritualen im Hinblick auf ihre Sinnhaftigkeit für alle Beteiligten zu erkunden.

Die Diskussion in den vorangehenden Abschnitten des Kapitels IV zeigt, dass das Ambivalenz-Konzept noch weiterer sprachlicher Verfeinerung, theoretischer Vertiefung und empirischer Bewährung bedarf. In soziologischer Perspektive stellt sich dabei u. a. die Frage, wie die «Sensibilität» für Ambivalenzen in Theorie und Praxis gefördert werden kann. Die Überlegungen zu den formaltheoretischen Strukturen verweisen auf die Notwendigkeit, das Verhältnis zwischen Polarität, Dualität und Dialektik – um nur diese philosophischen Schlüsselbegriffe zu nennen – im Hinblick auf die Analyse von Ambivalenzen prägnant und überzeugend zu klären. Umgekehrt lässt sich fragen, ob Arbeiten über «Ambivalenz» Beiträge zu deren weiterer Klärung erwarten lassen.

Im Weiteren wird dargelegt, dass Generationenbeziehungen offensichtlich ambivalenzträchtig sind. Hängt dies mit einer Spezifik dieser Beziehungen zusammen und lassen sich – mit Seitenblick auf Ambivalenzen – möglicherweise analoge Spezifika für andere Beziehungen herausarbeiten, beispielsweise Paarbeziehungen, Freundschaften oder seelsorgliche Beziehungen?

Neben Unterschieden, die sich teils aus der jeweiligen Fachperspektive, teils aus persönlichen Arbeitsweisen und Überzeugungen ergeben und die wir darum als Zeichen der Offenheit stehen lassen, besteht zwischen den Theologen und dem Soziologen eine grosse Gemeinsamkeit in der Überzeugung, dass das Konzept der Ambivalenz mit grundlegenden anthropologischen Kategorien zu tun hat. Dies liesse sich bestimmt noch stärker herausarbeiten. Jetzt handelt es sich eher um einen «Subtext», der allen Kapiteln zugrunde liegt.

Wir sind der Ansicht, eine Arbeit begonnen zu haben, von der es sich lohnt, dass sie weitergeführt wird. Dazu bedarf es einer weiteren Entfaltung dessen, was mit dem Konzept gemeint ist und gemeint sein kann. Alle drei vorausgehenden Kapitel lassen sich als Versuche zu solcher Ausgestaltung lesen. Sie gehen, das darf wohl festgestellt werden, über den gewohnten Umgang mit Begriff und Sache der Ambivalenz hinaus. Hervorzuheben sind hier die in einem Modul zusammengefassten, theoretisch begründeten typologischen Unterscheidungen, sodann die Verschränkung unterschiedlicher exegetischer Methoden mit der Ambivalenz-Perspektive und schliesslich die subtile empirische und begriffliche Interpretation von Fällen aus der kirchlichen Praxis.

Aus der Sicht einer empirisch ausgerichteten sozialwissenschaftlichen Arbeit wird man allerdings zugestehen müssen, dass damit der Nachweis der Fruchtbarkeit noch nicht vollständig erbracht worden ist. Dazu bedürfte es, wollte man quasi-experimentell vorgehen, systematischer Vergleiche. Diese würden erfordern, die Reaktionen von Gemeinden oder eines Gesprächskreises auf unterschiedliche Auslegungen biblischer Texte zu beobachten. In analoger Weise wäre beispielsweise die Beteiligung und die Ein- bzw. Wertschätzung unterschiedlich gestalteter Rituale zu erheben.

Das ist zugegebenermassen schwierig und unter Umständen ethisch problematisch. Darum sind wir Autoren auf eine Überprüfung der Fruchtbarkeit angewiesen, die zwar nicht den normierten Verfahren empirischer Forschung zu genügen vermag, weil sie offener ist, jedoch den Vorteil grösserer Lebensnähe hat. Gemeint ist, dass die Leserinnen und Leser eingeladen sind, die Ideen und Ideenfragmente auf ihre Weise und in ihren Tätigkeitsfeldern aufzunehmen und in die Praxis umzusetzen. Vor dem Hintergrund unserer eigenen Erfahrungen meinen wir, dass sich dabei insbesondere auch die Arbeit in interdisziplinären Gruppen lohnen dürfte, liegt doch die Faszination des Konzepts der Ambivalenz in seinem Facettenreichtum.

8. Zurück zur Lebenspraxis

Am Anfang dieses Buchs steht der Hinweis, dass sich die Wörter «ambivalent» und «Ambivalenz» in der Umgangssprache eingebürgert haben. Obgleich nicht deckungsgleich, korrespondiert dies doch weitgehend mit verbreiteten Erfahrungen im Fühlen, Denken, Wollen sowie der Gestaltung sozialer Beziehungen. Jedes Kapitel enthält Beispiele für diese Nähe zum alltäglichen Leben, zum Teil in Zuspitzung auf besondere Situationen und Umstände. Darauf möchten wir abschliessend nochmals eingehen. Wir können das in schlichten Worten tun, indem wir sagen: *Ambivalenzen gehören zum Leben.*

Das mag auf den ersten Blick trivial erscheinen. Lotet man aber – wie wir es versucht haben – die Tragweite dieses Satzes aus, erweist er sich als alles andere denn trivial. Ist man nämlich einmal sensibilisiert für Ambivalenzen, erweisen sie sich als Schlüssel für viele Räume der Lebensgestaltung, solche, in denen es um Alltägliches geht, in denen sich Alt und Jung treffen, in denen gefeiert und getrauert wird. Ambivalenzen erweisen sich in einem übertragenen Sinn als Schlüssel für das Verständnis von Texten, namentlich auch solchen, in denen sich Erfahrungen früherer Zeiten verdichten und die den heutigen Menschen darum in vielem als fremdartig erscheinen.

Allerdings, und das wollen wir am Schluss ausdrücklich festhalten: Es handelt sich nicht um einen Passepartout. Wer das behaupten wollte, würde gerade jener Rechthaberei aufsitzen, welche die Sensibilität für Ambivalenzen zu unterlaufen bzw. zu hinterfragen ermöglicht.

In diesem Sinne oszillieren auch wir am Schluss dieser Arbeit zwischen Zurückhaltung und Enthusiasmus, zwischen Gewissheit und Zweifeln, zwischen Überzeugung und Ernüchterung und regen an, den Schlüssel noch für weitere Räume zu erproben.

Sach- und Namensregister